해커스변호사

Law Man
형사기록

Criminal Law

핵심암기장

이재철

[H] 해커스변호사

먼저 부족한 교재임에도 [Law Man 형사기록 핵심암기장(전면개정판)] 교재에 성원을 보내주신 독자분들에게 감사의 말씀을 전합니다.

교재가 이미 작년에 품절되었음에도 여러 사정으로 인하여 이제야 2024년 변호사시험 기록형 문제를 반영하여 [Law Man 형사기록 핵심암기장(2025 변호사시험 대비 최신판)] 교재를 출간하게 되었습니다. 본서의 출간을 기다리신 분들은 이해가 있으시기 바랍니다.

그런데 2024년부터 한림법학원에서 해커스변호사 학원으로의 이적이 있게 되어 출판사도 윌비스 출판사에서 해커스변호사 출판사로 변경하여 출판을 하게 되었고, 이러한 출판사의 변경으로 인하여 교재의 제목과 내용에도 어느 정도 변화가 있게 되었습니다. 즉 종래에는 [Law Man 형사기록 핵심암기장(전면개정판)] 등으로 교재의 명칭을 표기하였으나, 앞으로는 해커스변호사 출판사에서 공통으로 사용하는 [Law Man 형사기록 핵심암기장(2025 변호사시험 대비 최신판)] 등으로 표기하게 되었습니다.

[Law Man 형사기록 핵심암기장(2025 변호사시험 대비 최신판)]은 본래 변호사시험 형사기록형 시험을 처음 대비하시는 분들에게 길잡이가 되고, 변호사시험 형사기록형 시험을 앞둔 분들에게 마지막 정리를 위한 교재입니다.

즉 본 교재의 목적은 형사기록형 시험을 처음 공부하시는 분들에게는 형사기록을 보고 답안을 작성하는 방법을 알려드리고, 공부를 어느 정도 하신 분들에게는 가장 단시간 내에 형사기록시험을 위한 암기사항을 정리할 수 있도록 하고자 함에 있습니다.

그리고 [Law Man 형사기록 핵심암기장(2025 변호사시험 대비 최신판)]에서는 독자분들의 의견을 반영하여 변호사시험 형사법 기록형 기출문제에 대한 예시답안을 각 파트별로 전면적으로 반영하였습니다. 따라서 본 교재로 체계적인 학습을 하신다면 제1회부터 제13회까지의 변호사시험 기출문제를 풀어보신 것과 동일한 효과를 거둘 수 있을 것입니다.

서문

본 교재의 주요한 내용을 살펴보면 다음과 같습니다.

1. 형사기록의 구성과 형사기록을 읽는 방법 및 답안작성방법 설명

제1편에서는 형사기록을 처음 접하시는 분들의 기초 확립을 위하여 제1절에서는 변호사시험에서의 형사기록의 구성과 살펴야 할 내용을 자세히 설명하고, 제2절에서는 형사기록형을 읽는 방법을 설명하고, 제3절에서는 변호사시험에 필요한 변론요지서 답안작성방법과 검토의견서 답안작성방법 그리고 보석허가청구서 답안작성방법을 설명하였습니다.

2. 작은 배점의 무면공문제에 대한 예시답안과 소추조건 관련 법률 조문 정리

제2편에서는 형사기록형 시험에서 작은 배점의 문제로 출제되는 문제들과 관련하여 Ⅰ. 제325조 무죄판결 예시답안, Ⅱ. 제326조 면소판결 예시답안, Ⅲ. 제327조 공소기각판결 예시답안, Ⅳ. 제323조 유죄판결 예시답안, Ⅴ. 기타 작은 배점 문제 예시답안, Ⅵ. 공소시효와 친고죄 및 반의사불벌죄 관련 조문 정리의 순서로 정리하였습니다.

3. 형사기록에서의 증거능력 판단 방법의 자세한 설명과 예시답안

제3편에서는 초학자들이 가장 어려워하는 형사기록에서의 증거능력 판단 방법을 Ⅰ. 공판기록의 증거능력(제316조), Ⅱ. 검사작성의 피의자신문조서의 증거능력(제312조 제1항), Ⅲ. 사경작성의 피의자신문조서의 증거능력(제312조 제3항), Ⅳ. 진술조서의 증거능력(제312조 제4항), Ⅴ.수사과정에서 작성된 진술서의 증거능력(제312조 제5항), Ⅵ.제313조의 진술서와 진술기재서류의 증거능력, Ⅶ.제314조에 의한 증거능력 인정, Ⅷ.기타 서류들에 대한 증거능력, Ⅸ.자백배제법칙과 위법수집증거배제법칙 및 독수독과의 원칙의 원칙의 순서로 나누어 자세히 정리하였습니다.

특히 보다 정확한 이해를 위하여 각 사안마다 실제 기록 형태의 예시기록을 설시하였고, 증거능력을 판단한 후 실제 답안을 작성하는데 도움을 주기 위하여 각 증거능력을 배제하는 가장 간략한 예시답안을 설시하였습니다. 그리고 변호사시험 기출문제로 출제된 내용에 대하여는 너무 간단한 제312조 제1항과 제3항의 예시답안을 제외하고는 전파트에 걸쳐 모두 설시하였으므로 어떠한 형태의 증거능력 판단문제가 실제 시험에 출제되는지를 파악할 수 있도록 하였습니다.

4. 기출문제의 증명력 탄핵에 대한 예시답안

형사기록형 시험에서의 고득점을 달성하기 위해서는 배점이 큰 제325조 후단 무죄문제에서 증명력 탄핵 부분을 충실히 적어 주셔야 합니다. 이에 제4편에서는 형사기록형 시험에서 증명력을 탄핵하는 변호사시험 기출문제에서의 예시답안을 ① 경·관·물·리·인·책에 따라 1. 경험칙에 반하는 진술, 2. 일관성이 없는 진술 3. 물적 증거에 반하는 진술 4. 이해관계인의 진술, 5. 인간됨, 6. 책임전가의 진술로 나누어 설시하고, ② 기타 증명력 탈핵 방법에 따라 1. 범죄의 동기, 2, 공범의 범행에 대한 인식, 3. 객관적 사실이나 진술에 반하는 진술, 4. 추론에 불과한 진술, 5. 범인식별절차의 미준수로 나누어 설시하였습니다. 이 부분을 충분히 익히시고 활용할 수 있다면 형사기록형 문제에서 증명력을 탄핵하는 답안을 작성함에 도움이 될 수 있을 것입니다.

5. 중요 형사특별법 조문 해설

형사기록형 시험의 시작이자 마지막이 바로 형사법에 대한 기본 지식입니다. 형사기록에 익숙해지게 되어 고득점을 원하시는 분들에게는 더더욱 형사실체법에 대한 지식이 절실하게 다가오게 됩니다. 본 교재에서는 지면관계 등으로 인하여 제5편에서 형사기록형 시험에 출제빈도가 가장 높은 형사특별법 조문을 제1절 교통사고처리특례법 제3조와 제4조, 2. 특가법 제5조의3, 3. 부수법 제2조로 나누어 조문과 간략한 해설을 싣고, 실제 변호사시험 기출문제에 대한 예시답안을 설시하였습니다.

위와 같은 내용을 담고 있는 [Law Man 형사기록 핵심암기장(2025 변호사시험 대비 최신판)] 교재로 변호사시험 형사법 기록형 시험을 대비하시면 현재 시행되고 있는 변호사시험이나 법학전문대학원의 변호사시험대비 모의시험 등에 대한 충분한 대비가 될 것입니다.

마지막으로 본서가 출간됨에 있어 해커스 출판사 임직원분들에게도 감사의 말을 전합니다. 그럼 본서가 독자분들의 형사법 실력을 향상시켜 훌륭한 법조인이 되시는데 도움이 되기를 바라며 이만 줄입니다.

2024년 3월 4일 우정에서

이 재 철

https://cafe.daum.net/ljc7329

목차

해커스변호사
law.Hackers.com

제1편

형사기록 서론

제1절 | 형사기록의 구성과 내용

1. 서 언

변호사시험을 위한 형사기록형 문제는 수험생들이 2시간 안에 기록을 검토하고 답안을 작성하여야 하는 제한이 있으므로 일반적으로 50p 정도의 기록분량이 주어진다. 아래에서는 이러한 50p 정도의 기록이 어떠한 순서와 내용으로 편철되어 있는지를 간단히 살펴본다.[1]

주의할 점은 아래에서는 기록의 구성뿐만 아니라 기록을 보는 방법도 설명하고 있으므로 형사기록 전체를 간단히 살펴보았다는 점을 전제로 한다.

변호사시험 형사기록형 문제는 기본적으로 ① 문제출제 ② 법원이 작성한 공판기록 ③ 수사기관이 법원에 제출한 수사기록 등으로 되어 있다.

2. 문제출제 (1p ~ 2p)

형사기록의 처음에 나오는 문제출제형식을 알려주는 부분이다. 일반적으로 1p에서는 [문제]를 제시하고 [작성요령]을 안내하고 [주의사항]에서 시험을 위한 기록에서 필요한 주의사항을 알려주고 있으며, 2p에서는 작성하여야 할 서류의 양식을 알려주고 있다.

(1) 1p [문제]

일반적으로 피고인과 변호인에 대한 설명과 시험에서 작성하여야 할 서류와 작성부분에 대한 설명이 나온다.

> 【문 제】 - 변론요지서와 검토의견서 작성 예시 [2022]
>
> 피고인 김갑동에 대해서는 변호인 변호사 김변호가 법원에 제출할 변론요지서를, 피고인 이을녀에 대해서는 법무법인 율 담당변호사 한검토가 객관적인 입장에서 대표 변호사에게 제출할 검토의견서를 각각 작성하되, 다음 쪽 변론요지서 및 검토의견서 양식 중 <u>본문 Ⅰ, Ⅱ 부분만 작성하시오.</u>

---

1) 가능하면 실제 기록을 옆에 두고 내용을 확인하는 것이 바람직하다. 참고로 본 교재는 2021년과 2022년 형사기록형 문제를 베이스로 구성을 살펴본다. 그리고 실제 문제에서는 거의 읽을 필요가 없는 부분들이 많이 있으므로 기본적인 내용만 정확하게 확인하면 충분하다.

【문 제】 - 검토의견서와 변론요지서 작성 예시 [2021]

피고인 김갑동에 대해서는 법무법인 로 담당변호사 한검토가 객관적인 입장에서 대표변호사에게 보고할 검토의견서를, 피고인 김을남에 대해서는 변호인 변호사 명변론이 법원에 제출할 변론요지서를 각각 작성하되, 다음 쪽 검토의견서 및 변론요지서 양식 중 <u>본문 Ⅰ, Ⅱ 부분</u>만 작성하시오.

【문 제】 - 검토의견서와 보석허가청구서 작성 예시 [2019]

피고인 김갑동에 대해서는 법무법인 최고 담당변호사 정의호가 대표변호사에게 보고할 검토의견서를, 피고인 이을남에 대해서는 변호인 변호사 강변호의 보석허가청구서를 작성하되, 다음 쪽 검토의견서 양식 중 <u>본문 Ⅰ, Ⅱ, Ⅲ, Ⅳ 부분</u> 및 보석허가청구서 양식 중 <u>본문 Ⅰ, Ⅱ 부분</u>만 작성하시오.

(2) 1p [작성요령]

답안서류를 작성함에 있어 작성방법을 설명하고 있는 부분이다. 일반적으로는 대법원 판례의 입장을 따르라는 내용과 실무와는 달리 증거능력에 대하여도 판단하라는 내용 등이 나오지만, 최근 시험에서는 법령명에 대하여 약자를 허용하고 있는 내용도 있으며, 특별한 지시사항이 있는 경우도 있다.

그리고 특별한 지시사항이 있는 경우에는 답안을 작성함에 반드시 참조해야 하므로 정확히 읽어 두어야 한다.

【작성요령】 - 기본적인 예시 [2012]

1. 시험의 편의상 두 변호인의 변론을 하나의 변론요지서에 작성함.
2. 피고인들 사이에 이해가 상충되는 경우 피고인들 각각의 입장에 충실하게 변론할 것.
3. 학설·판례 등의 견해가 대립되는 경우, 한 견해를 취하여 변론할 것. 다만, 대법원 판례와 다른 견해를 취하여 변론을 하고자 하는 경우에는 자신의 입장에 따른 변론을 하되 대법원 판례의 취지를 적시할 것.
4. 증거능력이 없는 증거는 실제 소송에서는 증거로 채택되지 않아 증거조사가 진행되지 않지만, 이 문제에서는 시험의 편의상 증거로 채택되어 증거조사가 진행된 것을 전제하였음. 따라서 필요한 경우 증거능력에 대하여도 변론할 것.

【작성요령】 - 특별한 지시사항이 있는 예시 [2022]

1. 학설·판례 등의 견해가 대립되는 경우 한 견해를 취할 것. 단, 대법원 판례와 다른 견해를 취하여 의견을 제시하고자 하는 경우에는 대법원 판례의 취지를 적시할 것.

2. 작성의 편의를 위하여 필요한 경우 변론요지서에 기재한 내용은 검토의견서에서, 검토 의견서에 기재한 내용은 변론요지서에서 각각 인용 가능함.

3. 증거능력이 없는 증거는 실제 소송에서는 증거로 채택되지 않아 증거조사가 진행되지 않지만, 이 문제에서는 시험의 편의상 증거로 채택되어 증거조사가 진행된 것을 전제하 였음. 따라서 필요한 경우 증거능력에 대하여도 논할 것.

4. 법률명과 죄명에서 '교통사고처리특례법'은 '교특법'으로 '도로교통법'은 '도교법'으로 '형사소송법'은 '형소법'으로 줄여서 기재하여도 무방함.

(3) 1p [주의사항]

형사법 기록형 시험에서의 기록은 실제 형사기록의 모든 요건을 다 구비할 수 없으므 로 실제 형사기록에서 생략되어 있는 내용을 적시하고 있는 부분이다. 일반적으로 이 부분의 내용은 동일하게 기재되어 있다.

주의할 점은 주로 4.에 나오는 공판기록과 증거기록에 첨부하여야 할 일부 서류 중 '(생략)' 표시가 되어 있는 부분이다. 이러한 (생략) 표시가 있어 생략되어 있는 서류 는 일반적으로 기록의 마지막 page에 정리가 되어 있으므로 이를 반드시 참조하여야 한다.

그리고 가능하면 기록의 마지막 부분에 첨부되어 있는 〈법원에 제출되어 있는 기타 증거들〉 부분에서 친족관계나 사망 여부 등을 먼저 확인하여 공소사실 해결의 단서 를 발견하는 것이 바람직하다.

【주의사항】 - 예시 [2012]

1. 쪽 번호는 편의상 연속되는 번호를 붙였음.

2. 조서, 기타 서류에는 필요한 서명, 날인, 무인, 간인, 정정인이 있는 것으로 볼 것.

3. 증거목록 중 '기재생략'이라고 표시된 부분에는 법에 따른 절차가 진행되어 그에 따라 적절한 기재가 있는 것으로 볼 것.

4. 공판기록과 증거기록에 첨부하여야 할 일부 서류 중 '(생략)' 표시가 있는 것, 증인선서 서와 수사기관의 조서에 첨부하여야 할 '수사과정확인서'는 적법하게 존재하는 것으로 볼 것.

5. 송달이나 접수, 통지, 결재가 필요한 서류는 모두 적법한 절차를 거친 것으로 볼 것.

【주의사항】 - 예시 [2022]

1. 쪽 번호는 편의상 연속되는 번호를 붙였음.

2. 조서, 기타 서류에는 필요한 서명, 날인, 무인, 간인, 정정인이 있는 것으로 볼 것.

---

3. 증거목록, 공판기록 또는 증거기록 중 '생략'이라고 표시된 부분에는 법에 따른 절차가 진행되어 그에 따라 적절한 기재가 있는 것으로 볼 것.

4. 공판기록과 증거기록에 첨부하여야 할 일부 서류 중 '생략'표시가 있는 것, '증인선서서'와 수사기관의 조서에 첨부하여야 할 '수사과정확인서'는 적법하게 존재하는 것으로 볼 것.

5. 송달이나 접수, 통지, 결재가 필요한 서류는 모두 적법한 절차를 거친 것으로 볼 것.

(4) 2p 답안작성 서류의 양식

답안을 작성하여야 할 서류의 기본양식을 안내하고 있다. 기본양식을 살펴보고 1p [문제]에서 작성하라는 지시가 있는 부분만 작성하여야 한다.

그리고 답안양식 중 ※ 표시 부분은 반드시 읽어 보아 답안지에 기재하지 말라고 지시한 것은 기재하지 않도록 하여야 한다. 특히 정상관계를 답안에 기재하지 말라고 되어 있다면 공소사실이 유죄가 될 가능성이 희박하다는 것을 추론할 수 있다.

3. 법원이 작성한 공판기록

(1) 기록내용 시작 (3p)

기록내용의 시작을 알리는 표지이다. 따라서 이때부터 형사기록이 시작된다. 기록은 일반적으로 50p 정도이며, 대략 25p를 기준으로 25p 이전에는 공판기록이 나오고, 25p 이후에는 수사기록이 나온다.

(2) 표제부 (4p ~ 5p)

사건을 담당하고 있는 수소법원과 사건번호, 사건명, 담당검사, 피고인, 공소제기일, 변호인, 피고인의 구속여부, 공판기일, 공판준비절차 여부 등 개략적인 내용을 알려주는 부분이다.

1) 우측 상단의 구속만료 부분

우측 상단부분에 구속만료라고 표시된 부분이 공란인 경우에는 불구속 재판을 의미하고, 구속재판인 경우에는 구속만료기간이 표시되어 있어 이 부분을 통하여 구속 또는 불구속재판임을 확인할 수 있다.

2) 좌측 상단의 기일 부분

좌측 상단에 기일란을 통하여 공판기일과 횟수를 확인할 수 있다. 참고로 시험에서는 보통 2회 공판기일이 열리는 것이 일반적이지만, 3회 공판기일이 열리는 경우도 있다.

3) 사건번호와 사건명

사건번호란을 통해 사건번호를 확인할 수 있으며(2022년 변호사시험에서는 2021고

합1234), 사건명란을 통하여 피고인들이 어떠한 죄로 공소가 제기되어 재판을 받고 있는지를 확인할 수 있다.

4) 피고인

피고인란을 통하여 피고인의 수를 확인할 필요는 있지만, 일반적으로 시험에서는 2명의 피고인이 나오므로 크게 실익은 없다. 그러나 피고인들이 기소된 사건명의 부호는 상당히 중요하다.

해당 피고인들이 공소가 제기된 어느 사건과 공범관계에 있는지는 공소장을 통하여 정확히 파악되겠지만, 본 페이지를 통하여 확인하는 것도 의미가 있다.

피고인들이 어느 사건과 공범관계에 있는지를 판단하는 방법은 ① 피고인란의 가., 나. 등이 피고인들에게 공통적으로 있으면 공동정범이나 합동범의 공범인 공동피고인이며 ② 피고인란의 가., 나. 등이 피고인들에게 공통적으로 있지 않더라도 정범과 교사범이나 방조범의 관계에 있거나, ③ 수뢰죄와 증뢰죄의 관계처럼 필요적 공범인 경우에는 공범인 공동피고인이 될 수 있다.

따라서 사건명란에 교사나 방조가 있는지 또는 필요적 공범이 있는지를 확인하는 것이 바람직하다.

5) 공소제기일

공소제기일은 본 페이지이외에도 공소장 등에 나오게 된다. 그러나 공소제기일은 시험에서 가장 중요한 사항 중 하나이므로 메모하여 기억해야 할 것이다.

6) 공판준비절차와 법정외에서 지정하는 기일 안내

일반적으로 5p에서는 공판준비절차와 법정외에서 지정하는 기일을 안내하는 내용이 나오지만 시험과는 크게 관련이 없으므로 특이한 사항이 없는지 확인만 하면 된다.

(3) 공판기록의 목록 (6p ~ 7p 전후)

1) 공판기록의 목록 – 6p

공판기록의 내용에 대한 목록부분이다.

시험을 위해서는 피고인 및 변호인이 제출한 증거가 있는지를 확인하고 확인결과 피고인 및 변호인이 제출한 증거가 있다면 관련 page를 확인하여 문제에 대한 추론을 하는 것도 의미가 있다.

그리고 몇 명의 증인이 있는지, 증인들의 이름은 무엇인지를 확인하고 문제에 대한 추론을 하는 것도 의미가 있다.

2) 구속관계 목록 – 7p (2022년 변시에서는 생략)

피고인이 수사단계에서 체포 또는 구속된 경우에 공소장에 첨부되어 있는 체포 또는 구속 및 석방관계 서류에 관한 목록부분이다. 그런데 최근 시험에서는 생략되어 있는 경우가 대부분이다.

특히 긴급체포서가 있는 경우에는 위법한 긴급체포가 문제되는 경우가 많고, 적법한 긴급체포인 경우에도 제217조 제1항에 따른 24시간 이내의 긴급압수가 문제되는 경우가 많으므로 간단히 관련 page를 확인하여 추론을 하는 것도 의미가 있다.

(4) 증거목록 (7p ~ 10p 전후)

법원에 신청된 증거들에 대한 목록부분이다. 일반적으로 검사측이 신청한 증거가 먼저 나오고 피고인 및 변호인측이 신청한 증거가 뒤에 나오게 된다. 그리고 증거목록의 내용 중 쪽수 표시란에 (생략) 표시가 되어 있는 증거들의 내용 중 중요한 것은 기록 마지막 page에 있는 '법원에 제출되어 있는 기타 증거들' 부분에 요지가 기재되어 있다.

1) 검사가 신청한 증거서류 등에 대한 증거목록

검사가 신청한 각 증거서류에는 각 피고인들이 증거의견을 진술한 부분이 있는바, 각 피고인이 각 증거에 대하여 어떠한 증거의견을 표시했는지를 정확히 확인하여야 한다.

그리고 비고란에 지시사항 중 번의동의[飜意同意- 처음에는 부동의(×) 하였으나, 후에 마음을 바꿔 동의(○) 한 경우], 공소사실의 1항 부분 등이 있는 경우에는 이를 반드시 확인하여야 한다.

특히 '공소사실의 1항 부분'이라는 지시가 있는 경우에는 미리 공소장의 내용을 살펴두어 어느 공소사실에 대한 부분이라는 것을 정확히 알 수 있어야 한다.

이때 동의(○)로 표시되어 있는 경우에는 위수증이 아닌 이상 증거능력이 인정되지만, 부동의(×)로 표시되어 있는 경우에는 증거능력을 판단하는 방법을 익혀 형사기록 후반부의 수사서류 등을 읽기 전에 수사서류 등의 증거능력 여부를 메모해 두는 것이 바람직하다.

2) 검사가 신청한 증인 등에 대한 증거목록

검사가 신청한 증인 등에 대한 증거목록에는 일반적으로 증인 및 증거물들이 있다.

주의할 점은 검사가 증인을 신청하고 법원이 증거결정을 했지만 ① 송달불능 등의 사유로 증인신문이 행하여지지 못한 경우나 ② 증인이 증언거부권을 행사한 경우 (2020년 변호사시험) 등도 있으므로 이러한 점을 확인하고 메모해 두는 것이 바람직하다.

3) 피고인 및 변호인이 신청한 증거서류 등에 대한 증거목록

피고인 및 변호인이 신청한 증거목록이 있는 경우에는 어떠한 증거를 신청했는지를 반드시 확인하여야 한다.[2] 이러한 피고인 및 변호인이 신청한 증거는 기록답안에 반

---

2) 피고인측이 제출한 증거에 대하여는 일반적으로 검사가 동의(○)하므로 증거능력이 인정되는 경우가 대부분이므로 간단히 확인만 하면 된다.

드시 참고하여야 할 내용이 나오므로 뒤에 해당기록부분을 자세히 보아야 하겠지만, 작은 문제의 해결을 위해서는 이 때 간단히 관련 page를 확인하여 추론을 하는 것도 의미가 있다.

(5) 공소장 (10p ~ 14p 전후)

공소장에는 우측상단에 공소제기일이 표시되어 있다. 그리고 공소장은 기본적으로 Ⅰ. 피고인 관련사항, Ⅱ. 공소사실, Ⅲ. 첨부서류의 순서로 되어있다(형사소송법 제254조 제3항, 형사소송규칙 제118조 제1항 참조).

1) 피고인 관련사항

기록을 검토함에 있어 피고인의 나이와 직업 등은 확인하는 것이 바람직하고, 가능하면 죄명과 적용법조도 특이한 점이 없는지를 확인하는 것이 바람직하다.

2) 공소사실

공소사실부분은 기록형시험에서 가장 중요한 부분이다. 따라서 정확히 읽으면서 범행일시와 장소 그리고 피해자와 수단 등을 기억할 수 있도록 하여야 한다. 공소사실을 장악하기 위하여 간단한 메모를 하거나 범행을 머릿속으로 연상해 보는 것도 도움이 될 수 있다. 그리고 이 단계에서 ① 정확한 실체법 지식으로 제325조 전단의 작은 배점의 문제를 해결하고, ② 사건들에 대한 time table을 통해 공소시효완성 등의 쟁점을 찾아내는 것이 바람직하다.

3) 첨부서류

첨부서류는 일반적으로 많이 생략이 되나 체포관련 서류 특히 긴급체포서나 현행범체포서의 경우에는 별지(일반적으로 다음 page)에 그 내용이 첨부되어 있다. 따라서 긴급체포서나 현행범체포서가 별지로 첨부되어 있는 경우에는 그 내용을 확인하고 일시와 장소 및 범죄사실 등을 메모하여 기억해 두었다가 위법한 체포인지 혹은 적법한 체포의 경우에 영장없는 압수가 적법하게 행하여졌는지를 판단하는데 활용할 수 있어야 한다.

(6) 제1회 공판조서 (15p ~ 18p 전후)

제1회 공판조서의 내용은 일반적으로 모두절차 진행에 따른 내용이 주를 이룬다. 모두절차가 종료된 이후에는 재판장이 '증거조사를 하겠다는 고지'하는 부분부터 제출된 증거들에 대한 증거조사가 진행되지만 그 내용은 일반적으로 생략된다. 그리고 마지막으로 문제에 따라서는 제1회 공판조서 뒤에 별지로 증거서류제출서나 공소장변경허가신청서 등이 첨부되어 있는 경우가 있다.

1) 모두절차의 진행

제1회 공판조서에서는 형사소송법 제283조에 따른 진술거부권의 고지, 제284조의 인정신문, 제285조의 검사의 모두진술, 제286조의 피고인의 모두진술의 내용이 순서대로 기재되어 있다.

기록의 검토함에 있어 소송진행의 순서에 따라 기록을 확인한다면 제285조에 따라 검사가 모두진술을 진행할 때 공소장을 확인하는 것이 공판중심주의에 충실한 기록 확인 방법일 것이다.

그리고 제286조의 피고인의 모두진술에서 피고인이 공소사실을 자백 또는 부인하는 내용은 형사기록시험에서 매우 중요하므로 메모를 해 두어야 하고, 여기에서 답안의 실마리를 찾을 수 있어야 한다.

일반적으로 자백을 하는 경우에는 작은 배점의 문제일 가능성이 크고, 부인하는 경우에 큰 배점의 문제가 될 가능성이 높다. 그리고 부인하는 경우에는 어떠한 이유로 부인하는지를 살펴두는 것이 바람직하다. 부인하는 이유가 기록문제의 쟁점이 되는 경우가 많으므로 앞으로 기록을 읽을 때 이러한 점을 주목하면서 기록을 살펴야 할 것이다.

2) 증거조사

제1회 공판조서에서 모두절차가 진행된 다음에는 형사소송법 제290조 이하에 따른 증거조사가 진행된다. 즉 모두절차가 종료된 이후에는 재판장이 '증거조사를 하겠다는 고지'하는 부분부터 제출된 증거들에 대한 증거조사가 진행되지만 제1회 공판조서에서는 그 내용은 일반적으로 생략된다. 따라서 증거조사와 관련된 내용을 확인하기 위해서는 법원에 제출되어 있는 수사서류 등의 증거들을 읽어 보아야 한다.

그런데 실무에서는 증거가 신청된 경우에 형사소송규칙 제134조 제2항에 따라 상대방에게 제시하게 하여 증거의견을 듣고 만약 증거능력이 인정되지 않으면 증거로 채택되지 않아 증거조사가 이루어지지 않지만, 변호사시험 형사기록형 시험에서는 증거능력 없는 증거도 증거조사가 행해지므로 공판진행의 순서에 따라 기록을 읽는다면 이부분에서 기본적인 증거능력에 대한 판단을 하여야 한다.

즉 먼저 증거목록을 살펴가며 피고인이 부동의(×)한 증거들의 증거능력을 판단하여야 한다. 그리고 증거능력이 인정되는 증거서류 등에 대하여 기록을 살펴가면서 재전문증거의 증거능력 그리고 위법수집증거 등에 대한 증거능력을 판단하여 증거능력 없는 증거를 배제하는 답안을 작성하여야 한다.

3) 증거서류제출서와 공소장변경허가서 등의 첨부

제1회 공판조서에는 증거조사가 행해지고, 재판장이 마지막에 '변론속행'이라고 하며 기록내용이 끝이 나지만, 문제에 따라 제1회 공판조서 뒤에 별지로 증거서류제출서가 첨부되거나 공소장변경허가신청서 등이 첨부되어 있는 경우에는 이들의 내용을 반드시 확인하여 공소사실해결의 단서를 찾아내고 이를 답안에 반영하여야 한다.

(7) 제2회 공판조서 (19 ~ 25p 전후)

제2회 공판조서에는 제1회 공판기일에 이은 사실심리가 계속 진행된다. 따라서 먼저 제1회 공판기일에서의 요지를 고지하고, 사실심리 중 증거조사가 계속 진행된다. 그런데 변호사시험 형사기록시험에서는 제2회 공판조서에서는 주로 증인신문을 진행한다. 그리고 마지막으로 사실심리 중 피고인신문이 진행된다.

1) 제1회 공판기일의 주요사항 고지

제2회 공판조서에서 첫 부분에서는 제1회 공판기일을 주요사항을 고지하는 부분이 나온다. 일반적으로 재판장이 '전회 공판심리에 대한 주요사항의 요지를 공판조서에 의하여 고지'하고 이에 따른 소송관계인의 진술이 나오게 되지만 시험에서 큰 의미가 있는 부분은 아니다.

2) 증거조사 - 증인신문

제2회 공판기일에서는 제1회 공판기일에 이어 사실심리가 계속 진행된다. 그런데 변호사시험 형사기록시험에서는 제2회 공판조서에서는 주로 증인신문을 진행한다. 그리고 이러한 증인신문을 한 내용이 제2회 공판조서의 별지에 기재되어 있다. 따라서 공판진행순서에 충실하게 기록을 살핀다면 이 때 증인신문조서를 읽어 보아야 한다.

3) 피고인신문

제2회 공판기일에서 증인신문이 끝나게 되면 증거조사가 종료하게 되어 사실심리 중 제296조의2에 따른 피고인신문이 이어지게 된다. 즉 재판장이 '증거조사를 마치고 피고인신문을 하겠다고 고지'한 이후에 피고인신문이 진행된다.

4) 증거서류제출서와 공소장변경허가서 등의 첨부

일반적으로 변호사시험 형사기록형시험에서는 피고인신문이 끝나면 소송진행이 끝나지만, 문제에 따라서는제1회 공판조서의 경우와 동일하게 제2회 공판조서 뒤에 별지로 증거서류제출서가 첨부되거나 공소장변경허가신청서 등이 첨부되어 있는 경우가 있으므로 이들의 내용을 반드시 확인하여 공소사실 해결의 단서를 찾아내고 이를 답안에 반영하여야 한다.

4. 수사기록 (25p 전후 ~ 끝)

(1) 일반적인 수사기록 (25p 전후~49p 전후)

제2회 공판조서가 끝난 뒤에는 대략 25p 이후에는 수사기록이 시간순서나 사건별로 정리가 되어 있다. 그러나 최근에는 주로 시간순서에 따라 정리가 되어 있다.

기록형시험에서는 기록이 짧기 때문에 무의미한 내용이 적히기는 어렵다는 점을 알아두고 가능한 범위 내에서 기록을 정확히 읽어 각 사건을 장악하고 답안작성에 필요한 부분을 메모하도록 노력하여야 할 것이다.

그리고 어느 정도 형사기록 공부를 꾸준히 하게 되면 기록을 살핌에 있어 저절로 강약을 조절하게 되고, 어느 부분을 어떻게 메모해야 하는지를 스스로 체득하게 되므로 기록을 보는 속도는 점점 탄력이 붙게 될 것이다.

(2) 기타 법원에 제출되어 있는 증거들 (49p 전후 ~ 끝)

법원에 증거로 신청되고 증거조사가 되었지만, 기록시험의 편의상 생략되어 있는 증거서류와 그 간략한 내용을 설시하고 있는 부분이다. 주로 증거목록에서 생략되어 있는 증거들 중 의미있는 증거의 요지가 기재되어 있다.

최근에는 생략되어 있는 서류가 상당히 많이 설시되어 있으며, 이곳에서도 기록답안의 실마리를 찾을 수 있는 내용이 있으므로 정확히 살펴둘 필요가 있다.

특히 공소사실의 해결의 실마리를 빨리 찾아내기 위해서는 기록의 내용을 살필 때 가장 먼저 ① 친족관계를 증명하는 가족관계증명서 ② 사망진단서 등은 정확히 메모하여 기억해 두는 것이 바람직하다.

제2절 | 형사기록을 읽는 방법

변호사시험에서의 형사기록을 읽는 방법은 수험생마다 다를 수 있다. 그러나 기록을 읽는 가장 정통한 방법은 공판기일의 순서에 따라 기록을 살피는 것이라 할 수 있다. 따라서 아래에서는 공판기일의 순서에 입각하여 형사기록을 읽는 방법을 제시한다.

🖊 기록 문제지를 받은 후 문제지의 누락된 부분이 없는가 등을 간단히 확인하고 1p와 2p에서 문제의 지시사항과 답안양식 등을 확인한다.

🖊 답안 양식을 확인하였으면 전체적으로 기록을 살펴보면서 공소제기일, 가족관계, 소송관계인의 사망 여부, 확정판결의 존재 여부, 합의서 등의 존재 여부, 재판장의 석명사항, 체포나 구속 여부, 압수조서 및 압수목록 여부, 공범 여부 등을 살펴 간단히 메모할 것은 메모해 둔다.

🖊 일반적으로 실제 시험에서는 3page 이하의 표제부를 살피는 것을 생략할 수도 있지만, 한 문제의 실마리라도 빨리 발견하기 위하여 간단히 살펴보는 것이 바람직하다.

🖊 기록을 몇 번 간단히 살핀 후 정식으로 기록을 읽어 나갈 때, 기록을 읽어가는 순서는 사람마다 다를 수 있다. 그러나 아래에서는 공판진행의 순서에 맞추어 기록을 살펴보는 방법으로 정리한다.

🖊 먼저 제1회 공판조서에서 모두절차를 살펴본다. 검사는 공소를 제기함에 있어 제254조 제1항에 따라 공소장을 법원에 제출하여야 하고, 동조 제2항에 따라 피고인 수에 상응한 부분을 첨부하여야 한다. 그리고 법원은 제266조에 따라 공소장부본을 제1회 공판기일 5일 전까지 피고인 또는 변호인에게 송달하여야 한다. 그러므로 법원과 피고인측은 이미 공소장의 내용을 알고 있지만, 제275조의3의 구두변론주의로 인하여 검사가 공소장을 낭독하는 것이다. 따라서 모두절차에서 공판진행 순서에 따라 검사가 공소장을 낭독하는 부분에서 검사가 제출한 공소장의 내용을 살펴본다.

🖊 공소장을 확인하였으면 다시 제1회 공판조서로 돌아가 피고인의 모두진술에서 공소사실의 인부 등을 살펴본다. 이 과정에서 답안 양식에 따른 작은 문제(피고인이 인정하는 경우)와 큰 문제(피고인이 부인하는 경우)의 구별 및 큰 문제의 쟁점(부인하는 이유)을 파악하도록 한다.

🖉 공판기일의 순서에 입각한다면 재판장이 '증거조사를 하겠다고 고지'한 부분에서 증거조사를 하여야 한다. 따라서 증거조사를 하기 위하여 ① 증거목록 부분으로 돌아가 제출된 증거들의 증거능력을 검토하고, ② 기록의 후반부에 있는 수사서류 등을 살펴본다. 그리고 특별한 사정이 없는 한 제1회 공판조서는 증거조사로 끝이 나므로 제1회 공판조서를 끝까지 살펴 특이한 사항이 없으면 제1회 공판조서를 마무리하고 증거목록 부분을 살피는 것이 바람직하다.

🖉 증거목록을 살피면서 부동의(×)하거나 내용부인(○○○×)한 서류나 물건을 위주로 증거능력 인정 여부를 검토하면서 ① 증거능력 없는 서류와 ② 부동의(×)하였지만 증거능력이 있는 서류(이 경우에는 재전문증거의 증거능력을 배제할 수 있음)에 대하여 Memo하여 둔다.

🖉 증거능력의 검토가 끝났으면 기록의 후반부에 있는 검사가 제출한 수사서류 등을 살펴본다. 이때 증거능력을 검토한 Memo를 살피면서 해당 서류가 ① 피고인이 부동의(×)하는 등으로 증거능력 없는 증거서류와 ② 피고인이 부동의(×)하였으나 작성자나 진술자가 증인으로 출석하여 성립의 진정을 인정하여 증거능력이 인정되는 서류라는 점을 간단히 Memo하면서 기록을 살핀다.

🖉 수사기록을 모두 살폈으면 제1회 공판기일 이후에 증거신청서나 공소장변경허가신청서 등이 있으면 이를 확인한다.

🖉 제1회 공판기일 이후에 제출된 서류 등을 확인하였으며 제2회 공판조서를 읽는다.

🖉 제2회 공판조서에서 증인신문을 시작하면 증인이 증언한 내용을 확인하기 위하여 증인신문조서를 먼저 확인한다.

🖉 증인신문조서를 살펴보았으면 공판진행 순서에 따라 피고인신문 등을 살펴보기 위하여 제2회 공판조서로 되돌아간다. 그리고 피고인신문 내용을 확인하면서 기록을 마친다.

🖉 마지막에 있는 〈기타 법원에 제출되어 있는 증거들〉을 살펴본다. 상황에 따라 이 부분은 수사기록을 살피면서 같이 살펴볼 수도 있을 것이다.

제3절 │ 형사기록의 답안작성 방법

I. 변론요지서 답안작성방법

변호사시험에서의 변론요지서 작성방법은 실무와는 다소 차이가 있다. 이곳에서는 변호사시험을 위한 답안작성방법에 대하여 ① 일반적으로 배점이 큰 제325조 후단 무죄판결을 구하는 문제의 변론요지서 작성방법 ② 일반적으로 배점이 작은 제325조 전단 무죄판결과 면소판결 및 공소기각판결을 구하는 변론요지서 작성방법으로 나누어 살펴본다.

1. 배점이 큰 문제의 답안작성방법

제325조 후단 무죄판결을 구하는 문제는 일반적으로 배점이 큰 문제가 된다. 따라서 1. 쟁점, 2. 증거능력 없는 증거, 3. 증명력 검토, 4. 결론의 기본적인 목차를 설정하고 이에 따라 답안을 작성하면 된다.

(1) 쟁점 부분의 답안작성방법

쟁점부분의 답안 작성방법은 먼저 피고인의 태도를 설시한 후 공소사실에서 피고인이 부인하는 점에 대하여 검사가 제출한 증거에 의하여 증명되었는지가 쟁점이라는 것을 간략히 밝힌다.[3)]

〈쟁점 작성요령 예시〉

1. 쟁 점

본 공소사실에 대하여 이을남은 부인하고 있습니다. 따라서 검사가 제출한 증거에 의하여 이을남이 김갑동과 합동하여 준강간을 하였다는 점이 증명될 수 있는지가 쟁점입니다.

---

(2) 증거능력 없는 증거의 배제 부분의 답안작성 방법

검사가 공소사실을 입증하기 위하여 신청한 증거들 중에서 증거능력 없는 증거를 형사소송법 지식을 활용하여 배제하는 부분이다. 형사기록형 시험을 처음 대비하시는 분들이 가장 어렵게 느껴지는 부분이 이 부분이지만 정확한 형사소송법 지식이 있고, 몇 개의 기록문제를 확실하게 살피게 되면 크게 어렵지 않은 부분이라는 것을 알게 된다. 따라서 많은 기록을 보기보다는 적은 기록이라도 정확하게 살피는 공부를 하는 것이 바람직하다.

---

3) 참고로 시중에 널리 퍼져있는 채점기준표를 보면 쟁점부분을 적시하고 있는 채점기준표가 있는가 하면 쟁점부분을 적시하지 않은 채점기준표도 있다. 따라서 이 부분을 반드시 기재해야 하는지에 대한 의문이 있으므로 독자 여러분의 판단에 맡긴다.

그리고 어느 정도 형사기록형시험에 익숙해져 정확히 증거능력이 없는 증거를 배제할 수 있게되면 답안을 작성하는 것은 거의 공식화되어 있으므로 이를 활용하여 답안을 작성하면 될 것이다.

처음 기록형답안을 작성하시는 분들이 주의해야 할 점은 너무 장황하게 적지 않도록 하는 것이다. 따라서 ① 형사소송법의 일반적인 지식을 답안지에 설시할 필요는 없으며 ② 원칙적으로 개별적인 각 증거의 증거능력을 배제하여야 하지만, 예외적으로 동일인의 여러 단계에서의 진술이 동일한 사유로 증거능력이 없는 경우에는 이를 한꺼번에 묶어서 증거능력을 배제하는 것이 바람직하다.

〈증거능력 없는 증거 배제 작성요령 예시〉

1. 김갑동의 사경작성 제1회 피신조서

   공범인 김갑동에 대한 사경작성 제1회 피신조서는 판례에 의하면 제312조 제3항이 적용되는바, 이을남이 내용을 부인하는 취지로 부동의하고 있으므로 증거능력이 없습니다.

---

(3) 증거능력 검토 후의 처리 방법

증거능력을 검토한 결과의 처리는 아래의 방법에 따른다.

〈증거능력을 검토한 결과의 처리〉

1. 증거능력있는 증거가 남지 않은 경우에 ① 피고인이 부인하고 있는 경우에는 공소사실에 대한 증명이 없다는 점을 들어 무죄를 주장하고 ② 피고인이 자백하고 있는 경우에는 자백을 보강하는 보강증거가 없다는 점을 들어 무죄를 주장할 수 있다.
2. 증거능력있는 증거가 남아 있는 경우에는 증명력의 검토로 넘어간다.

---

(4) 증명력의 검토 부분의 답안작성방법

증거능력 없는 증거를 배제하는 부분이 처음 공부하시는 분들에게 어렵다면 어느 정도 기록공부를 하신 분들이 가장 어려워하는 부분이 증명력의 검토이다. 이는 짧은 시간에 기록을 읽다보니 사건을 장악하지 못하고, 메모를 충실하게 할 수 없기 때문일 것이다. 그러나 증명력을 탄핵하는 부분은 배점이 높기 때문에 이 부분을 충실하게 기재할 수 있도록 노력하여야 할 것이다.

증명력을 탄핵하는 부분의 답안을 작성하는 방법에 대하여는 획일적으로 말할 수 없다. 그러나 시험문제이므로 기록을 검토하다 보면 쟁점부분에서 적시한 추상적인 쟁점(예를 들면 교사의 증명, 공모관계의 증명, 수뢰사실의 증명 등) 중에서도 기록에서 다투어지는 구체적인 쟁점(범죄사실의 인식 여부, 범죄수익의 분배 여부, 금전의 전달 여부, 칼의 전달 여부 등)을 밝혀내어 이 부분과 관련된 증거들의 신빙성을 다투면 된다고 할 수 있다.

이러한 증명력을 탄핵하는 답안은 기록에서의 자료뿐만 아니라 기록에서의 자료로부터 추론되는 여러 가지 상황을 적을 수도 있으므로 증명력을 탄핵하는 부분을 풍부하게 적기 위해서는 ① 먼저 정확하게 기록을 검토하여 사건을 장악하고, ② 구체적인 쟁점과 관련된 자료를 정확히 메모하고, ③ 이와 더불어 일반 상식적인 관점에서 이를 조합하여 추론하는 연습이 필요하다.

〈진술의 증명력 탄핵 일반 -경 · 관 · 물 · 리 · 인 · 책〉

일반적으로 진술의 증명력을 탄핵하는 가장 기본적인 방법이자 실제 활용빈도가 가장 높은 방법이 아래의 6가지의 방법이다. 다만, 이를 익혀두고 활용하되 증명력을 탄핵하는 방법은 다양하므로 너무 이 6가지에 집착하지 않도록 주의하기 바란다.

1. 경험법칙에 반하는 진술

   진술이 경험칙, 사회상규 등에 비추어 합리적인지를 검토한 후 경험칙에 반한다는 점을 들어 진술의 신빙성을 탄핵할 수 있다. 예를 들면 목격 당시의 상황 즉 야간 여부, 조명상태, 목격자의 시력, 현장에서 장애물 존재 등을 적시하며 경험칙에 반하는 진술의 신빙성을 탄핵할 수 있다.

2. 일관성이 없는 진술

   동일인의 여러 진술이 있는 경우에 진술의 내용을 대조해가면서 진술이 일관성이 있는지를 검토한 후 일관성이 없는 점을 들어 진술의 증명력을 탄핵할 수 있다. 예를 들면 전후 진술이 일관성 없는 경우에 진술이 변경되었다는 점을 적시하고, 진술 변경의 시점과 그 이유 등을 분석하여 논증하면서 일관성이 없는 진술의 신빙성을 탄핵할 수 있다.

3. 객관적인 증거물에 배치되는 진술

   진술이 객관적인 증거물에 배치되는 것은 아닌지를 검토한 후에 객관적인 증거물에 배치되는 점을 들어 진술의 증명력을 탄핵할 수 있다. 예를 들면, 목격자인 참고인은 가해자가 머리를 때렸다고 진술하였지만, 피해자가 입은 상처부위는 옆구리인 경우와 같이 객관적인 증거물에 배치되는 참고인의 진술의 신빙성을 탄핵할 수 있다.

4. 이해관계인의 진술

   친족관계에 있는 자의 진술, 사업상 동업자인 관계에 있는 자의 진술 등에 대하여는 이해관계인의 진술이므로 객관적인 신빙성이 떨어진다는 점을 들어 진술의 증명력을 탄핵할 수 있다.

5. 인간됨

   진술하는 사람의 기본적인 인간됨이 착실하지 못하여 방탕하거나, 타인에 대한 배려심의 부족으로 인하여 야비한 경우 등에는 그러한 인간됨을 지적하면서 진술의 신빙성을 탄핵할 수 있다.

6. 책임전가의 진술

   주로 공범관계로 기소된 피고인이 자신의 범행이 명확히 드러나자 책임을 전가하기 위하여 상피고인과 공모하거나 상피고인이 범행을 주도하였다는 식의 진술은 책임을 전가하기 위한 진술로써 객관적인 신빙성이 떨어진다는 점을 들어 진술의 증명력을 탄핵할 수 있다.

〈증명력 탄핵 예시답안 [2014]〉

1. 범죄수익 분배의 문제점

   김갑동은 자신이 출연하여 설립한 회사의 운영자이자 1인주주로서 실질적으로 자기 재산인 회사의 토지를 영득하면서 그 매매가액의 절반이 되는 2억원을 이을남에게 준다는 것은 경험칙에 반하므로 신빙성이 없습니다.

2. 일관성 없는 진술의 문제점

   김갑동은 경찰신문시 이을남과 짜고 처분할 이유가 없다고 진술하여 공모가 없었고 이을남이 급전이 필요하다고 해 2억원을 빌려주었다고 주장하고 검찰에서도 이와 동일한 진술을 하다가 이후 태도를 바꿔 이을남이 주도적으로 범행을 모의했다는 진술을 하는 것은 일관성이 없으므로 신빙성이 없습니다.

3. 객관적 물증부족의 문제점

   김갑동이 이을남에게 2억원을 주었다는 진술을 증명하기 위하여는 예금인출과정에서의 자료와 이을남에게 지급하기 까지의 과정에서의 증거자료 등이 있어야 함에도 이에 대한 물적 증거가 없으므로 김갑동의 진술은 신빙성이 없습니다.

그리고 증명력을 검토한 결과 검사가 제출한 증거만으로는 공소사실을 인정하기에는 부족한 경우에는 부족증거라는 제목으로 증명력이 부족하다는 것을 서술할 수도 있으며, 피고인에게 유리한 자료나 내용 등을 설시하며 사건의 실체를 정리하여 서술할 수도 있을 것이다.

(5) 결론 부분이 무죄인 경우의 답안작성방법

결론 부분이 무죄인 경우의 변론요지서의 결론 부분은 어느 정도 획일화된 답안이 예정되어 있는 부분이다. 즉 일반적으로 "본 공소사실에 대하여는 합리적인 의심이 없을 정도의 증명이 없으므로 형사소송법 제325조 후단의 무죄판결을 선고하여 주시기 바랍니다."라는 내용으로 답안을 마무리한다.

〈결론 부분 작성요령 예시〉

4. 결 언

   따라서 본 공소사실은 합리적인 의심이 없을 정도로 증명되었다고 볼 수 없으므로 형사소송법 제325조 후단에 의하여 무죄판결을 선고하여 주시기 바랍니다.

---

(6) 결론 부분이 유죄인 경우의 답안작성방법

결론 부분이 유죄인 경우는 시험에 출제될 확률이 높지는 않지만, 유죄인 경우에는 간략하게 정상변론을 적으라는 문제가 출제될 수 있다. 이러한 경우에는 아래의 정상관계의 작성요령을 바탕으로 간단히 정상변론을 할 수 있다.

〈정상관계의 작성요령 –전·동·피·일·반〉

일반적으로는 무죄판결을 구하는 것으로 결론이 정리되지만, 무죄판결이 아니라 유죄판결이 예상되는 경우에는 정상관계를 적어주어야 한다. 아래에 정상관계를 적는 가장 기본적인 내용을 설시하니 참조하시기 바란다.

1. 전과관계

   피고인에게 전과가 없거나 동종전과가 없음을 들어 정상참작을 구한다.

2. 범죄의 동기와 경위

   피고인이 사건에 이르게 된 불가피한 상황(피의자의 곤궁이나 가족의 질병 등), 우발적 범행, 사안이 비교적 중하지 아니함 등을 들어 정상참작을 구한다.

3. 피해자와의 관계

   범행 이후 피고인이 피해자와의 합의 등을 들어 정상참작을 구한다.

4. 피의자의 일반적 정상참작 사유

   피고인의 연령, 건강, 직업, 수입, 생활환경, 가족관계(피고인이 가족을 부양하는지 여부 등) 등을 들어 정상참작을 구한다.

5. 반성의 유무 기타 유리한 정상

   피고인의 반성하는 태도, 가족의 선도다짐, 탄원 등을 들어 정상참작을 구한다.

✎ 출판물에의한명예훼손죄로 기소되었으나, 출판물에의한명예훼손죄는 무죄가 되고 축소사실인 명예훼손죄에 대하여 정상변론하는 예시답안

〈정상변론 예시답안 [2019]〉

1. 쟁 점

   본 공소사실에 대하여 이을남은 자백하고 있습니다만, 법리상 이을남의 행위가 출판물에의한명예훼손죄에 해당하는지가 쟁점입니다.

2. 법리의 검토

   판례에 의하면 형법 제309조에서의 '기타 출판물'에 해당한다고 하기 위하여는 그것이 등록·출판된 제본인쇄물이나 제작물은 아니라고 할지라도 적어도 그와 같은 정도의 효용과 기능을 가지고 사실상 출판물로 유통·통용될 수 있는 외관을 가진 인쇄물로 볼

수 있어야 한다고 하고 있습니다. 그런데 본 공소사실에서 이을남이 작성한 A4용지 정도로는 '기타 출판물'에 해당하지 않습니다.

3. 결 언

따라서 본 공소사실에 대하여는 범죄가 되지 아니하므로 제325조 전단에 따라 무죄판결의 선고를 하여 주시기 바랍니다.

4. 축소사실로서의 허위사실적시명예훼손죄에 대하여

축소사실인 허위사실적시명예훼손죄에 대하여는 피고인 이을남이 자백하고 있습니다. 이을남은 ① 전과가 없이 건실한 삶을 살아왔으며, ② 본 공소사실도 자신이 범하지도 않은 성폭법위반죄의 혐의를 받자 우발적으로 범한 것이며, ③ 피해자 나병녀와의 원만한 합의를 기대하며 300만원을 공탁하고 있으며, ④ 부모님을 부양하며 살아가는 건실한 직장인이며, ⑤ 본 공소사실에 대하여 자백하며 깊이 반성하고 있습니다. 따라서 위 정상사유를 참작하시어 법이 허용하는 범위내에서 가장 관대한 처벌을 내려 주시기 바랍니다.

(7) 축소사실의 답안작성방법

공소사실이 무죄가 되더라도 이에 포함된 축소사실이 범죄가 성립될 수 있는 경우에는 축소사실에 대한 평가를 반드시 적어주어야 한다. 왜냐하면 <u>축소사실은 검사의 공소장변경없이도 법원이 유죄판결할 수 있으므로 이는 별개의 공소사실로 보아야 하기 때문이다.</u>

축소사실이 문제되는 경우는 주로 결합범에서 많이 발생하므로 공소제기된 범죄가 결합범인 경우에는 축소사실에 대한 평가를 빠뜨리지 않도록 주의를 요한다. 다만, 축소사실에 대한 문제는 몇 개의 범죄유형에서 일정한 패턴을 지니고 있으므로 어느 정도 실력이 쌓이게 되면 크게 어렵지 않게 된다.

✎ 특가법위반(보복협박등)으로 기소되었으나, 민사재판과 관련된 것이므로 무죄가 되고 축소사실로서 형법상의 협박죄에 대하여 공소기각을 구하는 예시답안

〈축소사실 예시답안 [2019]〉

1. 쟁 점

김갑동은 본 공소사실에 대하여 자백하고 있습니다만, 법리적으로 민사재판에 대한 보복목적이 특가법 제5조의9의 보복목적에 해당하는지가 쟁점입니다.

2. 특가법상의 보복협박에 해당하는지 여부

특가법 제5조의9 제2항과 제1항에서의 보복의 목적이란 '자기 또는 타인의 형사사건의 수사 또는 재판과 관련하여 고소 · 고발 등 수사단서의 제공, 진술, 증언 또는 자료제출에 대한 보복의 목적'을 의미합니다. 그런데 사안에서 김갑동은 박수련과의 민사재판에

서의 분쟁으로 인하여 협박을 한 것이므로 특가법 제5조의9의 보복목적 협박죄는 성립하지 않습니다.

3. 결 언

따라서 본 공소사실에 대하여는 범죄가 되지 아니하므로 제325조 전단에 따라 무죄판결의 선고를 구할 수 있을 것입니다.

4. 축소사실로서의 형법상의 협박죄에 대하여

가. 쟁 점

본 공소사실이 특가법 제5조의9에 해당하지 않는 경우에는 축소사실로서 형법 제283조 제1항의 협박죄가 성립합니다. 그런데 협박죄는 제283조 제3항에 의하여 반의사불벌죄에 해당하므로 검사의 공소제기가 적법하게 유지될 수 있는지가 쟁점입니다.

나. 박수련의 처벌불원의 의사표시

본 공소사실에 대하여 피해자 박수련은 공소제기이후인 2018.12.27. 제2회 공판기일에 증인으로 출석하여 김갑동에 대한 처벌불원의 의사표시를 하고 있습니다. 따라서 검사의 공소제기는 적법하게 유지될 수 없습니다.

다. 결 언

따라서 축소사실인 협박죄에 대하여는 형사소송법 제327조 제6호에 따라 공소기각판결을 구할 수 있을 것입니다.

2. 배점이 작은 문제의 답안

배점이 작은 문제는 일반적으로 ① 법리와 사실관계의 확정 등으로 제325조 무죄판결을 구하는 문제와 ② 면소판결을 구하는 문제 및 ③ 공소기각판결을 구하는 문제가 주를 이룬다.

이러한 배점이 작은 문제는 일반적으로 쟁점을 쉽게 찾아낼 수 있으므로 쟁점을 찾고 답을 적는다는 것에 만족하지 말고 간략하지만 핵심적인 key-word가 올바로 답안지에 표현되어야 하는 것이 중요하다. 그리고 배점이 작은 문제의 목차는 일반적으로 1. 쟁점, 2. 법리와 사안의 적용, 3. 결론의 기본적인 목차를 설정하고 이에 따라 답안을 작성하면 된다.4)

(1) 쟁 점

쟁점부분의 답안 작성방법은 먼저 피고인의 태도를 설시한 후 법리상 어떠한 점이 쟁점이 되는지를 밝힌다.

---

4) 물론 상황에 따라서는 이보다도 더 축약된 답안으로 1. 법리의 검토 2. 결언의 목차로도 적을 수 있을 것이다. 또한 제325조 후단 무죄의 경우에는 1. 쟁점, 2. 사실관계, 3. 법리, 4. 결론의 목차로 답안을 작성할 수도 있다. 보다 자세한 내용은 제2편 해당 부분 참조.

1. 쟁 점

이을남은 본 공소사실에 대하여 자백하고 있습니다만, 공소가 적법하게 유지될 수 있는지가 쟁점입니다.

(2) 법리와 사안의 적용

먼저 쟁점과 관련된 판례와 조문 및 이론의 법리를 간단하게 밝히고, 해당 사건에서의 사실관계 등을 적시하며 법리에 부합됨을 밝힌다.

2. 관련 법리와 사안의 적용

부수법 제2조 제4항에 따르면 부도수표를 회수하지 못하였더라도 수표 소지인의 명시적 의사에 반하는 경우 공소를 제기할 수 없도록 반의사불벌죄로 규정하고 있습니다.

본건에서는 수표 소지인인 김갑동이 공소제기 후인 제2회 공판기일에서 처벌불원의 의사를 표시하고 있으므로 적법한 공소가 유지될 수 없습니다.

(3) 결 언

법리에 부합되는 사건이므로 이에 합당한 판결을 구한다. 그런데 이러한 결언을 적는 것은 어느 정도 획일화되어 있으므로 이를 활용하여 답안을 작성하면 된다.

3. 결 론

따라서 본 공소사실에 대하여는 공소가 적법하게 유죄될 수 없으므로 형사소송법 제327조 제6호에 의하여 공소기각판결을 선고하여 주시기 바랍니다.

✎ 변론요지서에서의 결론 부분에 대한 예시답안

〈변론요지서에서의 결론 부분에 대한 예시답안〉

1. 형식재판을 구하는 경우
   ○ 본 공소사실은 OOO에 해당하므로 제326조 제O호에 따라 면소판결을 선고하여 주시기 바랍니다.
   ○ 본 공소사실은 OOO에 해당하므로 제327조 제O호에 따라 공소기각판결을 선고하여 주시기 바랍니다.

2. 무죄판결을 구하는 경우

　○ 본 공소사실은 범죄가 되지 아니하므로 제325조 전단에 따라 무죄를 선고하여 주시기 바랍니다.

　○ 본 공소사실은 범죄사실의 증명이 없으므로 제325조 후단에 따라 무죄를 선고하여 주시기 바랍니다.

3. 정상변론의 경우

　○ 위 정상사유를 참작하시어 가장 관대한 처벌을 내려 주시기 바랍니다.

　○ 위 정상사유를 참작하시어 피고인에게 집행유예 결격사유가 없으므로 집행유예를 선고하여 주시기 바랍니다.

Ⅱ. 검토의견서 답안작성방법

검토의견서의 답안작성방법은 기본적으로 변론요지서와 동일하다. 다만, 변론요지서는 피고인에게 유리한 방향으로만 법리를 전개하면 되지만, 검토의견서의 경우에는 객관적인 입장에서 답안을 기재하라는 문구가 있으므로 보다 정확한 법지식으로 답안을 작성한다는 점에서 차이가 있을 뿐이다.

특히 최근 시험문제에서는 함정을 파놓은 듯한 문제도 많이 눈에 띄므로 평소에 형사법에 대한 정확한 법지식을 쌓도록 하여야 할 것이다.

Ⅲ. 보석허가청구서 답안작성방법

보석허가청구서는 일정한 방식에 따라 적어야 될 부분만 주의하면 기본적인 작성방식은 변론요지서와 크게 다를 바가 없으므로 일정한 방식에 따라 적어야 될 부분을 위주로 설명한다.

일반적으로 보석허가청구서는 Ⅰ. 청구취지, Ⅱ. 청구이유의 목차로 작성하며, Ⅱ. 청구이유는 다시 1. 공소사실의 요지(일반적으로 생략하라고 지시된다), 2. 보석 사유에 대하여, 3. 공소사실에 대한 변론, 4. 보석의 조건에 대하여, 5. 결론의 목차로 답안을 작성하게 된다.

1. 청구취지의 작성방법 (3점) - 일반적으로 생략

청구취지의 작성방법은 어느 정도 획일화되어 있다. 따라서 아래의 문구를 정확히 기억한 후에 이를 활용하면 충분하다. 그러나 일반적으로 생략된다.

〈청구취지〉

'피고인에 대한 보석을 허가한다.' 또는

> '보증금납입 등을 조건으로 피고인에 대한 보석을 허가한다.'
>
> 라는 결정을 구합니다.5)

2. 보석 사유에 대하여 작성방법 (15점)

보석 사유는 피고인에게 보석을 허가할만한 사유가 있다는 것을 밝히는 부분이다. 이 부분의 답안도 어느 정도 획일화 되어 있는데 형사소송법 제95조의 필요적 보석의 예외 사유를 바탕으로 목차를 잡고 답안을 작성하면 된다.

만약 문제에서 형사소송법 제95조에서 규정하고 있는 필요적 보석 사유의 예외에 해당하지 않는 경우에는 [필요적 보석 사유]라는 제목으로 설정하고, 제95조의 예외 사유에 대한 것을 설시하여 필요적 보석 사유에 해당한다고 주장하여야 한다.

그리고 형사소송법 제95조에서 규정하고 있는 필요적 보석 사유의 예외에 해당하는 경우에는 [임의적 보석 사유]라는 제목으로 설시하고, 필요적 보석 사유에 해당하지는 않지만 사안이 경미하여 임의적 보석 사유에 해당할 수 있음을 주장하여야 한다.

〈형사소송법 제95조〉

제95조 (필요적 보석) 보석의 청구가 있는 때에는 다음 이외의 경우에는 보석을 허가하여야 한다.
  1. 피고인이 사형, 무기 또는 장기 10년이 넘는 징역이나 금고에 해당하는 죄를 범한 때
  2. 피고인이 누범에 해당하거나 상습범인 죄를 범한 때
  3. 피고인이 죄증을 인멸하거나 인멸할 염려가 있다고 믿을 만한 충분한 이유가 있는 때
  4. 피고인이 도망하거나 도망할 염려가 있다고 믿을 만한 충분한 이유가 있는 때
  5. 피고인의 주거가 분명하지 아니한 때
  6. 피고인이 피해자, 당해 사건의 재판에 필요한 사실을 알고 있다고 인정되는 자 또는 그 친족의 생명·신체나 재산에 해를 가하거나 가할 염려가 있다고 믿을만한 충분한 이유가 있는 때

---

(1) 1호

피고인이 사형, 무기 또는 장기 10년이 넘는 징역이나 금고에 해당하는 중한 범죄로 기소되지 않았거나, 기소되었더라도 공소사실에 대한 변론에서 무죄에 해당한다는 점을 적시하여야 한다.

---

5) 이전에는 보증금납입만이 보석의 조건이었으나, 2007년 개정으로 현재는 보증금 이외에 서약서, 출석보증서 등 다양한 조건이 부가되므로 후단과 같이 기재할 수도 있다. 따라서 채점기준표에 의하면 '보증금납입을 조건으로'라는 문구를 적는 것은 부적합하다고 하고 있다.

(2) 2호

피고인이 누범에 해당하거나 상습범인 죄를 범하지 않았다는 점을 기록의 전과회보서 등을 참고하여 적시하여야 한다. 따라서 보석허가청구서의 경우에는 전과기록이 상당한 의미를 지니게 되므로 주의해서 살펴야 한다.

(3) 3호

피고인이 죄증을 인멸하거나 인멸할 염려가 없다는 점을 적시하여야 한다. 주로 피고인이 기본적인 사실관계를 다투지 않거나, 충분한 증거조사가 행하여졌음을 설시한다.

(4) 4 ～ 5호

4호와 5호는 같이 묶어서 주거가 분명하고 가족을 부양하고 안정된 직업이 있다는 점 등으로 피고인이 도망하거나 도망할 염려가 없다는 점을 설시한다.

(5) 6호

사건의 경위, 범죄 후의 피고인의 태도(반성·합의·피해보상노력 등) 그리고 피해자와 원한관계가 없음 등으로 피고인이 피해자 등의 생명·신체나 재산에 해를 가하거나 가할 염려가 없다는 점을 설시한다.

〈필요적 보석 사유의 예시답안〉

1. 필요적 보석 사유

피고인에게는 형사소송법 제95조 소정의 필요적 보석사유가 있습니다.

가. 피고인에 대한 공소사실 중 폭처법상의 공갈죄는 징역10년이 넘지만, 아래에서 보는 바와 같이 본 건은 친족상도례의 적용으로 형이 면제되어야 하며, 나머지 공소사실들은 징역 10년이 넘지 않습니다.

나. 피고인의 공소사실 중 일부는 집행유예기간내에 범한 것으로 되어 있으나, 집행유예기간 중에 범한 범죄는 누범이 될 수 없으며 또한 피고인에 대하여 상습범으로 기소된 공소사실은 없으므로 상습범이 아닙니다.

다. 피고인은 공소사실과 관련하여 대부분 자백하고 있으며, 자백하고 있지 않은 사건도 수사과정에서 충분한 증거가 확보된 상태이므로 피고인에게 죄증을 인멸할 염려는 없습니다.

라. 피고인은 구속될 때까지 주소지인 서울 강서구 염창동 321 염창빌라 205호에 거주하여 주거가 분명하고, 부모님을 봉양하고 살고 있으며, 삼송건설회사에 인테리어 팀장으로 재직하여 직업도 확실하므로 도망하거나 도망할 염려가 없습니다.

마. 한독일은 약속어음을 회수하였고, 박온두와는 공탁을 한 후 합의를 위하여 노력하고 있으며, 서반아는 처벌불원의 의사를 표시하고 있으므로 피해자 등에게 위해를 가할 우려가 없습니다.

〈임의적 보석 사유의 예시답안(15점) [2019]〉

1. 임의적 보석 사유

가. 피고인 김갑동에 대한 공소사실 중 성폭법위반과 아청법위반죄는 법정형이 장기 10년이 넘는 징역형에 해당하나 아래에서 보는 바와 같이 무죄판결이 선고되어야 하고, 나머지 공소사실은 법정형이 10년을 넘지 않습니다.

나. 피고인 김갑동은 전과가 없어 유죄가 인정될 수 있는 명예훼손죄의 공소사실은 누범에 해당하지 않습니다. 그리고 유죄선고가 예상되는 명예훼손죄는 억울한 누명을 쓰게 되자 우발적으로 범한 것이므로 상습성이나 재범의 위험성도 없습니다.

다. 피고인 김갑동은 명예훼손사실에 대하여 자백하고 있고, 나병녀가 제출한 게시물 등으로 수사와 공판에서의 증거조사가 충분히 이루어졌으므로 이을남이 죄증을 인멸하거나 인멸할 염려가 없습니다.

라. 피고인 김갑동은 주소지인 서울 동작구 노량진로 21 미래연립 106호에 거주하여 주거가 분명하고, 부 이수완과 모 유창숙을 모시고 팔성전자 주식회사에 2015.3.2. 입사한 후 현재까지 건실한 직장인으로 생활하고 있으므로 도망하거나 도망할 염려가 없습니다.

마. 피고인 김갑동은 명예훼손죄와 관련하여 범행을 자백하고 있으며, 피해자 나병녀와 합의를 하려고 하였으나 아직 합의에 이르지 못하여 앞으로의 합의를 기대하며 300만원을 공탁하고 있으므로 피해자 등에게 위해를 가할 우려가 없습니다.

〈임의적 보석 사유의 예시답안〉

1. 임의적 보석 사유

가. 피고인의 공소사실 중 특가법위반죄의 법정형이 장기 10년이 넘는 징역형에 해당하나 아래에서 보는 바와 같이 무죄 판결이 선고되어야 하고, 나머지 공소사실은 법정형이 10년을 넘지 않습니다.

나. 피고인에게 유죄가 인정될 수 있는 공소사실은 모두 집행유예 기간이 경과한 이후의 것이므로 누범에 해당하지 않습니다. 그리고 유죄가 인정되는 상습도박죄는 비록 상습범이기는 하지만 법정형이나 죄질이 중하지 않습니다.

다. 피고인은 공소사실의 대부분을 자백하고 있고, 수사와 공판에서의 증거조사가 충분히 이루어졌으므로 피고인이 죄증을 인멸하거나 인멸할 염려가 없습니다.

라. 피고인은 주소지인 서울 강서구 염창동 321 염창빌라 205호에 거주하여 주거가 분명하고, 가장으로서 인쇄업을 하면서 부인과 아이들과 단란한 가정을 꾸려가고 있으므로 도망하거나 도망할 염려가 없습니다.

마. 피고인은 교특법위반죄와 관련하여 피해자의 조속한 쾌유를 빌며 깊이 반성하고 있으며, 차량이 종합보험에 가입되어 있고 이와 별도로 피해자와 합의를 하였으므로 피해자 등에게 위해를 가할 우려가 없습니다.

바. 따라서 비록 일부 공소사실이 필요적 보석의 예외사유에 해당하지만, 무기평등의 원칙과 피고인의 방어권을 보장하기 위하여 보석을 허가할 상당한 이유가 있습니다.

〈임의적 보석 사유의 예시답안〉

1. 임의적 보석 사유

가. 피고인의 공소사실 중 특가법위반죄의 법정형이 장기 10년이 넘는 징역형에 해당하나 아래에서 보는 바와 같이 무죄 판결이 선고되어야 하고, 나머지 공소사실은 법정형이 10년을 넘지 않습니다.

나. 피고인에게 유죄가 인정될 수 있는 공소사실은 모두 집행유예 기간이 경과한 이후의 것이므로 누범에 해당하지 않습니다. 그리고 유죄가 인정되는 상습도박죄는 비록 상습범이기는 하지만 법정형이나 죄질이 중하지 않습니다.

다. 피고인은 공소사실의 대부분을 자백하고 있고, 수사와 공판에서의 증거조사가 충분히 이루어졌으므로 피고인이 죄증을 인멸하거나 인멸할 염려가 없습니다.

라. 피고인은 주소지인 서울 강서구 염창동 321 염창빌라 205호에 거주하여 주거가 분명하고, 가장으로서 인쇄업을 하면서 부인과 아이들과 단란한 가정을 꾸려가고 있으므로 도망하거나 도망할 염려가 없습니다.

마. 피고인은 교특법위반죄와 관련하여 피해자의 조속한 쾌유를 빌며 깊이 반성하고 있으며, 차량이 종합보험에 가입되어 있고 이와 별도로 피해자와 합의를 하였으므로 피해자 등에게 위해를 가할 우려가 없습니다.

바. 따라서 비록 일부 공소사실이 필요적 보석의 예외사유에 해당하지만, 무기평등의 원칙과 피고인의 방어권을 보장하기 위하여 보석을 허가할 상당한 이유가 있습니다.

3. 공소사실에 대한 변론 작성방법 (75점)

공소사실에 대한 변론 부분의 작성방법은 변론요지서의 경우와 동일하다.

4. 보석의 조건에 대하여 작성방법 (5점) – 일반적으로 생략

보석의 조건에 대한 작성방법은 어느 정도 획일화되어 있다. 따라서 아래의 문구를 정확히 기억한 후에 이를 활용하면 충분하다. 그러나 일반적으로 생략된다.

〈보석의 조건에 대하여〉

피고인의 보석을 허가하실 경우 피고인에게 경제적 부담이 없도록 피고인의 출석서약서나 제3자의 출석보증서의 제출만으로 보석을 허가하여 주시기 바랍니다.

만약 부득이 보증금 납입을 조건으로 보석의 허가하는 경우에는 피고인의 처 000이 제출하는 보석보증보험증권을 첨부한 보증서로써 그 보증금의 납부에 갈음할 수 있도록 허가하여 주시기 바랍니다.

5. 결론 작성 방법 (2점)

결론 부분의 작성 방법은 어느 정도 획일화되어 있다. 따라서 아래의 문구를 정확히 기억한 후에 이를 활용하면 충분하다.

〈결론의 예시〉

이상의 이유로 피고인이 불구속으로 석방되어 나머지 재판을 받을 수 있도록 적당한 조건을 붙여 보석을 허가하여 주시길 바랍니다.

제2편

작은 배점의
무면공 예시답안과
소추조건 정리

☑ GUIDE I

제2편에서는 일반적으로 시험에서 출제되는 작은 배점의 문제들을

I. 제325조 무죄판결 예시답안

II. 제326조 면소판결 예시답안

III. 제327조 공소기각판결 예시답안

IV. 제323조 유죄판결 예시답안

V. 기타 작은 배점 문제 예시답안

VI. 공소시효와 친고죄 및 반의사불벌죄 관련 조문 정리

의 순서로 설명한다.

I. 제325조 무죄판결 예시답안

1. 일반론

제325조 무죄판결의 유형은 크게 ① 제325조 전단 무죄와 ② 제325조 후단 무죄로 구별할 수 있다.

(1) 제325조 전단 무죄

제325조 전단 무죄의 경우는 피고사건이 범죄로 되지 않는 때를 말한다. 피고사건이 범죄로 되지 않는 때란 공소사실이 구성요건에 해당하지 않거나, 구성요건에 해당하더라도 위법이나 책임이 조각되어 범죄가 되지 아니하는 경우이다. 즉 공소장에 기재된 공소사실만으로 무죄판단이 가능하여 기록을 통한 사실인정절차 필요없이 무죄가 되는 경우이다.

이러한 제325조 전단 무죄의 경우에는 쟁점 → 법리 → 공소사실에의 적용 → 결론의 순서로 답안을 작성하게 된다.

> ✎ 명예훼손죄에서 공소장에 기재된 공소사실만으로도 명예훼손죄가 성립할 수 없어 제325조 전단 무죄가 되는 공소사실

〈예시 공소사실 [2015]〉

피고인은 2014. 7. 30. 10:00경 서울 서초구 서초구청 건축계 사무실에서 그곳 사무실 직원 10여 명이 듣고 있는 가운데 피해자 김갑동에게 "이 나쁜 새끼, 거짓말쟁이"라고 소리침으로써 공연히 사실을 적시하여 피해자의 명예를 훼손하였다.

(2) 제325조 후단 무죄

제325조 후단 무죄의 경우는 범죄사실에 대한 증명이 없어 무죄가 되는 경우이다. 범죄
사실에 대한 증명이 없는 때란 공소사실의 부존재가 적극적으로 증명된 경우뿐만 아니라
그 사실의 존부에 관하여 증거가 불충분하여 법관이 심증을 얻을 수 없었을 때를 포함한
다. 이러한 제325조 후단 무죄의 유형에는 세가지 유형이 있다.

1) 사실관계 확정 후 무죄가 되는 경우

일반적으로 피고인이 공소사실을 자백하고 있으나, 공소사실에 대한 사실관계를 확
정한 후 법리를 적용하면 무죄가 되는 경우이다. 즉 공소장에 기재된 공소사실에 따
르면 유죄판결이 선고될 수 있는 것처럼 기재되어 있으나, 기록을 통하여 사실관계
를 정리하고 이를 법리에 적용하게 되면 무죄가 되는 경우이다.

이러한 경우에는 ① 쟁점 → 법리 → 공소사실에의 적용 → 결론 또는 ② 쟁점 → 사실
관계 → 법리 → 결론의 순서로 답안을 작성하게 된다.

> ✎ 특수협박죄에서 공소장에 기재된 공소사실에 따르면 특수협박죄가 성립하지만, 사실관
> 계의 확정에 따라 위험한 물건을 우연히 소지하였으므로 특수협박죄가 성립할 수 없어
> 제325조 후단 무죄가 되는 공소사실

〈예시 공소사실 [2015]〉

피고인은 2009. 2. 3. 11:00경 그 무렵 피해자 박고소(42세)가 피고인에게 전화를 걸어 위
와 같이 피해자의 차용증을 변조한 것을 따지자 화가 나서 위험한 물건인 등산용 칼(칼날길
이 7cm)을 휴대하고 서울 서초구 반포대로 444 반포빌라 D동에 있는 위 피해자의 집에 찾
아가 "계속 시비를 걸면 평생 불구로 만들어 버리겠다."라고 말하여 피해자를 협박하였다.

---

2) 자백의 보강법칙의 적용으로 무죄가 되는 경우

자백의 보강법칙의 적용으로 증거능력이 있는 자백은 있으나, 이를 보강할 증거능력
있는 증거가 없어 무죄가 되는 경우이다.

이러한 경우에는 쟁점 → 증거능력 없는 증거 배제 → 결론의 순서로 답안을 작성하
게 된다.

그러나 증거능력이 배제되는 증거가 없는 경우에는 쟁점 → 법리의 검토 → 결론의
순서로 답안을 작성하게 되는 경우도 있다.

🖉 도박죄에서 공소장에 기재된 공소사실에 따르면 도박죄가 성립할 수도 있으며 피고인도
자백하고 있지만, 자백의 보강법칙의 적용으로 제325조 후단 무죄가 되는 예시답안

〈예시답안 [2023]〉

가. 쟁 점

본 공소사실에 대하여 김갑동은 자백하고 있습니다만, 법리상 김갑동의 자백을 보강할
수 있는 보강증거가 있는지가 쟁점입니다.

나. 법리의 검토

형사소송법 제310조에 의하면 피고인의 자백이 피고인에게 불이익한 유일의 증거인
때에는 이를 유죄를 증거로 하지 못합니다. 그런데 본 건에 있어 2017.12.5.자 도박사
실에 대하여 피고인은 자백하고 있으나, 기록상 이를 보강할 증거가 없습니다.

다. 결 언

따라서 본 공소사실에 대하여는 합리적 의심이 없을 정도의 증명이 없으므로 제325조
후단에 의한 무죄판결을 선고하여 주시기 바랍니다.

---

3) 증명에 이르지 못하여 무죄가 되는 경우

공소사실에 대하여 피고인이 범행을 부인하고 있으며, 증거능력 없는 증거를 배제
한 이후에도 공소사실에 부합하는 듯한 증거능력 있는 증거를 검토하여 보았으나 합
리적인 의심이 없을 정도의 공소사실의 증명에 이르지 못한 경우이다. 주로 배점이
큰 문제가 이에 해당한다.

이러한 경우에는 쟁점 → 증거능력 없는 증거의 배제 → 증명력 검토 → 결론의 순서
로 답안을 작성하게 된다.

그러나 증거능력이 배제되는 증거가 없는 경우에는 쟁점 → 증명력 검토 → 결론의
순서로 답안을 작성하게 되는 경우도 있다.

(3) 제325조 전단 무죄와 후단 무죄의 구별

제325조 전단 무죄의 경우와 배점이 큰 제325조 후단 무죄의 경우는 일반적으로 쉽
게 구별되지만, 한계선상에서는 구별이 어려울 때도 있다. 그러나 이러한 한계선상
의 구별에 대하여는 관점에 따라 논의의 여지가 있을 수 있으므로 수험생들에게도 어
느 정도의 재량의 여지가 있다 할 것이다.

2. 제325조 전단 무죄 공소사실과 예시답안

✍ 명예훼손죄에서 공소장에 기재된 공소사실만으로도 명예훼손죄가 성립할 수 없어 제325조 전단 무죄가 되는 공소사실과 예시답안

〈예시 공소사실 [2015]〉

피고인은 2014. 7. 30. 10:00경 서울 서초구 서초구청 건축계 사무실에서 그곳 사무실 직원 10여 명이 듣고 있는 가운데 피해자 김갑동에게 "이 나쁜 새끼, 거짓말쟁이"라고 소리침으로써 공연히 사실을 적시하여 피해자의 명예를 훼손하였다.

〈예시답안 [2015]〉

1. 쟁 점 [6]

이을남은 본 공소사실을 인정하고 있습니다만, 법리적으로 ① 주위적 공소사실인 명예훼손에 해당되는지 ② 예비적 공소사실인 모욕죄에 대한 적법한 공소제기가 있는지가 쟁점입니다.

2. 명예훼손의 해당여부

가. 법리와 사안의 적용

판례는 명예훼손은 사람의 사회적 평가를 저하시킬 만한 구체적 사실의 적시를 하여 명예를 침해함을 요하는 것이라고 판시하고 있습니다. 살피건대 이을남이 '이 나쁜 새끼, 거짓말쟁이'라고 한 것은 김갑동에 대한 경멸적 감정의 표현은 될 수 있을지언정 구체적 사실을 적시한 것이라고 볼 수 없습니다.

나. 결 언

따라서 주위적 공소사실인 명예훼손죄는 범죄가 되지 아니하므로 제325조 전단에 따라 무죄판결의 선고를 구할 수 있습니다.

3. 모욕죄와 고소의 추완

가. 친고죄의 고소의 추완의 부정

예비적 공소사실인 모욕죄는 형법 제312조 제1항에 의하여 친고죄입니다. 그런데 검사는 공소제기일인 2014년 10월 17일에 고소장을 제출한 바 없고, 2014년 12월 18일에 김갑동이 고소를 하자 이를 바탕으로 2014년 12월 18일에 모욕죄를 예비적 공소사실로 추가하고 있습니다.

그러나 판례에 의하면 고소의 추완을 허용하지 않으므로 예비적 공소사실인 모욕죄는 위법한 공소제기가 됩니다.

---

6) 작은 배점의 문제이지만 명확한 쟁점 파악에 도움이 되도록 쟁점을 모두 적어 놓았다. 부탁드릴 것은 채점기준표에는 작은 배점의 문제에서의 쟁점은 배점이 없는 경우도 있으므로 법리를 전개할 때 쟁점을 같이 언급하는 것도 하나의 방법이 될 것이다. 다만, 쟁점을 적었다고 하여 가점을 주지 못할망정 감점시킬 일은 없으므로 여건이 가능하면 적어주는 것이 바람직하다. 이하 아래에서 모두 동일하다.

나. 결 언

따라서 예비적 공소사실인 모욕죄에 대하여는 형사소송법 제327조 제2호에 의하여 공소기각판결의 선고를 구하는 주장을 할 수 있습니다.

✎ 출판물에 의한 명예훼손죄에서 공소장에 기재된 공소사실만으로도 출판물을 인정할 수 없어 제325조 전단 무죄가 되는 공소사실과 예시답안

〈예시 공소사실 [2019]〉

피고인은 2018. 10. 22. 10:00경 서울 동작구 노량진로21 미래연립 106호에 있는 피고인의 집에서 컴퓨터를 이용하여 "이 아파트에 살고 있는 나병녀는 고교 시절부터 남자들을 유혹해서 성관계를 맺고 이를 미끼로 합의금을 받기 위해서 고소를 일삼았는데, 최근에도 계속 그와 같은 짓을 하고 있다. 이 아파트 사는 남자들도 조심해라."라는 내용의 글을 작성하여 A4 용지로 출력한 후, 같은 날 11:00경 피해자 나병녀가 사는 서울 강남구 남부순환로122 우림아파트 단지 내에 있는 게시판 10곳에 부착하였다. 이로써 피고인은 비방할 목적으로 공연히 허위 사실을 적시하여 출판물에 의하여 피해자의 명예를 훼손하였다.

〈예시답안 [2019]〉

1. 쟁 점

본 공소사실에 대하여 이을남은 자백하고 있습니다만, 법리상 이을남의 행위가 출판물에 의한 명예훼손죄에 해당하는지가 쟁점입니다.

2. 법리와 사안의 적용

판례에 의하면 형법 제309조에서의 '기타 출판물'에 해당한다고 하기 위하여는 그것이 등록·출판된 제본인쇄물이나 제작물은 아니라고 할지라도 적어도 그와 같은 정도의 효용과 기능을 가지고 사실상 출판물로 유통·통용될 수 있는 외관을 가진 인쇄물로 볼 수 있어야 한다고 하고 있습니다.

그런데 본 공소사실에서 이을남이 작성한 A4용지정도로는 '기타 출판물'에 해당하지 않습니다.

3. 결 언

따라서 본 공소사실에 대하여는 범죄가 되지 아니하므로 제325조 전단에 따라 무죄판결의 선고를 하여 주시기 바랍니다.

4. 축소사실인 허위사실적시명예훼손죄에 대하여

축소사실인 허위사실적시명예훼손죄에 대하여는 피고인 이을남이 자백하고 있습니다. 이을남은 전과가 없이 건실한 삶을 살아왔으며, 본 공소사실도 자신이 범하지도 않은 성폭법위반죄의 혐의를 받자 우발적으로 범한 것이며, 피해자 나병녀와의 원만한 합의를 기대하며 300만원을 공탁하고 있으며, 부모님을 부양하며 살아가는 건실한 직장인

이며, 본 공소사실에 대하여 자백하며 깊이 반성하고 있습니다. 따라서 위 정상사유를 참작하시어 법이 허용하는 범위 내에서 가장 관대한 처벌을 내려 주시기 바랍니다.

🖊 절도죄에서 공소장에 기재된 공소사실만으로도 타인의 점유를 인정할 수 없어 제325조 전단 무죄가 되는 공소사실과 예시답안

〈예시 공소사실 [2022]〉

피고인은 2021. 8. 27. 14:00경 서울 서초구 서초대로1길 2, 101호에 있는 피고인과 오순진이 동거하던 주거지에서, 사망한 오순진 소유이던 아파트에 대하여 피고인 자신의 소유권을 주장하기 위해 오순진의 상속인인 피해자 나소학(오순진의 아들) 소유의 위 아파트 등기필증 등 부동산 소유권이전등기 관련 서류가 들어 있던 시가 100만 원 상당의 가방을 몰래 가지고 가 이를 절취하였다.

〈예시답안 [2022]〉

1. 쟁 점

피고인 김갑동은 본 공소사실에 대하여 자백하고 있습니다. 그러나 법리상 김갑동에게 절도죄가 성립할 수 있는지가 쟁점입니다.

2. 법리와 사안의 적용

절도죄란 타인의 점유하는 타인의 재물을 절취하는 범죄입니다. 그런데 형법상의 점유는 민법상의 점유와는 다른 것으로 상속에 의한 점유를 인정하지 않습니다. 따라서 본 공소사실의 경우에 김갑동은 타인의 점유에 해당하는 가방을 영득한 것이 아니므로 절도죄는 성립하지 않습니다.

3. 결 언

본 공소사실은 범죄가 되지 않으므로 제325조 전단에 의하여 무죄판결을 선고하여 주시기 바랍니다.

🖊 절도죄에서 공소장에 기재된 공소사실만으로도 절취가 인정되지 않아 제325조 전단 무죄가 되는 공소사실과 예시답안

〈예시 공소사실 [2024]〉

피고인은 2023. 10. 3. 11:00경 서울 서초구 서초대로 20에 있는 '나이스' 신발 매장에서, 피해자 이장현이 물건 구입 후 매장 바닥에 떨어뜨린 피해자 소유의 지갑(운전면허증, 주민등록증, 신한카드, 현금 5만 원권 각 1매가 들어 있는 시가 미상의 남성용 반지갑)을 매장 주인 나주인이 습득하여 옆에 있던 피고인에게 "이 지갑이 선생님 지갑이 맞나요."라고 묻자, "제 것이 맞습니다."라고 말하면서 마치 자신의 지갑인 양 위 매장 주인이 건네주는 지갑을 건네받은 뒤 그대로 가지고 가 피해자의 지갑 1개를 절취하였다.

〈예시답안 [2024]〉

1. 쟁 점

김갑동은 본 공소사실에 대하여 자백하고 있으나, 본건이 법리상 절도죄에 해당되는지가 쟁점입니다.

2. 판례의 법리

판례는 사안과 유사한 사안에서 신발 매장의 주인인 나주인이 지갑의 소유자라고 주장하는 김갑동에게 지갑을 교부하였다면 사기죄가 성립하고 절취행위로 평가할 수 없다고 합니다.

3. 결 언

본 공소사실은 범죄가 되지 아니하므로 형사소송법 제325조 전단에 따라 무죄판결의 선고를 구할 수 있을 것으로 판단됩니다.

4. 공소장변경의 경우

사안에서 검사가 절도죄에서 사기죄로 공소장을 변경하는 경우에는 법원은 동일성이 인정되므로 공소장변경을 허가할 것입니다. 따라서 이러한 경우에는 김갑동에게 유죄판결이 선고될 것으로 예상되므로 정상변론에 임해야 할 것으로 판단됩니다.

✎ 절도죄와 여신전문금융업법위반죄에서 갈취한 신용카드로 예금을 인출한 경우이므로 공소장에 기재된 공소사실만으로도 절도죄와 여전법위반죄의 성립을 인정할 수 없어 제325조 전단 무죄가 되는 공소사실과 예시답안

〈예시 공소사실 [2014]〉

피고인 이을남은 2012. 5. 21. 서울 서초구 서초동 456-2에 있는 신한은행 현금자동지급기 코너에서 위와 같이 갈취한 피해자 김갑동의 신용카드를 현금자동지급기에 투입하고, 피해자가 위 신용카드 교부시 알려준 신용카드 비밀번호와 금액을 입력하여 피해자의 예금계좌에서 현금 100만 원을 인출하였다.

이로써 피고인 이을남은 갈취한 위 신용카드를 사용하여 피해자의 재물을 절취하고 여신전문금융업법(신용카드부정사용)을 위반하였다.

〈예시답안 [2014]〉

1. 쟁 점

이을남은 본 공소사실에 대하여 자백하고 있습니다. 그런데 본 공소사실은 이미 범해진 공갈죄로 취득한 신용카드를 이용하여 현금을 인출하는 과정에서 발생한 것으로 ① 현

금을 취득한 부분에 새로운 절도죄가 성립하는지 ② 갈취한 신용카드를 사용한 것이 여신전문금융업법 제70조 제1항 제4호의 부정사용에 해당하는지가 쟁점입니다.

2. 인출한 현금에 대한 절도죄의 성립여부

판례에 의하면 갈취한 카드를 이용하여 현금을 인출하는 행위는 별도의 절도죄가 성립하지 않고 공갈죄의 포괄일죄라고 판시하고 있습니다. 따라서 본 공소사실의 경우에도 별도의 절도죄는 성립하지 않고 공갈죄의 포괄일죄에 불과합니다.

3. 신용카드 부정사용죄의 성립여부

판례에 의하면 여신전문금융업법 제70조 제1항 소정의 부정사용은 신용카드나 직불카드의 본래적 용법에 따른 사용을 말하므로 본 건과 같이 신용카드를 이용하여 예금을 인출한 경우에는 부정사용죄가 성립하지 않습니다.

4. 결 언

본 공소사실들은 범죄가 되지 않으므로 형사소송법 제325조 전단에 따라 무죄판결을 선고하여 주시기 바랍니다.

✎ 사기죄에서 채권양도 통지를 하지 않고 임차보증금을 반환받은 행위에 대하여 기망행위가 인정되지 않아 제325조 전단의 무죄를 구하는 공소사실과 예시답안

〈예시 공소사실 [2019]〉

피고인은 2018. 3. 1. 박수련에게 피고인이 임차한 서울 서초구 방배로2길에 있는 태양오피스텔 103호의 임대인인 피해자 윤동민에 대한 5,000만 원의 임대차보증금반환채권을 양도하였다.

그럼에도 피고인은 피해자에게 위와 같은 채권양도 사실을 고지하지 아니하고 이를 숨긴 채, 2018. 3. 15. 서울 서초구 방배로2길에 있는 태광부동산 중개업소에서 피해자에게 "이 삿짐을 다 옮겼으니 이제 보증금을 돌려 달라."라고 말을 하여 이에 속은 피해자로부터 즉석에서 임대차보증금반환 명목으로 5,000만 원을 받았다.

이로써 피고인은 피해자를 기망하여 재물의 교부를 받았다.

〈예시답안 [2019]〉

1. 쟁 점

김갑동은 본 공소사실에 대하여 자백하고 있습니다만, 법리상 사기죄가 성립할 수 있는지가 쟁점입니다.

2. 판례의 법리와 사안의 적용

판례의 법리에 의하면 '채무자는 채권자로부터 채권의 양도통지를 받지 않은 이상 채무금은 원래의 채권자에게 반환할 의무가 있는 것이므로, 채권양도 통지 전에는 그 채무자

가 채권자에게 그 채무금을 반환하면 유효한 변제가 되므로 채권자가 위 채권의 양도사실을 밝히지 아니하고 직접 위 외상대금을 수령하였다 하여 기망수단을 써서 채무자를 착오에 빠뜨려 그 대금을 편취한 것이라 할 수 없다.'라고 합니다.

이와 같은 판례의 법리에 의하면 사안에서 김갑동이 윤동민에게 채권양도 통지를 하지 않고 임차보증금을 반환받은 것은 사기죄에 해당하지 않습니다.

3. 결 언

본 공소사실은 범죄가 되지 아니하므로 제325조 전단에 따라 무죄판결의 선고를 구할 수 있을 것입니다.

✎ 사기죄에서 공소장에 기재된 공소사실에 따르더라도 사기죄의 처분행위가 없어 제325 조 전단 무죄가 되는 공소사실과 예시답안

〈예시 공소사실 [2020]〉

피고인은 2019. 10. 10. 14:00경 서울 강남구 도곡로7길 114에 있는 피해자 주전자가 운영하는 삼성 디지털플라자 매장에서 사실은 태블릿을 구입할 의사가 없음에도 그곳 직원 어리숙에게 마치 이를 구입할 것처럼 거짓말하여 이에 속은 어리숙으로부터 시가 100만 원 상당의 태블릿 1대를 건네받음으로써 어리숙을 기망하여 피해자의 재물을 교부받았다.

〈예시답안 [2020]〉

1. 쟁 점

김갑동의 공소사실에 대하여는 자백하고 있으나, 법리상 사기죄가 성립할 수 있는지가 쟁점입니다.

2. 사실관계

본건에서 김갑동은 마치 태블릿을 구입할 것처럼 가장하여 직원 어리숙으로부터 이를 건네받은 다음 어리숙이 다른 손님을 응대하는 사이에 태블릿을 가지고 나왔습니다.

3. 판례의 법리

본건과 같은 책략절도에 대하여 판례는 '피고인이 피해자 경영의 금방에서 마치 귀금속을 구입할 것처럼 가장하여 피해자로부터 순금목걸이 등을 건네받은 다음 화장실에 갔다 오겠다는 핑계를 대고 도주한 것이라면 위 순금목걸이 등은 도주하기 전까지는 아직 피해자의 점유하에 있었다고 할 것이므로 이를 절도죄로 의율 처단한 것은 정당하다'고 하여 절도죄의 성립을 인정하고 있습니다. 따라서 본건은 절도죄가 성립할 뿐 사기죄가 성립하지 않습니다.

4. 결 언

본 공소사실에 대하여는 범죄사실의 증명이 없으므로 제325조 후단 무죄가 선고될 것입니다.

다만 검사가 절도죄로 공소장변경을 신청할 경우에는 법원은 동일성이 인정되므로 공소장변경을 허가하여야 할 것이고, 절도죄에 대하여는 유죄판결이 예상되므로 정상변론에 임해야 할 것입니다.

✎ 사기죄에서 공소장에 기재된 공소사실에 따르더라도 사망자 상대 소송사기죄가 성립할 수 없어 제325조 전단의 무죄를 구하는 공소사실과 예시답안

〈예시 공소사실 [2016]〉

피고인들은 공모하여, 피고인 김갑동은 2014. 5. 8. 서울중앙지방법원에서 위와 같이 위조한 박병서(2014. 3. 1. 사망) 명의의 부동산매매계약서를 첨부한 소장을 제출하면서 피고 박병서의 주소에 피고인 이을남의 주소를 기재하고, 피고인 이을남은 마치 자신이 박병서인 것처럼 자신의 집으로 소장 부본을 송달받는 방법으로 법원을 기망하여 2014. 8. 13. 이에 속은 법원 담당재판부로부터 피고인 김갑동 앞으로 이 사건 대지에 대한 소유권이전등기를 명하는 승소 판결을 받았다.

이로써 피고인들은 공모하여 피해자 박갑수 소유의 이 사건 대지 시가 5억 원 상당을 편취하였다.

〈예시답안 [2016]〉

1. 쟁 점

김갑동은 본 공소사실을 인정하고 있습니다. 그런데 법리상 사망자를 상대로 한 소송사기죄가 성립할 수 있는지가 쟁점입니다.

2. 판례의 태도

판례는 '피고인의 제소가 사망한 자를 상대로 한 것이라면 이와 같은 사망한 자에 대한 판결은 그 내용에 따른 효력이 생기지 아니하여 상속인에게 그 효력이 미치지 아니하고 따라서 사기죄를 구성한다고 할 수 없다'고 판시하여 사망자 상대 소송사기죄를 부정하고 있습니다.

3. 결 언

본 공소사실은 범죄가 되지 아니하므로 형사소송법 제325조 전단에 의하여 무죄판결의 선고를 주장할 수 있을 것입니다.

✎ 횡령죄에서 공소장에 기재된 공소사실만으로도 위탁관계를 인정할 수 없어 제325조 전단 무죄가 되는 공소사실

〈예시 공소사실 [2020]〉

피고인(보이스피싱 사기범인 성명불상자에게 접근매체를 양도하였으나 사기죄의 방조범은 아닌 자)은 양도한 통장에 돈이 입금되면 임의로 돈을 인출할 것을 마음먹고, 위 통장계좌에 연결된 체크카드 1개를 추가로 발급받은 다음 문자알림서비스를 신청하였다.

피고인은 2019. 11. 12. 12:15경 '400만 원이 입금되었다'는 문자메시지를 받고, 2019. 11. 12. 12:30경 서울 관악구 남부순환로 75에 있는 국민은행 남부순환로점 현금자동지급기에서 위 체크카드를 이용하여 위 통장에 입금된 돈 400만 원을 마음대로 인출하였다.

이로써 피고인은 사기범인 성명불상자를 위하여 보관하던 재물을 횡령하였다.

〈예시답안 [2020]〉

1. 쟁 점

   이을남은 본 공소사실에 대하여 자백하고 있습니다만, 법리상 횡령죄가 성립할 수 있는지가 쟁점입니다.

2. 판례의 법리

   이을남에게 사기방조죄가 성립하지 않는 경우에 사기범인 성명불상자에 대한 횡령죄가 성립할 수 있는지에 대하여 판례는 '계좌명의인이 전기통신금융사기의 범인에게 예금계좌에 연결된 접근매체를 양도하였다 하더라도 은행에 대하여 여전히 예금계약의 당사자로서 예금반환청구권을 가지는 이상 그 계좌에 송금·이체된 돈이 그 접근매체를 교부받은 사람에게 귀속되었다고 볼 수는 없다. 그리고 계좌명의인과 전기통신금융사기의 범인 사이의 관계는 횡령죄로 보호할 만한 가치가 있는 위탁관계가 아니다.'라고 하여 횡령죄의 성립을 부인하고 있다.

   이러한 판례의 법리에 따르면 본건에서 이을남에게 성명불상자에 대한 횡령죄는 성립하지 않습니다.

3. 결 언

   따라서 본 공소사실은 범죄가 되지 아니하므로 제325조 전단에 따라 무죄판결을 선고하여 주시기 바랍니다.

✎ 횡령죄에서 공소장에 기재된 공소사실만으로도 보관자의 지위가 인정되지 않아 제325 조 전단 무죄가 되는 공소사실과 예시답안

〈예시 공소사실 [2021]〉

피고인은 2012. 7. 30.경 종중을 위하여 임야를 보관하던 중 임야를 횡령하면서 매도한 1억 원으로 경기 양평군 양평읍 33 답 20,000㎡를 매수한 후 피고인 명의로 소유권이전등기를 마쳤다.

피고인은 피해자인 위 종중을 위하여 위 답을 보관하던 중 2020. 1. 28.경 서울 강남구 일원로에 있는 신한은행에서 위 답을 담보로 1억 원의 대출을 받으면서 같은 날 신한은행 명의의 채권최고액 1억 2,000만 원의 근저당권을 설정해 주었다.

이로써 피고인은 피해자의 재물을 횡령하였다.

〈예시답안 [2021]〉

1. 쟁 점

   김을남은 본 공소사실에 대하여 자백하고 있습니다. 그런데 법리상 본 사건은 2012. 7. 5. 경에 있었던 횡령 범행으로 얻은 수익으로 취득한 부동산에 대한 횡령이므로 새로운 횡령죄가 성립할 수 있는지가 쟁점입니다.

2. 법 리

   이미 횡령죄로 취득한 자금으로 새로이 취득한 재물은 타인의 재물이 아니므로 김을남은 타인의 재물을 보관하는 자의 지위에 있지 않아 새로 취득한 부동산에 대하여는 횡령죄가 성립하지 않습니다.

3. 결 언

   본 공소사실은 범죄가 되지 않은 때에 해당하므로 형사소송법 제325조 전단에 따라 무죄판결을 선고하여 주시기 바랍니다.

✎ 배임죄에서 공소장에 기재된 공소사실만으로도 타인의 사무처리자로 인정되지 않아 제 325조 전단 무죄가 되는 공소사실과 예시답안

〈예시 공소사실 [2023]〉

피고인은 2022. 2. 1.경 피해자 이대한으로부터 6억 원을 차용하면서 전세권 설정등기가 마쳐져 있는 피고인의 주거지인 서울 서초구 서초대로1번길 2, 서울빌라 505호에 대한 전세보증금 반환채권 6억 원을 담보 목적으로 피해자에게 양도하고 채권양도 통지를 하기로 약정하였으므로, 위 빌라 임대인인 박주인에게 채권양도 통지를 하고 위 전세보증금 반환채권의 담보가치를 유지·보전하여야 할 임무가 있었다.

그럼에도 불구하고 피고인은 위와 같은 임무에 위배하여 그 통지를 하지 않고 있던 중 2022. 2. 5.경 전부자로부터 다시 5억 원을 차용하면서 채무자를 피고인, 채권자를 전부자, 채권최고액을 5억 5,000만 원으로 하는 전세권근저당권 설정등기를 마쳤다.

이로써 피고인은 5억 원에 해당하는 재산상의 이익을 취득하고 피해자에게 같은 액수에 해당하는 손해를 가하였다.

〈예시답안 [2023]〉

1. 쟁 점

김갑동은 본 공소사실에 대하여 자백하고 있으나, 법리상 배임죄가 성립할 수 있는지가 쟁점입니다.

2. 판례의 법리

판례에 의하면 "채무자가 채권양도담보계약에 따라 부담하는 '담보 목적 채권의 담보가치를 유지·보전할 의무'를 이행하는 것은 채무자 자신의 사무에 해당할 뿐이고, 채무자가 통상의 계약에서의 이익대립관계를 넘어서 채권자와의 신임관계에 기초하여 채권자의 사무를 맡아 처리한다고 볼 수 없으므로, 이 경우 채무자는 채권자에 대한 관계에서 '타인의 사무를 처리하는 자'에 해당한다고 할 수 없다."고 하고 있습니다.

이러한 판례의 법리에 따르면 김갑동이 전세금 반환채권을 양도담보로 제공한 후 채권양도 통지 전에 전세권에 대하여 근저당을 설정해 준 것만으로는 배임죄는 성립하지 않습니다.

3. 결 언

본 공소사실에 대하여는 죄가 되지 않는 경우에 해당하므로 제325조 전단에 의하여 무죄판결을 선고하여 주시기 바랍니다.

✎ 공무집행방해죄에서 공소장에 기재된 공소사실만으로도 경찰관에 대한 협박이 인정되지 않아 제325조 전단 무죄가 되는 공소사실과 예시답안

〈예시 공소사실 [2017]〉

피고인은 2016. 8. 30. 15:00경 서울서초경찰서에서 정고소가 고소한 제1항 기재 사기 사건의 피의자로 조사를 받던 중, 자신이 고소한 정고소에 대한 사문서위조 등 사건을 먼저 조사하여 달라고 요구하였음에도 위 경찰서 소속 사법경찰관 경위 김병휘가 이를 거절하며 자신의 범행만 추궁한다는 이유로 위 경찰관에게 "정고소 이 자식, 만일 내가 이 사건으로 처벌되면 아는 동생을 시켜 집에 불을 질러버리겠다."라고 소리쳐 경찰관을 협박하여 경찰관의 조사업무를 방해하였다.

<〈예시답안 [2017]〉>

〈예시답안 [2017]〉

1. 쟁 점

   김갑동은 본 공소사실에 대하여 자백하고 있습니다. 그런데 법리상 경찰관에 대한 협박이 인정되어 공무집행방해죄가 성립될 수 있는지가 쟁점입니다.

2. 판례의 법리와 사안의 적용

   판례는 원칙적으로 해악의 고지대상은 상대방이어야 하지만 피해자와 밀접한 제3자에 대한 법익을 침해하는 내용의 해악의 고지도 피해자에 대한 협박이 될 수 있다고 하고 있습니다.

   그런데 본 사건에서 김갑동은 경찰관에게 '정고소 이 자식, 만일 내가 이 사건으로 처벌되면 아는 동생을 시켜 집에 불을 질러 버리겠다.'고 한 것이어서 경찰관에 대한 해악의 고지가 아니고, 경찰관과 정고소는 서로 밀접한 관계에 있다고 보기는 어려우므로 경찰관에 대한 협박으로 보기는 어렵습니다.

3. 결 언

   본 공소사실은 범죄가 되지 아니하므로 제325조 전단에 의한 무죄변론이 가능하다고 판단됩니다.

✎ 범인도피죄에서 공소장에 기재된 공소사실만으로도 친족간의 특례의 적용으로 책임이 조각되어 제325조 전단 무죄가 되는 공소사실과 예시답안

〈예시 공소사실 [2016]〉

피고인은 2015. 3. 2. 09:00경 서울서초경찰서에서 사실은 피고인과 4촌관계에 있는 김갑동이 나부자 소유의 포르쉐 승용차를 절취하였음에도 불구하고 마치 피고인이 절취한 것처럼 경찰서에 자수하여 허위로 진술함으로써 벌금 이상의 형에 해당하는 죄를 범한 김갑동을 도피하게 하였다.

〈예시답안 [2016]〉

1. 쟁 점

   이을남은 자백하고 있습니다. 그런데 법원에 제출된 가족관계증명서 등에 따르면 이을남은 김갑동과 고종사촌간이므로 친족간의 특례가 적용되어 무죄를 주장할 수 있는지가 쟁점입니다.

2. 형법 제151조 제2항의 친족간의 특례

   형법 제151조 제2항은 '친족 또는 동거의 가족이 본인을 위하여 범인은닉의 죄를 범한 때에는 처벌하지 아니한다'고 규정하고 있으며, 이는 친족간의 정의를 고려한 규정이며 그 법적 성질은 책임조각사유입니다. 따라서 본 사건에서 이을남의 범인은닉행위는 책임이 조각되어 범죄가 성립하지 않습니다.

3. 결 언

본 공소사실은 범죄로 되지 아니하므로 형사소송법 제325조 전단에 의하여 무죄판결을 선고하여 주시기 바랍니다.

✎ 범인도피교사죄에서 공소장에 기재된 공소사실만으로도(비록 판례와 배치되지만) 자기범인도피교사죄의 성립을 부정하여 제325조 전단 무죄가 되는 공소사실과 예시답안

〈예시 공소사실 [2016]〉

피고인은 2015. 3. 1. 23:00경 서울 서초구 법원로2길 1, 3동 101호에 있는 피고인의 집에서, 위와 같이 포르쉐 승용차를 절취한 사실을 은폐하고자 이을남에게 전화하여 그가 승용차를 절취하였다고 자수해 달라고 말하여 허위자백할 것을 마음먹게 하였다. 그리하여 이을남은 2015. 3. 2. 09:00경 서울서초경찰서에 자수하여 자신이 위 포르쉐 승용차를 절취하였다는 취지로 허위로 진술하였다.

이로써 피고인은 이을남으로 하여금 벌금 이상의 형에 해당하는 죄를 범한 자를 도피하게 하도록 교사하였다.

〈예시답안 [2016]〉

1. 쟁 점

김갑동은 자백하고 있습니다만, 법리적으로 김갑동은 범인인 자신을 도피시키려고 교사한 것이므로 자기범인도피교사죄가 성립할 수 있는지가 쟁점입니다.

2. 판례의 법리

이에 대해 판례는 '범인이 자신을 위하여 타인으로 하여금 허위의 자백을 하게 하여 범인도피죄를 범하게 하는 행위는 방어권의 남용으로 범인도피교사죄에 해당한다.'라고 하여 범인도피교사죄의 성립을 긍정하고 있습니다.

3. 결 언

이러한 판례의 태도에 의하면 김갑동의 범인도피교사죄가 성립하지만, 학설의 주류의 입장은 범인의 자기도피교사행위는 자기비호의 연장으로 보아 범인도피교사죄의 성립을 부정하고 있습니다.

따라서 본 공소사실에 대하여는 비록 판례의 태도와 상치되기는 하지만 김갑동의 범인도피교사죄에 대하여 무죄변론을 하는 것도 가능하다고 판단됩니다.

✎ 무고죄에서 공소장에 기재된 공소사실만으로도 무고죄의 징계처분에 해당하지 않아 제325조 전단 무죄가 되는 공소사실과 예시답안

〈예시 공소사실 [2022]〉

피고인은 2021. 3. 7. 14:00경 위 샛별아파트에서, 평소 보험계약 문제로 다툼이 있던 대학교수인 최고객에게 원한을 품고 최고객이 재직하고 있는 사립대학인 명문대학교에서 징계처분을 받게 할 목적으로, 국민권익위원회에서 운영하던 범정부 국민포털인 국민신문고에 최고객의 정교수 승진이 허위 경력증명서에 기한 것이므로 정교수 승진을 취소하는 징계가 이루어져야 한다는 내용의 민원서를 게시하였다. 그러나 사실 최고객의 정교수 승진은 허위 경력증명서에 기한 것이 아니었다.

이로써 피고인은 최고객으로 하여금 형사처분 또는 징계처분을 받게 할 목적으로 허위의 사실을 신고하여 무고하였다.

〈예시답안 [2022]〉

1. 쟁 점

   피고인 이을녀는 본 공소사실에 대하여 자백하고 있습니다. 그러나 법리상 이을녀에게 무고죄가 성립할 수 있는지가 쟁점입니다.

2. 법리와 사안의 적용

   판례의 법리에 의하면 사립학교 교원에 대한 학교법인 등의 징계처분은 형법 제156조의 '징계처분'에 포함되지 않습니다. 따라서 본 공소사실에서 최고객은 사립학교 교원이므로 무고죄가 성립하지 않습니다.

3. 결 언

   본 공소사실은 범죄가 되지 아니하므로 제325조 전단에 의하여 무죄판결이 선고될 것으로 사료됩니다.

✏ 아청법위반죄에서 공소장에 기재된 공소사실만으로도 아청법상의 아동·청소년이 아니므로 제325조 전단 무죄가 되는 공소사실과 예시답안

〈예시 공소사실 [2019]〉

피고인들은 2018. 10. 8. 19:00경 서울 서초구 방배로4길에 있는 비어호프 주점에서 인터넷 채팅 사이트를 통해 알게 된 아동·청소년 피해자 나병녀(여, 18세-1999년 12월 31일생)와 술을 마시다가, 같은 날 22:00경 피해자가 술에 취하여 몸을 제대로 가누지 못하자 위 주점 근처에 있는 블루문 모텔로 데리고 갔다.

피고인들은 2018. 10. 8. 22:30경 서울 서초구 방배로5길에 있는 위 블루문 모텔 608호에서 술에 취해 잠들어 항거불능 상태에 있는 피해자를 순차로 간음하기로 공모하고, 피해자의 하의를 벗기고 차례로 1회씩 간음하였다.

이로써 피고인들은 합동하여 항거불능 상태에 있는 아동·청소년인 피해자를 간음하였다.

〈예시답안 [2019]〉

1. 쟁 점

본 공소사실에 대하여 이을남은 부인하고 있습니다. 그런데 본 공소사실에 대하여는 선결문제로 법리상 피해자 나병녀가 아청법위반죄의 대상이 될 수 있는지가 쟁점입니다.

2. 법리의 검토

아청법 제2조 제1호 따르면 아청법상의 아동·청소년이란 19세 미만의 자를 말하지만, 19세에 도달하는 연도의 1월 1일을 맞이한 자는 제외한다고 규정하고 있습니다. 그런데 본 공소사실의 피해자인 나병녀는 2018.12.31.에 19세가 되므로 아청법상의 아동·청소년에 해당하지 않습니다.

3. 결 언

본 공소사실은 범죄가 되지 아니하므로 제325조 전단에 따라 무죄판결을 선고하여 주시기 바랍니다.

✎ 특가법위반(보복협박등)죄에서 공소장에 기재된 공소사실만으로도 형사사건이 아니므로 제325조 전단 무죄가 되는 공소사실과 예시답안

〈예시 공소사실 [2019]〉

피고인은 2018. 10. 16. 16:00경 서울 서초구 서초중앙로 157에 있는 서울중앙지방법원 주차장에서 이전에 사실혼 관계에 있던 피해자 박수련(여, 34세)이 피고인을 상대로 손해배상을 청구한 사건과 관련하여 피고인의 외도 장면을 촬영한 사진을 법원에 자료로 제출한 것에 대한 보복의 목적으로 "소송하는 것은 좋은데 사건하고 관계없는 사진까지 제출해서 나를 나쁜 사람으로 만들 필요 있냐. 나도 참을 만큼 참았다. 이제는 밤길 무사히 다닐 생각하지 마라."라고 말하여 피해자를 협박하였다.

이로써 피고인은 자기의 재판과 관련하여 자료제출에 대한 보복의 목적으로 피해자를 협박하였다.

〈예시답안 [2019]〉

1. 쟁 점

김갑동은 본 공소사실에 대하여 자백하고 있습니다만, 법리적으로 ① 민사재판에 대한 보복목적이 특가법 제5조의9의 보복목적에 해당하는지 ② 축소사실인 협박죄는 반의사불벌죄이므로 피해자 박수련의 처벌불원의 의사표시가 있어 공소제기가 적법하게 유지될 수 있는지가 쟁점입니다.

2. 특가법상의 보복협박에 해당하는지 여부

특가법 제5조의9 제2항과 제1항에서의 보복의 목적이란 '자기 또는 타인의 형사사건의 수사 또는 재판과 관련하여 고소·고발 등 수사단서의 제공, 진술, 증언 또는 자료제출

에 대한 보복의 목적'을 의미합니다. 그런데 사안에서 김갑동은 박수련과의 민사재판에서의 분쟁으로 인하여 협박을 한 것이므로 특가법 제5조의9의 보복목적 협박죄는 성립하지 않습니다.

3. 결 언

본 공소사실은 범죄가 되지 아니하므로 제325조 전단에 따라 무죄판결의 선고를 구할 수 있을 것입니다.

4. 축소사실로서의 형법상의 협박죄에 대하여

가. 쟁 점

본 공소사실이 특가법 제5조의9에 해당하지 않는 경우에는 축소사실로서 형법 제283조 제1항의 협박죄가 성립합니다. 그런데 협박죄는 제283조 제3항에 의하여 반의사불벌죄에 해당하므로 검사의 공소제기가 적법하게 유지될 수 있는지가 쟁점입니다.

나. 박수련의 처벌불원의 의사표시

본 공소사실에 대하여 피해자 박수련은 공소제기 이후인 2018.12.27. 제2회 공판기일에 증인으로 출석하여 김갑동에 대한 처벌불원의 의사표시를 하고 있습니다. 따라서 검사의 공소제기는 적법하게 유지될 수 없습니다.

다. 결 언

축소사실인 협박죄에 대하여는 형사소송법 제327조 제6호에 따라 공소기각판결을 구할 수 있을 것입니다.

3. 제325조 후단 무죄 공소사실과 예시답안

✎ 특수협박죄에서 공소장에 기재된 공소사실에 따르면 특수협박죄가 성립할 수 있지만, 사실관계의 확정에 따라 위험한 물건을 우연히 소지하였으므로 특수협박죄가 성립할 수 없어 제325조 후단 무죄가 되는 공소사실과 예시답안

〈예시 공소사실 [2015]〉

피고인은 2009. 2. 3. 11:00경 그 무렵 피해자 박고소(42세)가 피고인에게 전화를 걸어 위와 같이 피해자의 차용증을 변조한 것을 따지자 화가 나서 위험한 물건인 등산용 칼(칼날길이 7㎝)을 휴대하고 서울 서초구 반포대로 444 반포빌라 D동에 있는 위 피해자의 집에 찾아가 "계속 시비를 걸면 평생 불구로 만들어 버리겠다."라고 말하여 피해자를 협박하였다.

〈예시답안 [2015]〉

1. 쟁 점

　이을남은 모두 인정하고 있습니다만, 법리적으로 ① 특수협박죄가 성립할 수 있는지 ② 축소사실인 협박죄에 대한 공소시효완성 여부가 쟁점입니다.

2. 특수협박죄의 성립 여부

　가. 사실관계의 확정

　　이을남은 김갑동에게 협박을 할 당시 등산용 칼을 배낭 속에 지니고 있었으나 이는 범행과는 무관하게 소지한 경우입니다.

　나. 판례의 법리

　　판례는 위험한 물건을 휴대한 경우는 범행현장에서 그 범행에 사용하려는 의도아래 흉기를 소지하거나 몸에 지니는 경우를 가리키는 것이지 그 범행과는 전혀 무관하게 우연히 이를 소지하게 된 경우까지를 포함하는 것은 아니라고 판시하고 있습니다.

　다. 결 언

　　본 공소사실은 범죄사실의 증명이 없으므로 제325조 후단 무죄판결의 선고를 주장할 수 있을 것입니다.

3. 축소사실인 형법상 협박죄의 점에 대하여

　가. 공소시효완성의 검토

　　협박죄는 형법 제283조 제1항에 따라 법정형이 3년이하의 징역이고, 형사소송법 제249조 제1항 제5호에 의하면 공소시효는 5년입니다. 살피건대 이을남의 협박행위는 2009.2.3.에 있었지만, 검사는 2014.10.17.에 공소제기하였으므로 역수상 검사의 공소제기는 공소시효완성 후의 공소제기임이 명백합니다.

　나. 결 언

　　축소사실인 형법상의 협박죄는 '공소시효가 완성되었을 때'에 해당하므로 형사소송법 제326조 제3호에 의하여 면소판결의 선고를 주장할 수 있을 것입니다.

✎ 특수강도의 준강도죄에서 공소장에 기재된 공소사실에 따르면 특수강도의 준강도죄가 성립할 수 있지만, 사실관계의 확정에 따라 위험한 물건을 우연히 소지하였으므로 특수강도의 준강도죄가 성립할 수 없어 제325조 후단 무죄가 되는 공소사실과 예시답안

〈예시 공소사실 [2018]〉

피고인은 2017. 6. 8. 23:50경 서울 강남구 도곡로8길에 있는 피해자 나행복(40세)이 운영하는 행복슈퍼마켓에서, 감시가 소홀한 틈을 이용하여 그곳 담배판매대에 있던 피해자 소유인 시가 6,000원 상당의 던힐 담배 1갑을 주머니에 넣고 슈퍼 밖으로 나오다가 이를 발견하고 뒤따라온 피해자가 담배값을 내라고 하면서 피고인의 옷을 잡자 체포를 면탈할 목적

으로 흉기인 커터 칼(칼날길이 9cm)을 꺼내어 피해자를 향해 휘두르고 주먹으로 피해자의 얼굴을 수회 때려 폭행을 가하였다.

〈예시답안 [2018]〉

1. 쟁 점

이을남은 모두 인정하고 있습니다만, 법리적으로 특수강도의 준강도가 성립할 수 있는 지가 쟁점입니다.

2. 사실관계의 확정

이을남이 커터 칼을 소지한 것은 본 범행에 사용하려는 것이 아니라 평소 택배 포장물을 개봉하는 등 업무에 필요해서 가지고 다니던 것이므로 우연히 소지한 경우입니다.

3. 판례의 법리

판례에 의하면 "흉기 기타 위험한 물건을 휴대하여 그 죄를 범한 자"란 범행현장에서 그 범행에 사용하려는 의도아래 흉기를 소지하거나 몸에 지니는 경우를 가리키는 것이지 그 범행과는 전혀 무관하게 우연히 이를 소지하게 된 경우까지를 포함하는 것은 아니라고 하고 있습니다.

4. 결 언

본 공소사실은 범죄사실의 증명이 없으므로 제325조 후단의 무죄판결을 선고하여 주시기 바랍니다.

5. 축소사실인 준강도의 점에 대하여

축소사실인 준강도의 점에 대하여는 피해자와 합의를 하였으므로 법이 허용하는 범위 안에서 최대한 선처를 해 주시기 바랍니다.

✎ 절도죄에서 공소장에 기재된 공소사실에 따르면 캠코더에 대한 절도죄가 성립할 수 있지만, 사실관계의 확정에 따라 증거를 인멸할 목적이었으므로 절도죄가 성립할 수 없어 제325조 후단 무죄가 되는 공소사실과 예시답안

〈예시 공소사실 [2015]〉

피고인은 2017. 12. 24. 13:00경 서울 송파구 송파대로7길 119에 있는 피해자 고향미가 운영하는 '엄마손 식당'에서 그곳 계산대 위에 놓여 있던 피해자 소유의 농협은행 신용카드 1장과 시가 100만 원 상당의 캠코더 1대를 들고 나와 이를 절취하였다.

〈예시답안 [2020]〉

1. 쟁 점

본 공소사실에 대하여 김갑동은 자백하고 있으나, 판례의 법리상 절도죄가 성립할 수 있는지가 쟁점입니다.

2. 사실관계

본건에서 김갑동은 신용카드를 절취하는 순간 캠코더에 자신의 범행이 찍힌 것을 알고 캠코더를 없애버리기 위하여 들고나온 후 이를 부숴버리고 있습니다.

3. 판례의 법리

판례에 의하면 절도죄의 성립에 필요한 불법영득의 의사라 함은 권리자를 배제하고 타인의 물건을 자기의 소유물과 같이 그 경제적 용법에 따라 이용, 처분하려는 의사를 말한다. 따라서 본건에서와 같이 증거를 인멸한 목적인 경우에는 캠코더에 대한 불법영득의사가 없으므로 캠코더에 대한 절도죄는 성립하지 않습니다.

4. 결 언

본 공소사실에 대하여는 범죄사실의 증명이 없으므로 형사소송법 제325조 후단 무죄가 선고될 것입니다.

✎ 절도죄에서 공소장에 기재된 공소사실에 따르면 절도죄가 성립할 수 있지만, 사실관계의 확정에 따라 불법영득의사가 없어 제325조 후단 무죄가 되는 공소사실과 예시답안

〈예시 공소사실 [2020]〉

피고인은 2019. 10. 31. 10:00경 피고인의 주거지에서 안방 서랍에 있던 피해자 김부친 소유의 신한은행 신용카드 1장과 예금통장 1개를 꺼내어 가지고 나와 이를 절취하였다.

〈예시답안 [2020]〉

1. 쟁 점

본 공소사실에 대하여 김갑동은 자백하고 있으나, 판례의 법리상 절도죄가 성립할 수 있는지가 쟁점입니다.

2. 사실관계

본건에서 김갑동은 신용카드를 사용한 후 바로 제자리에 갖다 놓았습니다.

3. 판례의 법리

판례는 타인의 신용카드를 이용하여 현금을 인출하고 이를 반환한 경우에 '신용카드 자체가 가지는 경제적 가치가 인출된 예금액만큼 소모되었다고 할 수 없으므로, 이를 일시 사용하고 곧 반환한 경우에는 불법영득의 의사가 없다'고 하여 절도죄의 성립을 부정하고 있습니다. 이러한 판례의 법리에 따르면 본건은 절도죄가 성립할 수 없습니다.

4. 결 언

본 공소사실에 대하여는 범죄사실의 증명이 없으므로 형사소송법 제325조 후단 무죄가 선고될 것입니다.

✎ 사기미수죄에서 공소장에 기재된 공소사실에 따르면 사기미수죄가 성립할 수도 있지만, 사실관계의 확정에 따라 사기미수죄가 성립할 수 없어 제325조 후단 무죄가 되는 공소사실과 예시답안

〈예시 공소사실 [2022]〉

피고인들은 공모하여 2013. 6. 20.경 서울 서초구 강남대로 581에 있는 미래주식회사 사무실에서, 위 1의 가항과 같이 오순진의 동의 없이 피고인 이을녀가 오순진으로 행세하며 피해자 한화생명보험(주)을 기망하여 생명보험계약을 체결하고, 오순진이 사망하자 2021. 9. 5.경 위 사무실에서, 피해자 한화생명보험(주)의 보험금지급담당 직원인 서한화에게 오순진에 대한 생명보험금 1억 원을 청구하였다. 그러나 사실은 피고인 이을녀가 오순진의 승낙을 받지 않고 체결한 보험계약이었고, 피고인 김갑동의 과실에 의해 교통사고가 발생한 것이 아니라 오순진에 대한 생명보험금을 받기 위해 오순진을 고의로 살해한 것이었기 때문에 피고인들이 유효하게 보험금을 지급받을 수 없었다.

이로써 피고인들은 피해자 한화생명보험(주)을 속이고 동액 상당의 보험금을 편취하려고 하였으나 피해자가 거절하여 그 뜻을 이루지 못하고 미수에 그쳤다.

〈예시답안 [2022]〉

1. 쟁 점

   이을녀는 본 공소사실에 대하여 오순진의 동의없이 보험계약을 체결한 사실은 자백하고 있지만, 보험금을 청구한 것은 자신과는 무관하다고 부인하고 있습니다. 따라서 ① 법리상 하자있는 보험계약을 체결한 것만으로 사기죄의 실행의 착수를 인정할 수 있는지 ② 김갑동이 보험금을 청구하는 부분에 대하여 관여한 사실관계를 인정할 수 있는지가 쟁점입니다.

2. 보험사기에 대한 판례의 법리

   판례의 의하면 타인의 사망을 보험사고로 하는 생명보험계약을 체결함에 있어 제3자가 피보험자인 것처럼 가장하여 체결한 경우라도 보험사고의 우연성과 같은 보험의 본질을 해칠 정도가 아니라면 기망행위의 실행에 착수한 것은 아니라고 합니다.

   본건에서 이을녀가 오순진의 승낙 없이 보험계약을 체결한 것만으로는 사기죄의 실행의 착수를 인정할 수 없어 무죄가 됩니다.

3. 이을녀가 김갑동의 보험금청구에 관여하였는지에 대하여

   김갑동은 검찰수사단계에서는 이을녀가 자신이 보험금을 청구하였다는 것을 알았을 것이라고 추측하고 있지만, 본 법정에서는 경황이 없어 착각을 하였다고 진술을 번복하고 있습니다. 그리고 그 이외에 이을녀가 김갑동의 보험금 청구에 관여하였다는 사실을 인정할 증거가 없습니다.

4. 결 언

본 공소사실은 범죄사실의 증명이 없으므로 제325조 후단에 의한 무죄판결이 선고될 것으로 사료됩니다.

✎ 공갈죄에서 공소장에 기재된 공소사실에 따르면 공갈죄가 성립할 수 있지만, 사실관계의 확정에 따라 처분행위가 없어 제325조 후단 무죄가 되는 공소사실과 예시답안

〈예시 공소사실 [2013]〉

피고인은 2012. 9. 27. 20:10경 서울 서초구 양재동에 있는 피해자 강기술(45세)이 운영하는 '양재곱창'에서 5만 원어치의 술과 음식을 주문하여 먹었다. 피고인은 같은 날 21:30경 음식값을 계산하려고 지갑을 꺼내어 보니 가진 현금이 부족한 것을 발견하고, 음식값의 지급을 면하기 위해서 피해자가 잠시 한눈을 파는 사이에 식당 밖으로 걸어 나갔다. 피고인은 피해자가 이를 발견하고 피고인을 따라와 음식값을 달라고 요구하자, 피해자의 목을 잡고 손으로 뺨을 4~5회 때려 이에 겁을 먹은 피해자로 하여금 음식값 5만 원의 청구를 단념하게 하였다.

이로써 피고인은 피해자를 공갈하여 재산상 이익을 취득하였다.

〈예시답안 [2013]〉

1. 쟁 점

이을해는 강기술을 폭행한 사실은 인정합니다. 그런데 사안에서 강기술의 처분행위가 인정되어 공갈죄의 성립을 인정할 수 있는지가 쟁점입니다.

2. 사실관계의 확정

본 건에서 이을해는 강기술의 뺨을 때리고 달아났을 뿐 공갈의 의사가 없었으며, 강기술은 피해자를 따라가서 이을해를 신고하였으므로 처분행위를 한바가 없습니다.

3. 판례의 법리

판례에 의하면 공갈죄가 성립하기 위해서는 폭행 또는 협박과 같은 공갈행위로 인하여 피공갈자가 재산상 이익을 공여하는 처분행위가 있어야 합니다.

그런데 본 사건에서는 피해자가 처분행위를 한 바가 없으며, 단지 피해자가 피고인으로부터 원래라면 얻을 수 있었던 재산상 이익의 실현에 장애가 발생한 것에 불과하므로 공갈죄는 성립할 수 없습니다.

4. 결 언

따라서 본 공소사실은 범죄가 되지 않으므로 형사소송법 제325조 전단에 의하여 무죄판결이 선고되어야 합니다.

5. 축소사실인 폭행의 점에 대하여

본 공소사실에 포함되어 있는 폭행죄는 형법 제260조 제3항에 의하여 반의사불벌죄입

니다. 이에 대하여 피해자인 강기술은 이 사건 공소제기 전인 2012. 9. 28.에 처벌불원의 의사를 표시하고 있으므로 폭행죄에 대하여는 형사소송법 제327조 제2호에 따라 공소기각판결을 선고하여 주시기 바랍니다.

✎ 횡령죄에서 공소장에 기재된 공소사실에 따르면 횡령죄가 성립할 수 있지만, 사실관계의 확정에 따라 불법원인급여물이므로 횡령죄가 성립하지 않아 제325조 후단 무죄가 되는 공소사실과 예시답안

〈예시 공소사실 [2012]〉

피고인은 2010. 10. 1.경 서울 서초구 서초1동 10에 있는 위 'D건설' 사무실에서 피해자 김토건으로부터 'H건설 주식회사' 계약담당이사 최현대에게 가져다주라는 지시와 함께 현금 4,000만 원을 교부받아 피해자를 위하여 보관하였다. 피고인은 그날 위 4,000만 원을 피고인의 개인 채무 변제에 임의로 사용하여 횡령하였다.

〈예시답안 [2012]〉

1. 쟁 점

이달수는 4,000만원을 영득했다는 공소사실을 인정하고 있습니다. 그런데 김토건이 이달수에게 금품을 전달한 것은 불법원인급여에 해당하여 이러한 불법원인급여물에 대한 횡령죄가 성립할 수 있는지가 쟁점입니다.

2. 사실관계

본건에서 김토건이 피고인 이달수에게 지급한 4,000만 원은 배임증재에 사용될 금전으로서 불법원인급여물입니다.

3. 불법원인급여에 대한 횡령죄의 성부

판례는 불법원인급여를 횡령한 경우에 원칙적으로 부정설을 따르고, 수탁자의 불법이 위탁자의 불법보다 현저히 큰 경우에만 예외적으로 횡령죄의 성립을 인정하고 있습니다.

본 사건의 경우에 4,000만원은 배임수재죄에 공할 불법원인급여물이며, 예외적인 상황이 아니므로 피고인 이달수가 4,000만원을 영득한 부분은 횡령죄가 성립하지 않습니다.

4. 결 언

본 공소사실은 범죄사실이 증명되지 아니하므로 형사소송법 제325조 후단에 따라 무죄판결을 선고하여 주시기 바랍니다.

✎ 장물취득죄에서 공소장에 기재된 공소사실에 따르면 장물취득죄가 성립할 수도 있지만, 사실관계의 확정에 따라 취득이 인정되지 않아 장물취득죄가 성립할 수 없어 제325조 후단 무죄가 되는 공소사실과 예시답안

〈예시 공소사실 [2020]〉

피고인은 2017. 12. 24. 19:00경 서울 관악구 신림역 부근 '꼬꼬의 호프' 주점에서 김갑동으로부터 그가 제2의 가.(2)항 기재와 같이 절취한 피해자 고향미 소유의 농협은행 신용카드 1장을 그것이 장물이라는 사실을 알면서도 건네받아 장물을 취득하였다.

〈예시답안 [2020]〉

1. 쟁 점

   본 공소사실에 대하여 이을남은 카드를 돌려줄 의사로 받았다는 점을 항변하고 있으므로 법리상 이을남의 행위가 장물취득죄가 성립할 수 있는지가 쟁점입니다.

2. 사실관계

   본건에서 김갑동과 이을남의 진술에 의하면 피고인 이을남은 김갑동의 요청으로 신용카드로 물건을 사서 물건과 함께 신용카드를 돌려주기 위하여 이를 건네받은 것에 불과합니다.

3. 판례의 법리

   판례는 "장물취득죄에서 '취득'이라고 함은 점유를 이전받음으로써 그 장물에 대하여 사실상의 처분권을 획득하는 것을 의미하는 것이므로, 단순히 보수를 받고 본범을 위하여 장물을 일시사용하거나 그와 같이 사용할 목적으로 장물을 건네받은 것만으로는 장물을 취득한 것으로 볼 수 없다"고 합니다. 따라서 본 공소사실의 경우에는 이을남은 돌려줄 의사로 받은 것이므로 처분권을 획득했다고 할 수 없어 취득은 성립하지 않습니다.

4. 결 언

   본 공소사실은 범죄사실의 증명이 없으므로 형사소송법 제325조 후단에 의하여 무죄판결을 선고하여 주시기 바랍니다.

🖉 무고죄에서 공소장에 기재된 공소사실에 따르면 무고죄가 성립할 수도 있지만, 사실관계의 확정에 따라 정황의 과장의 법리에 의하여 제325조 후단의 무죄를 구하는 공소사실과 예시답안

〈예시 공소사실 [2024]〉

피고인은 2023. 10. 7. 11:00경 위 피고인의 집에서, 김갑동으로 하여금 형사처분을 받게 할 목적으로 컴퓨터를 사용하여 김갑동에 대한 허위 내용의 고소장을 작성하였다. 그 고소장은 "피고소인 김갑동은 2023. 10. 5. 22:00경 서울 송파구 방이동에 있는 '가자' 주점에서, 고소인의 멱살을 잡아 흔들고 다리를 걸어 넘어뜨려 고소인에게 전치 3주의 경추부염좌, 뇌진탕을 가하였으니 처벌하여 달라."는 내용이나, 사실은 김갑동은 피고인을 폭행하여 상해를 가한 사실이 없었다. 그럼에도 불구하고 피고인은 2023. 10. 7. 15:00경 서울서초경찰서 민원실에서, 성명을 알 수 없는 경찰관에게 위 고소장을 제출하였다. 이로써 피고인은 공무소에 대하여 허위의 사실을 신고하여 무고하였다.

〈예시답안 [2024]〉

1. 객관적으로 증명되는 사실

가. 한주점의 진술의 객관성

본건에 대하여는 이을남과 김갑동의 진술이 엇갈리고 있습니다. 그러나 한주점은 두 사람을 모두 알고 있는 자로써 객관적인 입장에서 진술할 가능성이 높으므로 한주점의 진술이 신빙성이 높습니다.

나. 한주점의 증언 내용

한주점의 증언에 의하면 김갑동이 갑자기 언성을 높였고 이을남의 멱살을 잡아 흔들었다는 점은 증명되었다고 볼 수 있습니다. 따라서 김갑동이 이을남을 폭행한 것은 사실입니다.

2. 무고죄에 있어 정황의 과장의 법리

가. 법리

판례에 의하면 "피고인이 구타당한 것이 사실인 이상 이를 고소함에 있어서 입지 않은 상해사실을 포함시켰다 하더라도 이는 고소내용의 정황의 과장에 지나지 않으므로 위 상해부분만이 따로 무고죄를 구성한다고 할 수 없다"고 하여 정황의 과장에 지나지 않는 것은 무고죄가 성립하지 않습니다.

나. 본건에의 적용

본건에서 김갑동이 멱살을 잡아 폭행을 한 것이 사실인 이상 이을남이 상해를 입었다고 고소하였더라도 이는 정황의 과장에 지나지 않으므로 무고죄는 성립하지 않습니다.

3. 결론

본 공소사실에 대하여는 합리적인 의심이 없을 정도의 증명이 없으므로 제325조 후단에 의하여 무죄판결을 선고하여 주시기 바랍니다.

✎ 음주운전죄에서 공소장에 기재된 공소사실에 따르면 음주운전죄가 성립할 수도 있지만, 사실관계의 확정에 따라 위드마크 공식에 의한 역추산방식의 문제점이 있어 제325조 후단 무죄가 되는 공소사실과 예시답안

〈예시 공소사실 [2013]〉

피고인은 2012. 9. 18. 21:30경 혈중알콜농도 0.053%의 술에 취한 상태로 59투5099호 제네시스 승용차를 운전하여 서울 서초구 서초동에 있는 교대역 사거리 앞 도로를 서초역 쪽에서 강남역 쪽으로 편도 3차로를 따라 진행하던 중, 전방을 제대로 보지 않은 채 그대로 진행한 업무상 과실로 때마침 횡단보도 앞에서 적색신호에 정차한 피해자 고경자(여, 37세)가 운전하는 33수3010호 YF쏘나타 승용차의 뒷범퍼 부분을 위 제네시스 승용차의 앞범퍼 부분으로 들이받았다.

피고인은 위와 같은 업무상 과실로 피해자에게 약 2주간의 치료를 요하는 경추부 염좌상을 입게 하고도 곧 정차하여 피해자를 구호하는 등의 필요한 조치를 취하지 아니하고 그대로 도주하였다.

〈예시답안 [2013]〉

1. 쟁 점

김갑인은 음주운전사실을 인정하고 있습니다. 그런데 사안에서는 위드마크 공식을 사용한 음주측정방식에 문제가 있어 김갑인이 혈중알콜농도 0.05%이상의 상태에서 운전하였다는 점에 대한 증명이 있는지가 쟁점입니다.

2. 위드마크 공식에 의한 역추산방식의 문제점

가. 법 리

음주후 혈중알콜농도가 최고도에 달하는 것은 최종 음주시각부터 상승하기 시작하여 30분부터 90분 사이에 최고도에 달하는 것으로 알려져 있습니다.

나. 사안의 적용

본 사건에서 김갑인의 최종 음주시각은 2012.9.8. 21 : 20경이며, 사고시각은 21 : 30경입니다. 그리고 음주측정은 2012.9.18. 22 : 30이며 혈중알콜농도는 0.045% 였습니다. 그러므로 최종음주시각부터 사고시간까지는 10분 정도의 시간만 지난 상태이므로 이 때에 혈중알콜농도가 최고상승기에 도달하였다는 것을 전제로 위드마크 공식에 의한 역추산방식을 적용하여 혈중알콜농도가 0.053%에서 운전했다고 판단하는 것은 부당합니다. 그리고 검사도 공판정에서 체내 혈중알콜농도가 하강기에 있는지 여부를 확인하지 못한 상태에서 음주측정이 이루어졌다고 진술하고 있습니다.

3. 결 언

본 공소사실에 대하여는 합리적 의심이 없는 정도로 증명이 되었다고 보기 어려우므로 형사소송법 제325조 후단에 의하여 무죄판결을 선고하여 주시기 바랍니다.

✎ 무면허운전죄에서 공소장에 기재된 공소사실에 따르면 무면허운전죄가 성립할 수 있지만, 사실관계의 확정에 따라 운전면허취소사실을 인식하지 못하여 제325조 후단 무죄가 되는 공소사실과 예시답안

〈예시 공소사실 [2022]〉

피고인은 서울54노1234호 아반떼 승용차의 운전업무에 종사하는 자이다. 피고인은 2020. 7. 8. 21:00경 자동차운전면허를 받지 아니하고, 위 승용차를 운전하여 서울 서초구 법원로 123에 있는 우리은행 서초지점 앞 도로에 이르러 건물 지하주차장으로 진입하기 위하여 보도를 통해 진행하였다.

〈예시답안 [2022]〉

1. 쟁 점

본 공소사실에 대하여 이을녀는 자신의 운전면허가 취소되었다는 것을 인식하지 못하였다고 주장하고 있으므로 이을녀에게 무면허운전에 대한 고의를 인정할 수 있는지가 쟁점입니다.

2. 판례의 법리와 사안의 적용

무면허운전죄는 이른바 고의범이므로 기존의 운전면허가 취소된 상태에서 자동차를 운전하였더라도 운전자가 면허취소사실을 인식하지 못한 이상 본죄에 해당한다고 볼 수 없고, 관할 경찰당국이 운전면허취소처분의 통지에 갈음하는 적법한 공고를 거쳤다 하더라도, 그것만으로 운전자가 면허가 취소된 사실을 알게 되었다고 단정할 수는 없다. 그리고 운전면허증 앞면에 적성검사기간이 기재되어 있고, 뒷면 하단에 경고 문구가 있다는 점만으로 피고인이 정기적성검사 미필로 면허가 취소된 사실을 미필적으로나마 인식하였다고 추단하기 어렵다.

본 공소사실의 경우에 이을녀는 이사를 하는 바람에 운전면허취소처분의 통지를 받지 못하였고, 범칙금이 부과된 것도 알지 못하였으므로 이을녀가 운전면허취소 사실을 인식하였다고 볼 수 없습니다.

3. 결 언

본 공소사실에 대하여는 이을녀가 운전면허취소 사실을 인식하였다고 할 수 있는 정도의 증명이 없으므로 제325조 후단에 의하여 무죄판결을 선고할 것으로 사료합니다.

🖊 무면허운전죄에서 공소장에 기재된 공소사실에 따르면 무면허운전죄가 성립할 수 있지만, 사실관계의 확정에 따라 운전면허취소가 다시 취소되어 제325조 후단 무죄가 되는 공소사실과 예시답안

〈예시 공소사실 [2023]〉

피고인은 2022. 5. 30. 22:00경 서울 서초구 서초대로10번길 123에 있는 편도 1차로 도로에서 자동차운전면허의 효력이 정지된 상태로 피고인의 123나5678호 벤츠 승용차를 운전하였다.

〈예시답안 [2023]〉

1. 쟁 점

이을남은 본 공소사실을 인정하고 있습니다만, 이을남에 대한 운전면허정지처분이 사실오인이 있어 처분이 취소되는 판결이 2022.12.1. 선고되고, 2022.12.20. 확정되었으므로 법리상 무면허운전죄가 성립할 수 있는지가 쟁점입니다.

2. 법리와 사안의 적용

판례의 법리에 의하면 자동차 운전면허취소처분을 받았으나 나중에 그 행정처분 자체가 행정쟁송절차에 의하여 취소되었다면, 위 운전면허취소처분은 그 처분시에 소급하여 효력을 잃게 됩니다. 이러한 판례의 법리에 따르면 이을남에게는 무면허운전죄가 성립하지 않습니다.

3. 결 언

본 공소사실에 대하여는 범죄의 증명이 없으므로 제325조 후단에 의하여 무죄판결이 선고될 것으로 사료됩니다.

✎ 도주차량죄에서 공소장에 기재된 공소사실에 따르면 도주차량죄가 성립할 수도 있지만, 사실관계의 확정에 따라 도주차량죄의 증명이 없어 제325조 후단 무죄가 되는 공소사실과 예시답안

〈예시 공소사실 [2013]〉

피고인은 2012. 9. 18. 21:30경 혈중알콜농도 0.053%의 술에 취한 상태로 59투5099호 제네시스 승용차를 운전하여 서울 서초구 서초동에 있는 교대역 사거리 앞 도로를 서초역 쪽에서 강남역 쪽으로 편도 3차로를 따라 진행하던 중, 전방을 제대로 보지 않은 채 그대로 진행한 업무상 과실로 때마침 횡단보도 앞에서 적색신호에 정차한 피해자 고경자(여, 37세)가 운전하는 33수3010호 YF쏘나타 승용차의 뒷범퍼 부분을 위 제네시스 승용차의 앞범퍼 부분으로 들이받았다.

피고인은 위와 같은 업무상 과실로 피해자에게 약 2주간의 치료를 요하는 경추부 염좌상을 입게 하고도 곧 정차하여 피해자를 구호하는 등의 필요한 조치를 취하지 아니하고 그대로 도주하였다.

〈예시답안 [2013]〉

1. 쟁 점

김갑인은 본 공소사실에 대하여 업무상과실치상의 점은 인정하고 있습니다만, 사고이후 구호조치도 취하였고, 도주하지도 않았다고 진술하고 있으므로 이 점에 대한 증명이 있는지가 쟁점이 됩니다.

2. 사고후 미조치와 도주의 점에 대한 검토

가. 사고후 미조치에 대한 검토

사고 직후 김갑인은 즉시 정차하여 고경자와 함께 차량을 다른 장소로 이동시켰고, 피해차량을 살펴보고 피해차량의 번호판이 약간 꺾이고 뒷범퍼에 흠집이 난 것을 확인하였습니다. 그리고 피해차량의 피해상태가 경미한 한 것을 확인함과 동시에 피해자도 당시에는 통증 등에 대하여는 언급하지 않아 피해자가 안전한 것으로 확인하였으므로 일반인이 취할 수 있었던 구호조치를 이행한 것으로 보아야 합니다.

나. 도주행위와 도주의사에 대한 검토

본건에서 고경자는 경미한 손해임에도 술냄새가 난다는 점을 기화로 과다한 합의금을 요구하자, 40여분간의 장시간을 다투었으며, 이후 고경자가 경찰에 전화를 하려고 하자 음주운전이 발각될 것이 두려워 그 자리를 이탈하게 되었으나 도중에 경찰에서 연락이 오자 음주운전으로 처벌되는 것을 감수하면서 다시 경찰서에 자진출석하여 음주측정을 하게 된 것입니다. 따라서 이러한 김갑인의 행위는 전체적으로 보더라도 도주행위와 도주의사가 없었음이 명백합니다.

3. 결 언

본 공소사실에 대하여는 구호조치위반과 도주행위 및 도주의사에 대한 증명이 없었으므로 제325조 후단 무죄를 선고하여 주시기 바랍니다.

4. 축소사실인 교특법위반행위에 대하여

김갑인은 교특법 제3조 제1항 위반의 점은 인정하고 있습니다. 그런데 김갑인은 종합보험에 가입되어 있어 교특법 제4조 제1항에 의해 검사는 공소를 제기할 수 없는 사건이므로 이에 대하여는 형사소송법 제327조 제2호에 따라 공소기각판결을 선고하여 주시기 바랍니다.

✎ 도주차량죄에서 공소장에 기재된 공소사실에 따르면 도주차량죄가 성립할 수도 있지만, 사실관계의 확정에 따라 도주차량죄가 성립할 수 없어 제325조 후단 무죄가 되는 공소사실과 예시답안

〈예시 공소사실 [2024]〉

피고인은 2020. 1. 5. 12:00경 원동기장치자전거인 전동킥보드를 운전하여 서울 서초구 서초로8길 89 '서초'식당 앞 편도 1차로를 초서중학교 방면에서 신한은행 서초지점 방면으로 운전하게 되었다. 그곳은 황색실선의 중앙선이 설치된 곳이므로 운전 업무에 종사하는 사람으로서는 전방 주시를 철저히 하고 차선을 지켜 안전하게 운행하여야 할 업무상 주의의무가 있었다.

그럼에도 불구하고 피고인은 이를 게을리한 채 앞서 진행하던 택시가 제동하는 것을 뒤늦게 발견하고 충돌을 피하기 위하여 중앙선을 침범하여 운전한 과실로 반대차선 길가장자리 부근을 걷고 있던 피해자 나피해(여, 30세)를 전동킥보드의 앞 부분으로 들이받아 넘어지게 하여 피해자로 하여금 약 2주간의 치료를 요하는 요추부염좌의 상해를 입게 하였음에도 즉시 정차하여 피해자를 구호하는 등의 조치를 취하지 아니하고 그대로 도주하였다.

〈예시답안 [2024]〉

1. 쟁 점

김갑동은 본 공소사실에 대하여 부인하고 있으므로, 검사가 제출한 증거에 의하여 본 공소사실이 증명될 수 있는지가 쟁점입니다.

2. 증명력 검토

본 공소사실에 부합되는 증거는 피해자 나피해의 진술뿐입니다. 나피해는 증인으로 나와 '아프다고 했는데도 병원 가자는 말이 없었다, 연락처를 달라고 했는데도 주지 않았다'고 진술하고 있습니다. 그러나 다음과 같은 이유로 나피해의 진술은 신빙성이 없습니다.

가. 조치의 필요성에 대하여

나피해는 사고당시 외상이 없었으며, 대화하거나 이동하는 것에 문제가 없었으므로 조치의 필요성이 인정되지 않습니다.

나. 구호조치에 대하여

나목격의 증언 및 CCTV 영상분석 수사보고서에 의하면 ① 김갑동이 피해자에게 괜찮냐고 하면서 병원에 가자고 여러 차례 말하였으며 ② 피해자는 병원에 갈 필요가 없다고 하면서 먼저 현장을 떠났으므로 김갑동이 구호조치를 취하지 않았다고 인정되지 않습니다.

다. 도주에 대하여

나목격의 증언 및 CCTV 영상분석 수사보고서에 의하면 피해자가 먼저 혼자서 근처에 있는 버스정류장으로 걸어가서 버스를 타고 간 사실이 인정되므로 김갑동이 도주하였다고 인정되지 않습니다.

라. 나피해의 허위진술의 가능성에 대하여

나피해는 김갑동에 대한 처벌불원 의사표시를 한 후 김갑동과 합의하려고 하였으나 김갑동이 합의금 액수를 터무니없이 낮게 제안해 기분이 나빴으므로 합의금을 보다 많이 받아내려고 허위진술을 할 가능성이 있으므로 신빙성이 없습니다.

3. 결 언

본 공소사실에 대하여는 합리적인 의심이 없을 정도의 증명이 없으므로 형사소송법 제325조 후단에 의하여 무죄판결이 선고될 것으로 판단됩니다.

4. 축소사실인 교특법 위반에 대하여

가. 쟁 점

교특법 제3조 제1항에 대하여 김갑동은 자백하고 있지만, 치상죄는 교특법 제3조 제2항 본문에 의하여 반의사불벌죄입니다. 따라서 법리상 교특법 제3조 제2항 제2호의 중앙선침범의 예외에 해당하는지가 쟁점입니다.

나. 판례의 법리

판례에 의하면 중앙선 침범은 중앙선을 넘어선 모든 경우를 가리키는 것이 아니라 부득이한 사유가 없이 중앙선을 침범하여 교통사고를 발생케 한 경우를 뜻합니다.

다. 본건에의 적용

본건에서 김갑동은 정상속도로 운전하면서 앞차와의 거리도 유지하고 있었습니다. 그런데 앞의 승용차가 갑자기 급정거하는 바람에 추돌사고를 피하기 위하여 부득이 중앙선을 침범한 경우이므로 김갑동에게는 부득이한 사유가 있습니다. 따라서 본건은 중앙선침범의 예외에 해당하지 않습니다.

라. 결 언

본건에 대하여는 교특법 제3조 제2항 본문에 따라 반의사불벌죄입니다. 그리고 나 피해는 법정에서 김갑동의 처벌을 희망하는 의사표시를 하고 있으나, 공소제기 전 경찰조사 단계에서 처벌불원의 의사표시를 하였으므로 이를 철회할 수는 없습니다. 따라서 본건은 형사소송법 제327조 제2호에 따라 공소기각판결이 선고될 것으로 판단됩니다.

Ⅱ. 제326조 면소판결 예시답안

제326조 (면소의 판결) 다음 경우에는 판결로써 면소의 선고를 하여야 한다.
1. 확정판결이 있은 때
2. 사면이 있은 때
3. 공소의 시효가 완성되었을 때
4. 범죄후의 법령개폐로 형이 폐지되었을 때

1. 확정판결이 있은 때

시험에서 '확정판결이 있은 때'는 주로 약식명령으로 확정된 경우를 출제하지만, 최근에는 판결이 확정된 경우도 출제되고 있다. 아래에서는 약식명령에서 살펴보아야 할 부분과 확정판결이 있어 면소판결을 구하는 예시답안을 살펴본다.

(1) 약식명령서의 검토

① 우측 상단에서 확정되었다는 사실을 확인하여야 하고, 약식명령의 확정일은 정치한 답안을 적을 때 확정된 날짜를 적어줄 수 있으므로 메모를 하는 것이 바람직하다.

② 사건란을 통해 어떠한 범죄로 약식명령을 받게 되었는지를 확인한다. 주로 해당 공소사실의 상습범이 기재되어 있는 경우가 많이 있겠지만, 상상적 경합관계에 있는 경우도 있다.

③ 피고인란을 통해 피고인이 누구인지를 확인한다.

④ 범죄사실란을 통해 확정된 범죄사실의 일시와 장소 및 피해자 등을 확인한다. 포괄일죄의 경우에는 행위태양 등이 중요하고, 상상적 경합범인 경우에는 일시와 장소 등이 중요하다.

⑤ 하단에 있는 약식명령 발령일을 확인한다. 약식명령의 기판력의 기준시는 발령시이므로 메모를 하는 것이 바람직하다.

(2) 포괄일죄의 경우 확정판결이 있어 면소판결을 구하는 예시답안

✎. 상습존속폭행죄로 기소되었으나 상습폭행으로 확정된 약식명령의 발령시 전에 범한 범죄이므로 약식명령의 기판력이 미쳐 면소판결을 구하는 예시답안

〈예시답안 [2019]〉

1. 쟁 점

본 공소사실에 대하여 김갑동은 자백하고 있습니다만, 김갑동에게는 상습폭행으로 확정된 약식명령이 있으므로 본 공소사실이 면소사유인 '확정판결이 있은 때'에 해당되는지가 쟁점입니다.

2. 법리의 검토

김갑동은 2018.9.15. 범한 폭행으로 인하여 2018.10.23. 상습폭행죄로 벌금 300만원의 약식명령을 발령받아 2018.11.19. 확정된 사실이 있습니다. 살피건대 2018.10.22. 범한 본 공소사실은 확정된 상습폭행의 습성으로 인한 것이므로 위 상습폭행죄와 포괄일죄의 관계에 있고 약식명령발령시 이전의 행위이므로 위 약식명령의 기판력이 미칩니다.

3. 결 언

따라서 본 공소사실은 '확정판결이 있는 때'에 해당하므로 형사소송법 제326조 제1호에 의하여 면소판결의 선고를 구할 수 있을 것입니다.

✎. 상습절도죄로 기소되었으나 상습절도죄로 확정된 1심판결의 선고기일 전에 범한 범죄이므로 기판력이 미쳐 면소판결을 구하는 예시답안

〈예시답안 [2020]〉

1. 쟁 점

본 공소사실에 대하여 김갑동은 자백하고 있습니다만, 법리상 김갑동에게는 상습절도로 인해 확정된 판결이 있으므로 본 공소사실이 면소사유인 '확정판결이 있은 때'에 해당되는지가 쟁점입니다.

2. 법리와 사안의 적용

김갑동은 2017.11.20. 상습절도죄로 징역 1년에 집행유예 2년이 선고되어 2017.11.28. 확정된 확정판결이 있습니다. 그런데 본 공소사실은 범행의 수단과 방법 등이 유사하여 포괄일죄에 해당하고, 판결선고기일 이전인 2017.11.19.에 범해졌으므로 확정판결의 기판력이 미칩니다.

3. 결 언

본 공소사실은 '확정판결이 있는 때'에 해당하므로 형사소송법 제326조 제1호에 의하여 면소판결을 선고하여 주시기 바랍니다.

✎ 사기죄로 기소되었으나 상습사기로 확정된 약식명령의 발령시 전에 범한 범죄이므로 약식명령의 기판력이 미쳐 면소판결을 구하는 예시답안

〈예시답안 [2012]〉

1. 쟁 점

이달수는 본 공소사실을 모두 인정하고 있으나, 이달수에게는 상습사기로 인해 약식명령이 확정된 사건이 있어 본 공소사실이 면소사유인 '확정판결이 있은 때'에 해당되는지가 쟁점입니다.

2. 법리의 검토

이달수는 2011.11.20. 상습사기죄로 벌금 300만원의 약식명령을 발령받아 2011.12.17. 확정된 사실이 있습니다. 살피건대 2011.10.10. 범한 본 공소사실은 확정된 상습사기죄와 범행수단이나 방법이 유사하다는 점에서 상습사기죄의 포괄일죄에 해당하고 약식명령발령시 이전의 행위이므로 기판력이 미칩니다.

3. 결 언

본 공소사실은 '확정판결이 있은 때'에 해당하므로 형사소송법 제326조 제1호에 의하여 면소판결을 선고하여 주시기 바랍니다.

✎ 도박죄로 기소되었으나 상습도박으로 확정된 약식명령의 발령시 전에 범한 범죄이므로 약식명령의 기판력이 미쳐 면소판결을 구하는 예시답안

〈예시답안 [2023]〉

가. 쟁 점

본 공소사실에 대하여 김갑동은 자백하고 있습니다만, 법리상 김갑동에게는 상습도박으로 인해 확정된 판결이 있으므로 본 공소사실이 면소사유인 '확정판결이 있은 때'에 해당되는지가 쟁점입니다.

나. 법리의 검토

김갑동은 2017.11.23. 상습도박죄로 벌금 300만 원의 약식명령을 발령받고, 2017.12. 4. 확정된 약식명령이 있습니다. 그런데 본 공소사실은 범행의 수단과 방법 등이 유사하여 포괄일죄에 해당하고, 약식명령 발령일 이전인 2017.11.18.에 범해졌으므로 확정판결의 기판력이 미칩니다.

다. 결 언

따라서 본 공소사실은 '확정판결이 있은 때'에 해당하므로 형사소송법 제326조 제1호에 의하여 면소판결을 선고하여 주시기 바랍니다.

✎ 정통망법위반으로 기소되었으나 정통망법위반으로 확정된 약식명령의 발령시 전에 범한 범죄이므로 약식명령의 기판력이 미쳐 면소판결을 구하는 예시답안

〈예시답안 [2017]〉

1. 쟁 점

김갑동은 공소사실을 모두 인정하고 있습니다. 그런데 김갑동에게는 정통망법위반으로 확정된 약식명령이 있으므로 면소사유인 '확정판결이 있은 때'에 해당하는지가 쟁점입니다.

2. 확정된 약식명령의 기판력 범위

김갑동은 2015.11.15.경부터 2015.12.30.경까지 범한 정통망법위반죄로 2016.10.30. 벌금 300만원의 약식명령을 발령받아 확정된 사실이 있습니다. 살피건대 2016.1.3.경부터 2016.1.5.경까지 범한 본건 공소사실은 확정된 정통망법위반죄와 범행수단이나 방법이 유사하다는 점에서 포괄일죄에 해당하고 약식명령 발령시 이전의 행위이므로 기판력이 미칩니다.

3. 결 언

따라서 본 공소사실은 '확정판결이 있은 때'에 해당하므로 형사소송법 제326조 제1호에 따라 면소판결을 선고하여 주시기 바랍니다.

✎ 정통망법위반으로 기소되었으나 일부가 정통망법위반으로 확정된 확정판결이 선고되기 전에 범한 범죄이므로 확정판결의 기판력이 미쳐 면소판결을 구하는 예시답안

〈예시답안 [2024]〉

1. 쟁 점

김갑동은 본 공소사실에 대하여 자백하고 있으나, 일부 공소사실이 면소사유인 '확정판결이 있는 때'에 해당하는지가 쟁점입니다.

2. 확정판결의 존재

이을남에게는 동일한 범죄사실로 2021.9.30.에 선고되고 2021.10.8.에 확정된 판결이 있습니다. 따라서 본 판결의 기판력은 판결선고시인 2021.9.30. 이전의 범죄에 미칩니다.

3. 결 론

가. 판결선고시인 2021.9.30. 이전의 범죄

본 공소사실은 2021.6.30.부터 2021.10.2.까지의 범죄입니다. 따라서 2021.9.30. 이전에 범죄에 대하여는 확정판결의 기판력이 미치므로 면소판결을 선고하여 주시기 바랍니다.

나. 판결선고시인 2021.9.30. 이후의 범죄

2021.9.30. 이후에 범죄는 이을남이 반성하고 있으므로 법이 허락하는 범위 내에서 선처를 하여주시기 바랍니다.

✎ 신용카드부정사용죄에서 동일한 신용카드에 대한 신용카드부정사용죄는 포괄일죄에 해당하여 확정된 약식명령의 발령시 전에 범한 범죄이므로 약식명령의 기판력이 미쳐 면소판결을 구하는 예시답안

〈예시답안 [2018]〉

1. 쟁 점

김갑동은 본 공소사실을 모두 인정하고 있습니다. 그런데 김갑동에게는 사기 등의 죄로 확정된 약식명령이 있으므로 면소사유인 '확정판결이 있은 때'에 해당하는지가 쟁점입니다.

2. 죄수에 대한 법리

판례에 의하면 절취한 카드로 가맹점들로부터 물품을 구입하겠다는 단일한 범의를 가지고 그 범의가 계속된 가운데 동종의 범행인 신용카드 부정사용행위를 동일한 방법으로 반복하여 행하여진 경우에는 포괄하여 일죄에 해당합니다.

3. 확정된 약식명령의 기판력 범위

김갑동은 2017.6.28.경 피해자 임재영 운영의 갈대주점에서 이동수의 BC카드를 사용하여 사기죄 및 여전법 위반으로 2017.10.20.에 발령되어 확정된 약식명령이 있습니다. 살피건대 본 공소사실인 2017.6.28. 19:00경의 여전법위반의 점은 동일한 이동수의 BC카드를 사용하였다는 점에서 약식명령으로 확정된 사실과는 포괄일죄에 해당하여 그 기판력이 미칩니다.

4. 결 언

따라서 본 공소사실은 '확정판결이 있은 때'에 해당하므로 형사소송법 제326조 제1호에 따라 면소판결을 주장할 수 있습니다.

(3) 상상적 경합의 경우 확정판결이 있어 면소판결을 구하는 예시답안

🖊 업무상배임죄로 기소되었으나 상상적 경합관계에 있는 사기죄로 확정된 판결이 있어 기판력이 미쳐 면소판결을 구하는 예시답안

〈예시답안 [2022]〉

1. 쟁 점

피고인 김갑동은 본 공소사실에 대하여 자백하고 있습니다. 그러나 김갑동은 동일한 범죄사실로 사기죄로 확정판결을 받은 적이 있으므로 면소사유가 되는지가 쟁점입니다.

2. 판례의 법리

본 공소사실과 사기죄의 확정판결은 동일한 범죄사실이며, 판례에 의하면 1개의 행위에 관하여 사기죄와 업무상 배임죄의 각 구성요건이 모두 구비된 때에는 양 죄는 상상적 경합관계에 있으며, 상상적 경합관계에 있는 죄들 중 1죄에 대한 확정판결의 기판력은 다른 범죄에도 미칩니다.

3. 결 언

본 공소사실에 대하여는 확정판결이 있는 때에 해당하므로 제326조 제1호에 의하여 면소판결을 선고하여 주시기 바랍니다.

🖊 사문서위조와 동행사죄로 기소되었으나 상상적 경합관계에 있는 동일한 사문서위조와 동행사죄에 대한 확정된 약식명령이 있어 면소판결을 구하는 예시답안

〈예시답안 [2013]〉

1. 쟁 점

김갑인은 공소사실에 대하여 인정하고 있습니다. 그런데 김갑인에게는 사문서위조 및 행사죄로 확정된 약식명령이 있으므로 면소사유인 '확정판결이 있은 때'에 해당하는지가 쟁점입니다.

2. 법리적 검토

판례에 의하면 사문서위조죄의 죄수는 명의인마다 죄가 정해지므로 본 매매계약서를 위조한 죄는 2죄가 되지만 상상적 경합에 해당합니다. 그리고 위조된 매매계약서를 행사한 점에 있어서도 동일한 논리가 적용됩니다.

살피건대 김갑인이 매수인 박병진 명의의 매매계약서를 위조하고 이를 행사하였다는 공소사실은 이미 확정된 매도인 최정오에 대한 약식명령과 동일한 사건으로 상상적 경합관계에 있어 기판력이 미칩니다.

3. 결 언

따라서 본 공소사실은 '확정판결이 있은 때'에 해당하므로 형사소송법 제326조 제1호에
따라 면소판결을 선고하여 주시기 바랍니다.

✎ 특가법상 위험운전치상죄로 기소되었으나 상상적 경합관계에 있는 도교법위반(업무상
과실재물손괴)죄로 확정된 약식명령이 있어 면소판결을 구하는 예시답안

〈예시답안 [2021]〉

1. 쟁 점

이을남은 본 공소사실에 대하여 자백하고 있습니다. 그런데 김을남에게는 도로교통법
위반으로 확정된 약식명령이 있으므로 면소사유인 '확정판결이 있은 때'에 해당하는지
가 쟁점입니다.

2. 도로교통법위반죄와 특가법위반죄의 동일성 여부

약식명령에 의하여 확정된 도로교통법위반(업무상과실재물손괴)죄와 특가법위반죄는
일시가 2020. 9. 20. 21:00경으로 동일하고, 장소가 서울 서초구 동광로 881에 있는 하
이마트 앞으로 동일하고, 방법도 전방에 신호 대기로 정차차고 있던 30노1225호 포터
화물차량을 뒷부분을 들이받았다는 것으로 동일합니다.

살피건대 약식명령으로 확정된 도로교통법위반죄는 본 특가법위반죄와 동일한 사건으
로 상상적 경합관계에 있어 기판력이 미칩니다.

3. 결 언

따라서 본 공소사실은 '확정판결이 있은 때'에 해당하므로 형사소송법 제326조 제1호에
따라 면소판결을 선고하여 주시기 바랍니다.

✎ 변호사법위반죄로 기소되었으나 상상적 경합관계에 있는 사기죄로 확정된 약식명령이
있어 면소판결을 구하는 예시답안

〈예시답안 [2016]〉

1. 쟁 점

김갑동은 자백하고 있습니다. 그런데 김갑동에게는 사기죄로 확정된 약식명령이 있으
므로 면소사유인 '확정판결이 있은 때'에 해당하는지가 쟁점입니다.

2. 사기죄와 변호사법위반죄의 동일성 여부

약식명령에 의하여 확정된 사기죄와 본 변호사법위반죄는 일시가 2013.5.7. 14 : 00 경
으로 동일하고, 장소가 목동빌라 302호로 동일하고, 방법도 피해자 왕근심에게 청탁조
로 500만원을 받았다는 점도 동일합니다.

> 살피건대 약식명령으로 확정된 사기죄는 본 변호사법위반죄와 동일한 사건으로 상상적
> 경합관계에 있어 기판력이 미칩니다.
>
> 3. 결 언
>
> 따라서 본 공소사실은 '확정판결이 있은 때'에 해당하므로 형사소송법 제326조 제1호에
> 따라 면소판결을 선고하여 주시기 바랍니다.

2. 사면이 있은 때

시험에서 '사면이 있은 때'는 출제하기 쉽지 않으므로 생략한다.

3. 공소의 시효가 완성되었을 때

시험에서 '공소의 시효가 완성되었을 때'는 출제가능성이 높은 사유이다. '공소의 시효가 완성되었을 때'의 쟁점을 발견하기 위해서는 먼저 범죄일시와 공소제기일시를 살펴보아 어느 정도의 기간의 차이가 있는 경우에 형법에서 범죄의 형량을 살펴보고 형사소송법 제249조를 참조하여 공소시효가 완성되었는지를 판단하여야 한다.

(1) 공소시효가 완성되어 면소판결을 구하는 예시답안

🖉 특수협박죄로 기소되었으나, 특수협박은 무죄가 되고 축소사실인 협박죄에 대하여 '공소시효가 완성되었을 때'에 해당하여 면소판결을 구하는 예시답안

> 〈예시답안〉
>
> 1. 공소시효완성의 검토
>
> 협박죄는 형법 제283조 제1항에 따라 법정형이 3년이하의 징역이고, 형사소송법 제249조 제1항 제5호에 의하면 공소시효는 5년입니다. 살피건대 이을남의 협박행위는 2009. 2.3.에 있었지만 검사는 2014.10.17.에 공소제기하였으므로 역수상 검사의 공소제기는 공소시효완성후의 공소제기임이 명백합니다.
>
> 2. 결 언
>
> 축소사실인 형법상의 협박죄는 '공소시효가 완성되었을 때'에 해당하므로 형사소송법 제326조 제3호에 의하여 면소판결의 선고를 주장할 수 있을 것입니다.

✎ 횡령죄에 대하여 '공소시효가 완성되었을 때'에 해당하여 면소판결을 구하는 예시답안

〈예시답안 [2021]〉

1. 쟁 점

김을남은 본 공소사실에 대하여 자백하고 있습니다. 그런데 법리상 본 사건은 2012. 7. 5. 경에 있었던 범행이므로 면소사유인 '공소시효가 완성되었을 때'에 해당하는지가 쟁점입니다.

2. 공소시효의 완성여부

횡령죄는 형법 제355조 제1항에 의하면 5년이하의 징역이고, 형사소송법 제249조 제1항 제4호에 의하면 공소시효는 7년입니다. 살펴건대 본 건 범행은 2012. 7. 5. 경에 있었지만 검사는 2020.11.30.에 공소제기하였으므로 역수상 검사의 공소제기는 공소시효 완성후의 공소제기임이 명백합니다.

3. 결 언

본 공소사실은 '공소시효가 완성되었을 때'에 해당하므로 형사소송법 제326조 제3호에 따라 면소판결을 선고하여 주시기 바랍니다.

✎ 점유이탈물횡령죄에 대하여 '공소시효가 완성되었을 때'에 해당하여 면소판결을 구하는 예시답안

〈예시답안 [2014]〉

1. 쟁 점

이을남은 본 공소사실에 대하여 자백하고 있습니다. 그런데 법리상 본 사건은 2008. 9. 말경에 있었던 범행이므로 면소사유인 '공소시효가 완성되었을 때'에 해당하는지가 쟁점입니다.

2. 공소시효의 완성여부

점유이탈물횡령죄는 형법 제360조 제1항에 의하면 1년이하의 징역이고, 형사소송법 제249조 제1항 제5호에 의하면 공소시효는 5년입니다. 살펴건대 본 건 범행은 2008. 9. 말경에 있었지만 검사는 2013.10.18.에 공소제기하였으므로 역수상 검사의 공소제기는 공소시효완성 후의 공소제기임이 명백합니다.

3. 결 언

본 공소사실은 '공소시효가 완성되었을 때'에 해당하므로 형사소송법 제326조 제3호에 따라 면소판결을 선고하여 주시기 바랍니다.

(2) 공소시효가 정지되지 않아 면소판결을 구하는 예시답안

  ✎. 수뢰죄에 대하여 '공소시효가 완성되었을 때'에 해당하여 면소판결을 구하는 예시답안

〈예시답안 [2024]〉

1. 쟁 점

김갑동은 본 공소사실에 대하여 부인하고 있으나, 그에 앞서 본 사건은 2016. 11. 25.에 있었던 범행이므로 면소사유인 '공소시효가 완성되었을 때'에 해당하는지가 쟁점입니다.

2. 공소시효의 완성여부

수뢰죄는 형법 제129조 제1항에 의하면 5년 이하의 징역이고, 형사소송법 제249조 제1항 제4호에 의하면 공소시효는 7년입니다. 따라서 공소시효의 완성일은 2016. 11. 25.에서 7년이 경과한 2023. 11. 25. 입니다.

살피건대 본 건 범행은 2016. 11. 25.에 있었지만, 검사는 2023. 11. 30.에 공소제기 하였으므로 역수상 검사의 공소제기는 공소시효완성 후의 공소제기임이 명백합니다.

3. 공소시효의 정지 인정 여부

본건에서 대향범인 이을남이 증뢰죄로 공소제기되어 확정판결을 받았으므로 김갑동의 공소시효가 정지되는지가 문제됩니다. 그러나 판례의 법리에 의하면 '형사소송법 제253조 제2항에서 말하는 '공범'에는 뇌물공여죄와 뇌물수수죄 사이와 같은 대향범 관계에 있는 자는 포함되지 않는다'고 합니다. 따라서 김갑동의 공소시효는 정지되지 않습니다.

4. 결 언

따라서 본 공소사실은 '공소시효가 완성되었을 때'에 해당하므로 형사소송법 제326조 제3호에 따라 면소판결이 선고될 것으로 판단됩니다.

---

4. 범죄후의 법령개폐로 형이 폐지되었을 때

시험에서 '범죄후의 법령개폐로 형이 폐지되었을 때'는 출제하기 쉽지 않으므로 생략한다.

Ⅲ. 제327조 공소기각판결 예시답안

> 제327조 (공소기각의 판결) 다음 경우에는 판결로써 공소기각의 선고를 하여야 한다.
> 1. 피고인에 대하여 재판권이 없는 때
> 2. 공소제기의 절차가 법률의 규정에 위반하여 무효인 때
> 3. 공소가 제기된 사건에 대하여 다시 공소가 제기되었을 때
> 4. 제329조의 규정에 위반하여 공소가 제기되었을 때
> 5. 고소가 있어야 죄를 논할 사건에 대하여 고소의 취소가 있은 때
> 6. 피해자의 명시한 의사에 반하여 죄를 논할 수 없는 사건에 대하여 처벌을 희망하지
>   아니하는 의사표시가 있거나 처벌을 희망하는 의사표시가 철회되었을 때

1. 피고인에 대하여 재판권이 없는 때

시험에서 '피고인에 대하여 재판권이 없는 때'는 출제하기 쉽지 않으므로 생략한다.

2. 공소제기의 절차가 법률의 규정에 위반하여 무효인 때

'공소제기의 절차가 법률의 규정에 위반하여 무효인 때'는 일반적인 규정으로서 그
예가 상당히 많다. 이곳에서는 출제가능성이 높은 쟁점에 대한 예시답안과 변호사시
험 기출문제에 대한 예시답안을 정리한다.

(1) 공소장일본주의의 위반이 있는 경우

공소장일본주의의 위반은 시험에 출제하기는 쉽지 않다. 왜냐하면 판례에 의하면
공소장일본주의의 위반이 있더라도 하자가 치유되기 때문이다. 따라서 아래에서는
공소장일본주의의 위반과 관련된 가장 기본적인 예시답안만을 정리한다.

✎ 음주운전으로 기소된 사안에서 동종의 음주운전의 전과를 기재하여 공소장일본주의의
위반으로 공소기각판결을 구하는 예시답안

〈예시답안〉

김갑동을 도교법위반(음주운전)죄로 기소한 공소장에 동종의 도교법위반(음주운전)죄에
대한 4회의 전과를 기재한 것은 예단을 줄 수 있는 기재로서 이는 공소장일본주의에 위배
됩니다. 따라서 본 공소사실에 대한 공소제기는 '공소제기절차가 법률의 규정에 위반하여
무효인 때'에 해당하므로 형사소송법 제327조 제2호에 따라 공소기각판결을 선고하여 주
시기 바랍니다.

(2) 친고죄에서 적법한 고소가 없는 경우

✎ 친고죄인 업무상비밀누설교사에서 적법한 고소가 없어 공소기각판결을 구하는 예시답안

〈예시답안〉

1. 친고죄의 적법한 고소가 없음

　김갑동은 본 공소사실에 대하여 자백하고 있지만, 업무상비밀누설죄는 형법 제318조에 의하여 친고죄이므로 이에 대한 적법한 고소가 있었는지가 쟁점입니다.

　살피건대 본건에 대하여 피해자인 한예슬은 수사 이전에 고소를 하지 않았고, 수사과정에서도 처벌의사를 밝히지 않았으므로 본 공소사실에 대해서는 적법한 고소가 없습니다.

2. 결 언

　본 공소사실에 대하여는 '공소제기절차가 법률의 규정에 위반하여 무효인 때'에 해당하므로 형사소송법 제327조 제2호에 따라 공소기각판결을 선고하여 주시기 바랍니다.

✎ 상대적 친고죄인 야간주거침입절도죄에서 적법한 고소가 없어 공소기각판결을 구하는 예시답안

〈예시답안 [2018]〉

1. 쟁 점

　이을남은 본 공소사실에 대하여 자백하고 있습니다. 그런데 이을남과 이동수는 동거하지 않는 4촌지간이므로 본 공소사실은 형법 제344조에 의하여 준용되는 제328조 제2항에 따라 친고죄이며, 이러한 친고죄에 있어 피해자 이동수의 적법한 고소가 있었는지가 쟁점입니다.

2. 고소의 요건에 대한 판례법리

　판례에 의하면 고소는 범죄의 피해자 기타 고소권자가 수사기관에 대하여 범죄사실을 신고하여 범인의 소추를 구하는 의사표시를 말하는 것으로서, 단순한 피해사실의 신고는 소추·처벌을 구하는 의사표시가 아니므로 고소가 아니라고 할 것이라고 합니다.

　본건에서 피해자 이동수는 수사 이전에 고소를 하지 않았고, 수사과정에서도 처벌의사를 밝히지 않았으므로 본 공소사실에 대해서는 적법한 고소가 없습니다.

3. 결 언

　본 공소사실에 대하여는 '공소제기절차가 법률의 규정에 위반하여 무효인 때'에 해당하므로 형사소송법 제327조 제2호에 따라 공소기각판결을 선고하여 주시기 바랍니다.

(3) 친고죄에서 고소가 있었지만 고소기간의 경과로 적법한 고소가 아닌 경우

✎ 친고죄인 모욕죄에서 범인을 알게된 날로부터 6개월이 지난 시점에서 고소하여 부적한 고소이므로 공소기각판결을 구하는 예시답안

〈예시답안 [2022]〉

1. 쟁 점

   피고인 이을녀는 본 공소사실에 대하여 자백하고 있습니다. 그러나 형법 제312조 제1항에 의하여 모욕죄는 친고죄이므로 적법한 고소가 있는지가 쟁점입니다.

2. 법리와 사안의 적용

   피해자 최고객이 이을녀가 모욕죄를 범했다는 것을 알게 된 일시는 범행 다음날인 2021.3.8.입니다. 그런데 형사소송법 제230조 제1항에 의하면 친고죄의 경우에는 범인을 알게 된 날로부터 6개월 이내에 고소를 하여야 하지만, 최고객이 이을녀를 고소한 것은 2021.3.8.부터 6개월이 지난 2021.9.13.이므로 이는 적법한 고소라고 할 수 없습니다.

3. 결 언

   본 공소사실에 대하여는 법률에 규정에 위반한 공소제기이므로 제327조 제2호에 따라 공소기각판결이 선고될 것으로 사료됩니다.

✎ 상대적 친고죄인 사기죄에서 범인을 알게된 날로부터 6개월이 지난 시점에서 고소하여 부적한 고소이므로 공소기각판결을 구하는 예시답안

〈예시답안〉

1. 쟁 점

   김갑동은 본 공소사실에 대하여 자백하고 있습니다. 그런데 김갑동과 이을남은 동거하지 않는 친족관계에 있으므로 형법 제354조, 형법 제328조 제2항에 의하여 친고죄에 해당하는바, 적법한 고소가 있었는지가 쟁점입니다.

2. 고소기간의 준수 여부

   이을남은 변제기간인 2011.4.11. 이후 거짓말을 하였다는 것을 알고 2011.5.8. 이를 추궁하는 과정에서 김갑동이 사기를 범했다는 것을 알았습니다. 그런데 형사소송법 제230조 제1항에 의하면 친고죄의 경우에는 범인을 알게 된 날로부터 6월내에 고소를 하여야 하지만, 이을남은 2012.4.11.에 고소를 하였으므로 이는 적법한 고소라고 할 수 없습니다.

3. 결 언

   본 공소사실에 대하여는 '공소제기절차가 법률의 규정에 위반하여 무효인 때'에 해당하므로 형사소송법 제327조 제2호에 따라 공소기각판결을 선고하여 주시기 바랍니다.

✎ 상대적 친고죄인 횡령죄에서 범인을 알게된 날로부터 6개월이 지난 시점에서 고소하여 부적한 고소이므로 공소기각판결을 구하는 예시답안

<예시답안>

가. 쟁 점

김갑동은 본 공소사실에 대하여 자백하고 있습니다. 그런데 김갑동과 이을남은 동거하지 않는 친족관계에 있으므로 형법 제361조, 형법 제328조 제2항에 의하여 친고죄에 해당하는바, 적법한 고소가 있었는지가 쟁점입니다.

나. 고소기간의 준수 여부

이을남은 2010.10.18. 등기부등본을 발급받았을 때 이미 김갑동이 횡령죄를 범했다는 것을 알았습니다. 그런데 형사소송법 제230조 제1항에 의하면 친고죄의 경우에는 범인을 알게 된 날로부터 6월내에 고소를 하여야 하지만, 이을남은 2011.5.28.에 고소를 하였으므로 이는 적법한 고소라고 할 수 없습니다.

다. 결 언

본 공소사실에 대하여는 '공소제기절차가 법률의 규정에 위반하여 무효인 때'에 해당하므로 형사소송법 제327조 제2호에 따라 공소기각판결을 선고하여 주시기 바랍니다.

✏️ 강도죄로 기소되었으나 강도죄의 협박에 해당하지 않아 무죄가 되고, 축소사실인 공갈죄가 상대적 친고죄인 경우에 범인을 알게된 날로부터 6개월이 지난 시점에서 고소하여 부적한 고소이므로 공소기각판결을 구하는 예시답안

<예시답안 [2014]>

1. 쟁 점

이을남은 본 공소사실을 인정하고 있습니다. 그런데 법리상 ① 이을남의 협박이 강도죄의 협박에 해당하는지 ② 공갈죄만 인정된다면 친족상도례의 적용으로 적법한 고소가 있었는지가 쟁점입니다.

2. 협박의 정도

판례에 의하면 강도죄의 협박은 상대방의 저항을 억압하거나 불가능하게 할 정도이어야 합니다. 그런데 사안에서 이을남이 김갑동에게 행사한 협박은 이에 이르지 못하므로 강도죄는 성립하지 않고 공갈죄만 인정되어야 합니다.

3. 축소사실인 공갈죄에 대한 친족상도례의 적용

축소사실인 이을남의 공갈죄는 김갑동이 사촌이므로 형법 제354조, 제328조 제2항에 의하여 상대적 친고죄에 해당하여 적법한 고소가 있어야 합니다. 그런데 형사소송법 제230조 제1항에 의하면 친고죄의 경우에는 범인을 알게 된 날로부터 6월내에 고소를 하여야 하지만, 김갑동은 2012.5.20.에 범인을 알게 되었으며 2013.6.3.에 고소를 하였으므로 이는 적법한 고소라고 할 수 없습니다.

4. 결 언

본 공소사실인 강도죄에 대하여는 무죄를 선고하여 주시고, 축소사실인 공갈죄에 대하여는 적법한 고소가 없어 '공소제기절차가 법률의 규정에 위반하여 무효인 때'에 해당하므로 형사소송법 제327조 제2호에 따라 공소기각판결을 선고하여 주시기 바랍니다.

✎. 횡령죄로 기소되었으나 상대적 친고죄인 경우에 범인을 알게된 날로부터 6개월이 지난 시점에서 고소하여 부적한 고소이므로 공소기각판결을 구하는 예시답안

〈예시답안 [2023]〉

가. 쟁 점

본 공소사실에 대하여 이을남은 자백하고 있습니다만, 이을남과 이금옥은 동거하지 않는 3촌의 친족관계에 있으므로 제361조에 의하여 준용되는 제328조 제2항에 따라 상대적 친고죄에 해당하므로 당 사건에서 적법한 고소가 있었는지가 쟁점입니다.

나. 법 리

친고죄의 경우 고소는 형사소송법 제230조 제1항에 따라 범인을 알게 된 날로부터 6월 내에 고소를 하여야 합니다. 그런데 본 사건에서 이금옥이 이을남의 횡령사실을 알게 된 것은 2022.2.17.경이지만, 고소는 이로부터 6월이 지난 2022.9.2.에 하였으므로 이는 적법한 고소가 아닙니다.

다. 결 언

따라서 본 공소사실에 대하여는 친고죄에 대하여 고소가 없이 공소가 제기된 경우로써 '공소제기절차가 법률의 규정에 위반하여 무효인 때'에 해당하므로 형사소송법 제327조 제2호에 따라 공소기각의 판결이 선고될 것으로 사료됩니다.

---

(4) 친고죄에서 고소의 추완이 있는 경우

친고죄에서 검사가 고소없이 공소를 제기하고 이후에 고소를 받아 이를 추완하는 고소의 추완을 판례는 인정하지 않으므로 고소의 추완이 있는 경우에는 공소기각판결의 선고를 구할 수 있다.

✎. 예비적 공소사실인 모욕죄에 대한 고소의 추완을 인정하지 않아 공소기각판결을 구하는 예시답안

〈예시답안 [2015]〉

1. 친고죄인 모욕죄의 고소의 추완의 부정

예비적 공소사실인 모욕죄는 형법 제312조 제1항에 의하여 친고죄입니다. 그런데 검사는 공소제기일인 2014년 10월 17일에 고소장을 제출한 바 없고, 2014년 12월 18일에 김

갑동이 고소를 하자 이를 바탕으로 2014년 12월 18일에 모욕죄를 예비적 공소사실로 추가하고 있습니다.

그러나 판례에 의하면 고소의 추완은 인정되지 않으므로 예비적 공소사실인 모욕죄에 대한 공소제기는 위법합니다.

2. 결 언

예비적 공소사실인 모욕죄에 대하여는 '공소제기절차가 법률의 규정에 위반하여 무효인 때'에 해당하므로 형사소송법 제327조 제2호에 따라 공소기각판결을 선고하여 주시기 바랍니다.

✎ 예비적 공소사실인 모욕죄에 대하여 고소의 추완을 인정하지 않아 공소기각판결을 구하는 예시답안

〈예시답안 [2023]〉

가. 쟁점

피고인 이을남은 본 공소사실에 대하여 자백하고 있습니다. 그러나 모욕죄는 형법 제312조 제1항에 의하여 모욕죄는 친고죄이므로 적법한 고소가 있는지가 쟁점입니다.

나. 장동향의 고소의 문제점

본 건을 가장 먼저 진정한 사람은 장동향입니다. 그런데 장동향은 피해자가 아니며 기타의 고소권자가 아닙니다. 따라서 장동향의 진정서 등은 적법한 고소가 될 수 없습니다.

다. 친고죄의 고소의 추완의 부정

사안에서 검사는 공소제기일인 2022년 11월 30일에 고소장을 제출한 바 없고, 2022년 12월 27일에 김갑동이 고소를 하자 이를 바탕으로 2022년 12월 28일에 고소장을 제출하고 있습니다. 그러나 판례에 의하면 고소의 추완을 허용하지 않으므로 모욕죄는 위법한 공소제기가 됩니다.

라. 결 언

따라서 본 공소사실에 대하여는 형사소송법 제327조 제2호에 의하여 공소기각판결의 선고를 구하는 주장을 할 수 있습니다.

✎ 상대적 친고죄인 절도죄에서 검사가 고소없이 공소를 제기한 후 고소를 추완하여 공소기각판결을 구하는 예시답안

〈예시답안〉

1. 쟁 점

김갑동은 본 공소사실에 대하여 자백하고 있습니다. 그런데 김갑동과 이삼숙은 동거하지 않는 친족관계에 있으므로 형법 제344조, 제328조 제2항에 의하여 친고죄에 해당하는바 적법한 공소제기가 있었는지가 쟁점입니다.

2. 고소의 추완의 불인정

검사는 2012.6.5.자로 공소를 제기한 후, 제1회 공판기일이 지난 후인 2012.7.7.에 이삼숙의 고소장을 법원에 제출하여 고소를 추완하고 있습니다. 그러나 판례에 의하면 고소의 추완은 인정되지 않으므로 적법한 공소제기가 있었다고 볼 수 없습니다.

3. 결 언

본 공소사실에 대하여는 '공소제기절차가 법률의 규정에 위반하여 무효인 때'에 해당하므로 형사소송법 제327조 제2호에 따라 공소기각판결을 선고하여 주시기 바랍니다.

(5) 친고죄에서 공소제기 전에 고소의 취소가 있는 경우

친고죄에서 공소제기 전에 고소의 취소가 있는 경우에는 제327조 제2호에 따라 공소기각판결을 구할 수 있다. 그러나 공소제기 이후에 고소의 취소가 있는 경우에는 제327조 제5호에 의한 공소기각판결을 구하게 된다.

✎ 상대적 친고죄인 절도죄에서 공소제기 전에 고소의 취소가 있어 공소기각판결을 구하는 예시답안

〈예시답안〉

1. 쟁 점

김갑동은 본 공소사실에 대하여 자백하고 있습니다. 그런데 김갑동과 이을남은 동거하지 않는 친족관계에 있으므로 형법 제344조, 제328조 제2항에 의하여 친고죄에 해당하는바 적법한 공소제기가 있었는지가 쟁점입니다.

2. 공소제기 전 고소의 취소

이을남은 2012.6.5.에 김갑동의 절도범행을 고소하였으나, 공소제기 전인 2012.7.7.에 고소를 취소하였습니다. 따라서 고소가 취소되었으므로 본 공소사실에 대하여는 적법한 공소제기가 있었다고 볼 수 없습니다.

3. 결 언

본 공소사실에 대하여는 '공소제기절차가 법률의 규정에 위반하여 무효인 때'에 해당하므로 형사소송법 제327조 제2호에 따라 공소기각판결을 선고하여 주시기 바랍니다.

(6) 반의사불벌죄에서 공소제기전에 처벌불원의 의사표시가 있는 경우

반의사불벌죄에서 공소제기전에 처벌불원의 의사표시가 있는 경우에는 제327조 제2호에 따라 공소기각판결을 구할 수 있다. 그러나 공소제기이후에 처벌불원의 의사표시가 있는 경우에는 제327조 제6호에 의한 공소기각판결을 구하게 된다.

✐ 공갈죄에서 공갈죄는 무죄가 되지만, 축소사실인 폭행부분에 대하여 공소제기 전에 처벌불원의 의사표시가 있어 공소기각판결을 구하는 예시답안

〈예시답안〉

1. 축소사실인 폭행의 점에 대하여

   본 공소사실에 포함되어 있는 폭행죄는 형법 제260조 제3항에 의하여 반의사불벌죄입니다. 이에 대하여 강기술은 공소제기 전인 2012. 9. 28.에 처벌불원의 의사를 표시하고 있으므로 폭행죄에 대하여는 형사소송법 제327조 제2호에 따라 공소기각판결을 선고하여 주시기 바랍니다.

✐ 교특법위반죄에서 제3조 제2항 본문에 의해 피해자의 처벌불원의 의사표시가 공소제기 전에 있어 공소기각판결을 구하는 예시답안

〈예시답안 [2012]〉

1. 쟁 점

   이달수는 공소사실을 모두 인정하고 있으나, 피해자 조범생이 교통사고처리특례법 제3조 제2항 단서 제6호의 '보행자'에 해당하는지가 쟁점입니다.

2. 보행자의 해당 여부

   도로교통법 제27조 제1항은 '모든 차의 운전자는 보행자(제13조의2 제6항에 따라 자전거에서 내려서 자전거를 끌고 통행하는 자전거 운전자를 포함한다)가 횡단보도를 통행하고 있을 때에는 보행자의 횡단을 방해하거나 위험을 주지 아니하도록 그 횡단보도 앞(정지선이 설치되어 있는 곳에서는 그 정지선을 말한다)에서 일시정지하여야 한다'라고 규정하고 있습니다.

   그런데 본 사건에 있어 조범생은 자전거를 타고 가다 사고를 당한 것이므로 위 규정의 반대해석상 보행자에 해당하지 않습니다. 따라서 이달수의 범행은 교특법 제3조 제2항 단서 제6호의 반의사불벌죄의 예외에 해당하지 않습니다.

3. 결 언

   본 공소사실은 교특법 제3조 제2항 본문에 따라 반의사불벌죄인바, 조범생은 공소제기 이전인 2011. 12. 16. 김갑동과 합의하여 처벌불원의 의사를 표시하였으므로 형사소송법 제327조 제2호에 따라 공소기각판결을 선고하여 주시기 바랍니다.

✐ 특가법위반(도주차량)죄는 무죄가 되지만, 축소사실인 교특법위반죄가 성립하는 경우에 종합보험에 가입되어 있어 공소기각판결을 구하는 예시답안

〈예시답안〉

김갑인은 교특법 제3조 제1항 위반의 점은 인정하고 있습니다. 그런데 김갑인은 종합보험에 가입되어 있어 교특법 제4조 제1항에 의해 검사는 공소를 제기할 수 없으므로 이에 대하여는 형사소송법 제327조 제2호에 따라 공소기각판결을 선고하여 주시기 바랍니다.

✎ 정통망법위반(명예훼손)죄에서 처벌불원의 의사표시가 있어 공소기각판결을 구하는 예시답안

〈예시답안〉

1. 쟁 점

   이을남은 본 공소사실에 대하여 자백하고 있습니다. 그러나 본 건에 대하여는 공소제기 전에 합의서가 제출되었으므로 공소제기가 적법한지가 쟁점입니다.

2. 합의서의 제출

   본건은 정통망법 제70조 제1항으로 공소제기되었으며, 동법 제70조 제3항에 의하여 반의사불벌죄입니다. 그런데 김갑동은 이을남과 공소제기 전인 2023.10.31. 합의하여 처벌불원의 의사를 표시하였습니다. 따라서 본건의 공소제기는 법률의 규정을 위반하여 무효입니다.

3. 합의금 미지급과 처벌불원의사의 관계

   김갑동은 법정에서 이을남이 합의금 200만 원을 지급하지 않았다고 하여 처벌불원의 의사표시를 철회하고 있습니다. 그러나 판례의 법리에 의하면 처벌불원의 의사표시를 한 후 합의금이 이행되지 않았다고 하여 처벌불원의 의사표시를 철회할 수 없다고 하고 있습니다. 따라서 김갑동이 법정에서 처벌불원의 의사표시를 철회하는 의사표시는 효력이 없습니다.

4. 결 론

   본 공소사실은 법률의 규정에 어긋난 공소제기로써 무효이므로 형사소송법 제327조 제2호에 의하여 공소기각판결을 선고하여 주시기 바랍니다.

(7) 고소의 주관적 불가분의 원칙 관련 고소의 적법성

   ✎ 상대적 친고죄 관계에 있는 두 명의 공범 중 1인에 대한 고소가 고소기간을 준수하지 못하여 다른 공범에게 공소기각판결을 구하는 예시답안

〈예시답안 [2021]〉

1. 쟁 점

본 공소사실에 대하여 김갑동은 자백하고 있지만, 법리상 김갑동에 대한 적법한 고소가 있었는지가 쟁점입니다. 본 공소사실에 대하여 피해자 김손해는 공동피고인 김을남을 고소하고 있지만, 김갑동은 고소하고 있지 않습니다. 그런데 김을남에 대한 고소가 적법하다면 고소의 주관적 불가분의 원칙에 따라 김갑동에게도 고소의 효력이 인정됩니다. 따라서 공범으로 기소된 김을남에 대한 고소가 유효한지가 쟁점입니다.

2. 적법한 고소 여부 - 고소기간의 준수여부

김손해가 김을남이 사기죄를 범했다는 것을 알게된 일시는 2020.4.22.입니다. 그런데 형사소송법 제230조 제1항에 의하면 친고죄의 경우에는 범인을 알게 된 날로부터 6개월 이내에 고소를 하여야 하지만, 김손해가 김을남을 고소한 것은 2020.4.22.부터 6개월이 지난 2020.10.26.이므로 이는 적법한 고소라고 할 수 없습니다.

따라서 김손해의 김을남에 대한 고소가 고소기간의 경과로 적법하지 않다면 김손해의 김갑동에 대한 고소는 없었다고 보아야 합니다.

3. 결 론

본 공소사실에 대하여는 친고죄에 대하여 고소가 없이 공소가 제기된 경우로써 '공소제기절차가 법률의 규정에 위반하여 무효인 때'에 해당하므로 형사소송법 제327조 제2호에 따라 공소기각의 판결이 선고될 것으로 사료됩니다.

✎ 상대적 친고죄 관계에 있는 두 명의 공범 중 1인에 대한 고소가 있었으나, 그 1인의 공범이 무죄가 되어 고소불가분의 원칙이 미치지 않아 다른 공범에게 공소기각판결을 구하는 예시답안

〈예시답안 [2021]〉

1. 쟁 점

본 공소사실에 대하여 피해자 김피해는 공범인 공동피고인 김을남을 적법하게 고소하고 있지만, 김을남에 대한 고소가 고소의 주관적 불가분의 원칙에 따라 김갑동에게 효력이 미치는지가 쟁점입니다.

2. 공범이 아님

본 공소사실인 사기죄에 대하여 김갑동과 김을남은 공동정범으로 기소되어 있습니다. 그런데 [2]의 변론요지서에서 살펴보듯이 김을남은 김갑동과 공모를 하지 않았으므로 공동정범으로 기소된 부분은 무죄가 선고되어야 합니다.

따라서 김갑동과 김을남은 공범이 아니므로 김을남에 대한 고소는 김갑동에게 효력이 미치지 않으므로 본 공소사실에 대하여는 적법한 공소제기가 없었다고 보아야 합니다.

3. 결 론

본 공소사실에 대하여는 친고죄에 대하여 고소가 없이 공소가 제기된 경우로써 '공소제기절차가 법률의 규정에 위반하여 무효인 때'에 해당하므로 형사소송법 제327조 제2호에 따라 공소기각의 판결이 선고될 것으로 사료됩니다.

⑻ 추가기소해야 할 사안을 공소장변경으로 추가한 경우

✎ 추가기소해야 할 사안을 공소장변경으로 추가한 경우에 공소기각판결을 구하는 예시답안

〈예시답안 [2019]〉

1. 쟁 점

본 공소사실에 대하여 김갑동은 자백하고 있습니다만, 법리상 검사가 공소장변경으로 본 공소사실을 추가한 것이 적법한지가 쟁점입니다.

2. 법리의 검토

판례의 법리에 의하면 포괄일죄의 관계에 있는 범행의 중간에 동종의 죄에 관한 확정판결이 있는 경우에는 그 확정판결에 의하여 원래 일죄로 포괄될 수 있었던 일련의 범행은 그 확정판결의 전후로 분리됩니다. 따라서 2018.10.25.에 범한 본 공소사실은 2018.10.23. 발령되고 2018.11.19. 확정된 상습폭행죄로 인하여 2018.10.22.에 범한 상습존속폭행죄와 분리되므로 공소장변경으로 본 공소사실을 추가하는 것이 아니라 추가기소가 필요합니다.

그런데 사안에서 검사는 추가기소를 하는 것이 아니라 공소장변경으로 본 공소사실을 추가하고 있으므로 이는 적법한 공소제기가 아닙니다.

3. 결 언

본 공소사실은 법률의 규정에 위반하여 무효인 공소제기이므로 형사소송법 제327조 제2호에 따라 공소기각의 판결을 구할 수 있을 것입니다.

3. 공소가 제기된 사건에 대하여 다시 공소가 제기되었을 때

시험에서 '공소가 제기된 사건에 대하여 다시 공소가 제기되었을 때'는 출제하기 쉽지 않으므로 생략한다.

4. 제329조의 규정에 위반하여 공소가 제기되었을 때

시험에서 '공소가 제기된 사건에 대하여 다시 공소가 제기되었을 때'는 출제하기 쉽지 않으므로 생략한다.

> ✏️ 〈형사소송법〉 제329조 (공소취소와 재기소) 공소취소에 의한 공소기각의 결정이 확정
> 된 때에는 공소취소후 그 범죄사실에 대한 다른 중요한 증거를 발견한 경우에 한하여
> 다시 공소를 제기할 수 있다.

5. 고소가 있어야 죄를 논할 사건에 대하여 고소의 취소가 있은 때

친고죄의 경우에 고소가 있어 적법하게 공소제기되었으나 제1심 판결선고전에 고소
가 취소된 경우에 제327조 제2호에 따라 공소기각판결의 선고를 구할 수 있다. 그러
나 고소의 취소가 공소제기 전에 이루어졌다면 제327조 제2호에 따라 공소기각판결
의 선고를 구할 수 있다.

> ✎ 친고죄인 사자명예훼손죄에서 공소제기 이후에 고소의 취소가 있어 공소기각판결을 구
> 하는 예시답안

〈예시답안 [2020]〉

1. 쟁 점

   김갑동은 본 공소사실에 대하여 자백하고 있지만, 법리상 ① 적법한 고소가 있는지 ②
   공소제기가 적법하게 유지될 수 있는지가 쟁점입니다.

2. 사자명예훼손죄는 친고죄

   본 공사사실인 사자명예훼손죄는 형법 제312조 제1항에 의하여 친고죄이므로 적법한
   고소가 있어야 합니다. 사자명예훼손죄의 경우에는 형사소송법 제227조에 따라 친족
   또는 자손이 고소할 수 있는바, 피해자의 배우자인 나부녀는 고소권이 있습니다. 그리
   고 고소는 독립된 조서를 요건으로 하지 않으므로 나부녀가 진술조서에서 처벌의 의사
   표시를 한 것은 적법한 고소입니다.

3. 합의서에 의한 고소의 취소

   피해자 나부녀는 공소제기 후인 2019.12.25. 김갑동과 합의하여 고소를 취소하였으므
   로 본 공소사실은 적법하게 유지될 수 없습니다.

4. 결 언

   본 공소사실은 형사소송법 제327조 제5호에 따라 공소기각판결이 선고될 것입니다.

> ✎ 친고죄인 사자명예훼손죄에서 공소제기 이후에 공범에 대한 고소의 취소가 있어 고소불
> 가분의 원칙에 따라 공소기각판결을 구하는 예시답안

〈예시답안 [2020]〉

1. 쟁 점

이을남은 본 공소사실을 인정하고 있습니다만 법리상 공소제기가 적법하게 유지될 수 있는지가 쟁점입니다.

2. 고소의 주관적 불가분의 원칙

본 공소사실은 형법 제312조 제1항에 의하여 친고죄입니다. 그러나 공범인 김갑동에 대한 적법한 고소가 있어 공소가 제기된 후 피해자의 배우자인 나부녀는 김갑동과 합의하여 고소를 취소하였습니다.

그리고 형사소송법 제233조에 의하면 공범인 김갑동에 대한 고소 또는 고소취소의 효과는 주관적 불가분의 원칙에 따라 피고인 이을남에게도 미치므로 이을남에 대한 공소제기는 적법하게 유지될 수 없습니다.

3. 결 언

본 공소사실에 대하여는 형사소송법 제327조 제5호에 따라 공소기각의 판결을 선고하여 주시기 바랍니다.

✏️ 상대적 친고죄인 절도죄에서 공소제기 이후에 고소의 취소가 있어 공소기각판결을 구하는 예시답안

〈예시답안〉

1. 쟁 점

김갑동은 본 공소사실에 대하여 자백하고 있습니다. 그런데 김갑동과 이을남은 동거하지 않는 친족관계에 있으므로 형법 제344조, 제328조 제2항에 의하여 친고죄에 해당하는바 공소가 적법하게 유지될 수 있는지가 쟁점입니다.

2. 공소제기 후 고소의 취소

이을남은 2012.6.5.자로 김갑동의 절도범행을 고소하였으나, 공소제기 후인 2012.11.1.에 고소를 취소하였습니다. 따라서 고소가 취소되었으므로 본 공소사실에 대한 공소는 적법하게 유지될 수 없습니다.

3. 결 언

본 공소사실에 대하여는 '고소가 있어야 죄를 논할 사건에 대하여 고소의 취소가 있는 때'에 해당하므로 형사소송법 제327조 제5호에 따라 공소기각판결을 선고하여 주시기 바랍니다.

6. 피해자의 명시한 의사에 반하여 죄를 논할 수 없는 사건에 대하여 처벌을 희망하지 아니하는 의사표시가 있거나 처벌을 희망하는 의사표시가 철회되었을 때

반의사불벌죄에서 공소제기 후에 처벌불원의 의사표시가 있는 경우에는 제327조 제6호에 따라 공소기각판결을 구할 수 있다. 그러나 공소제기 전에 처벌불원의 의사표시가 있는 경우에는 제327조 제2호에 의한 공소기각판결을 구하게 된다.

✎ 축소사실인 폭행죄에서 법정에서 피해자의 처벌불원의 의사표시가 있어 공소기각판결을 구하는 예시답안

〈예시답안 [2018]〉

이을남은 화장실에서 폭행한 사실은 자백하고 있지만, 폭행죄는 형법 제260조 제3항에 의하여 반의사불벌죄입니다. 그런데 피해자 장동근은 본 법정에 증인으로 출석하여 처벌불원의 의사표시를 표시하였으므로 형사소송법 제327조 제6호에 따라 공소기각판결을 선고하여 주시기 바랍니다.

✎ 축소사실인 폭행죄에서 법정에서 피해자의 처벌불원의 의사표시가 있어 공소기각판결을 구하는 예시답안

〈예시답안 [2023]〉

가. 쟁 점

본 공소사실에 대하여 이을남은 자백하고 있지만, 폭행죄는 제260조 제3항에 의하여 반의사불벌죄에 해당하므로 검사의 공소제기가 적법하게 유지될 수 있는지가 쟁점입니다.

나. 김피해의 처벌불원의 의사표시

본 공소사실에 대하여 피해자 김피해는 공소제기 이후인 2022.12.30. 합의서를 제출하여 이을남에 대한 처벌불원의 의사표시를 하였습니다. 따라서 검사의 공소제기는 적법하게 유지될 수 없습니다.

다. 결 언

따라서 폭행죄에 대하여는 형사소송법 제327조 제6호에 따라 공소기각판결을 구할 수 있을 것입니다.

✎ 교특법위반죄에서 제3조 제2항 본문에 의해 피해자의 처벌불원의 의사표시가 있어 공소기각판결을 구하는 예시답안

〈예시답안 [2012]〉

1. 쟁 점

이달수는 공소사실을 모두 인정하고 있으나, 피해자 조범생이 교통사고처리특례법 제3조 제2항 단서 제6호의 '보행자'에 해당하는지가 쟁점입니다.

2. 보행자의 해당 여부

도로교통법 제27조 제1항은 '모든 차의 운전자는 보행자(제13조의2 제6항에 따라 자전거에서 내려서 자전거를 끌고 통행하는 자전거 운전자를 포함한다)가 횡단보도를 통행하고 있을 때에는 보행자의 횡단을 방해하거나 위험을 주지 아니하도록 그 횡단보도 앞(정지선이 설치되어 있는 곳에서는 그 정지선을 말한다)에서 일시정지하여야 한다'라고 규정하고 있습니다. 그런데 본 사건에 있어 조범생은 자전거를 타고 가다 사고를 당한 것이므로 위 규정의 반대해석상 보행자에 해당하지 않습니다. 따라서 이달수의 범행은 교특법 제3조 제2항 단서 제6호의 반의사불벌죄의 예외에 해당하지 않습니다.

3. 결 언

본 공소사실은 교특법 제3조 제2항 본문에 따라 반의사불벌죄인바, 조범생은 본 사건 공소제기 이후인 2011.12.16. 이달수와 합의하면서 처벌불원의 의사를 표시하였으므로 형사소송법 제327조 제6호에 따라 공소기각판결을 선고하여 주시기 바랍니다.

✎ 정통망법 제70조 제3항에 의해 공소제기 후에 처벌불원의 의사표시가 있어 공소기각판결을 구하는 예시답안

〈예시답안〉

1. 쟁 점

김갑동은 본 공소사실을 모두 인정하고 있지만, 그런데 법리적으로 보아 적법한 공소제기가 유지될 수 있는지가 쟁점입니다.

2. 정통망법 제70조 제3항에 의한 반의사불벌죄

정통망법 제70조 제2항의 공소사실은 동법 제70조 제3항에 의하여 반의사불벌죄입니다. 살피건대 본 사건에서 최병녀는 공소가 제기된 이후인 2015.6.7. 법원에 처벌불원의 의사표시를 하였으므로 본 공소사실에 대한 공소제기는 적법하게 유지될 수 없습니다.

3. 결 언

본 공소사실에 대하여는 형사소송법 제327조 제6호에 의하여 공소기각의 판결을 선고하여 주시기 바랍니다.

✎ 정통망법 제70조 제3항에 의해 공소제기 후에 처벌불원의 의사표시가 있어 공소기각판결을 구하는 예시답안

> **〈예시답안 [2020]〉**
>
> 1. 쟁 점
>
>   김갑동은 본 공소사실에 대하여 자백하고 있지만, 법리상 검사가 공소제기한 본 공소사실이 적법하게 유지될 수 있는지가 쟁점입니다.
>
> 2. 반의사불벌죄와 처벌불원의 의사표시
>
>   본 공소사실은 정통망법 제70조 제3항에 의하여 반의사불벌죄입니다. 그런데 피해자 나부녀는 공소제기 후인 2019.12.25. 김갑동과 합의하여 처벌불원의 의사표시를 하였으므로 본 공소사실은 적법하게 유지될 수 없습니다.
>
> 3. 결 언
>
>   본 공소사실은 형사소송법 제327조 제6호에 따라 공소기각판결이 선고될 것입니다.

🖉 부정수표단속법 제2조 제4항에 의해 공소제기 후에 처벌불원의 의사표시가 있어 공소기각판결을 구하는 예시답안

> **〈예시답안 [2017]〉**
>
> 1. 쟁 점
>
>   김갑동은 본 공소사실에 대하여 자백하고 있습니다만, 적법한 공소가 유지될 수 있는지가 쟁점입니다.
>
> 2. 관련 법리
>
>   부수법 제2조 제4항에 따르면 부도수표를 회수하지 못하였더라도 수표 소지인의 명시적 의사에 반하는 경우 공소를 제기할 수 없도록하여 반의사불벌죄로 규정하고 있습니다.
>
>   살피건대 본 사건에서는 수표 소지인인 박병진이 공소제기 후인 제2회 공판기일에서 처벌불원의 의사를 표시하고 있으므로 적법한 공소가 유지될 수 없습니다.
>
> 3. 결 언
>
>   따라서 본 공소사실에 대하여는 형사소송법 제327조 제6호에 의하여 공소기각판결의 선고를 구하는 변론이 가능하다고 판단됩니다.

IV. 제323조 유죄판결 예시답안

1. 유죄 정상변론 예시답안

🖉 명예훼손죄의 구성요건에 해당하고, 법률의 착오에 해당하지만 정당한 이유가 인정되지 않아 정상변론을 구하는 예시답안

〈예시답안 [2023]〉(11점)

가. 쟁 점

본 공소사실에 대하여 이을남은 자백하고 있습니다. 그러나 ① 명예훼손죄의 구성요
건에 해당하는지 ② 제16조의 법률의 착오에 해당하는지 ③ 제16조의 정당한 이유에
해당하는지 등이 쟁점입니다.

나. 구성요건해당성에 대한 논의

판례의 법리에 의하면 이미 사회의 일부에 잘 알려진 사실이라고 하더라도 이를 적시
하여 사람의 사회적 평가를 저하시킬 만한 행위를 한 때에는 명예훼손죄를 구성한다고
한다고 합니다.

따라서 피고인 이을남이 향우회원 15명이 모인 자리에서 김갑동에게 "도박 전과자"라
는 사실을 적시하였으나, 이러한 사실을 향우회원들이 알고 있었던 경우에도 명예훼
손죄의 구성요건해당성이 인정됩니다.

다. 제16조의 적용에 대한 논의

피고인 이을남은 김갑동에게 "도박 전과자"라는 사실을 적시함에 있어, 그렇게 말하더
라도 법적으로 문제가 되지 않는다고 생각했다고 진술하고 있으므로 이는 법률의 착오
에 해당한다고 주장할 수 있습니다.

그러나 판례의 법리에 의하면 형법 제16조의 법률의 착오의 정당한 이유가 있는지 여부
는 행위자에게 자신의 지적능력을 다하여 이를 회피하기 위한 진지한 노력을 다하였는
지 여부에 따라 판단됩니다. 그런데 본 사건에서 이을남은 이러한 진지한 노력을 한 것
이 없으므로 정당한 사유에 해당하지 않아 제16조의 적용을 주장하기는 어렵습니다.

라. 결 언

본 공소사실은 유죄판결이 예상되므로 정상변론을 하여야 할 것으로 사료됩니다.

✎ **주거침입죄는 상습단순절도죄에 흡수되지 않아 정상변론을 구하는 예시답안**

〈예시답안 [2020]〉

1. 쟁 점

김갑동은 본 공소사실에 대하여 자백하고 있으나, 김갑동에게 상습절도에 대한 확정판
결이 있으므로 법리상 주거침입죄가 별도로 성립할 수 있는지가 쟁점입니다.

2. 판례의 법리

판례에 의하면 '상습으로 단순절도를 범한 범인이 상습적인 절도범행의 수단으로 주간
에 주거침입을 한 경우에 그 주간 주거침입행위의 위법성에 대한 평가가 형법 제332조,
제329조의 구성요건적 평가에 포함되어 있다고 볼 수 없다.'고 합니다.

본건의 경우에 2017.11.20.에 선고된 확정판결은 단순절도에 대한 상습절도로 확정된
것이므로 주거침입죄는 별도로 성립합니다.

3. 결 언

본 공소사실 대하여는 정상변론에 임해야 할 것입니다.

✎ 친족상도례의 부적용으로 정상변론을 구하는 예시답안

〈예시답안 [2020]〉

1. 쟁 점

김갑동은 본 공소사실에 대하여 자백하고 있지만, 법리상 ① 절도죄가 성립할 수 있는지 ② 친족상도례가 적용될 수 있는지가 쟁점입니다.

2. 절도죄의 성립

판례의 법리에 따르면 타인의 예금통장을 이용하여 현금자동지급기에서 예금을 인출하거나, 타인의 신용카드를 이용하여 현금자동지급기에서 현금서비스를 받는 경우에는 현금자동지급기 설치자의 의사에 반하므로 절도죄가 성립합니다.

3. 친족상도례의 부적용

본 공소사실의 피해자는 김갑동의 아버지인 김부자가 아니라 신한은행이므로 친족상도례는 적용되지 않습니다.

4. 결 언

본 공소사실에 대하여는 정상변론에 임해야 할 것입니다.

✎ 친족상도례의 부적용으로 정상변론을 구하는 예시답안

〈예시답안 [2023]〉

가. 친족상도례의 부적용

횡령죄의 경우 친족상도례가 적용되기 위해서는 범인과 피해물건의 소유자 및 위탁자 쌍방 사이에 같은 조문에 정한 친족관계가 있는 경우에만 적용됩니다. 따라서 본 건에 대하여는 친족상도례는 적용되지 않습니다.

나. 결 언

본 건에 대하여는 이을남이 자백하고 있으며, 보강증거도 있습니다. 따라서 본 건에 대하여는 유죄판결이 예상되므로 정상변론에 임해야 할 것으로 사료됩니다.

✎ 사기죄의 범의를 인정할 수 있다는 예시답안

〈예시답안 [2017]〉

1. 김갑동의 변소

   김갑동은 정고소에게 돈을 빌릴 당시에는 공연장사업의 전망이 좋으며 기존 고철 사업의 수금할 돈도 상당히 있어어 빌린 돈을 갚는데 문제가 없었으나, 그 후 이을남이 투자를 하지 않아 공연장 사업을 시행하지 못하고 제 때에 수금을 하지 못해서 정고소에 대한 차용금을 변제하지 못한 것이라고 진술하고 있습니다.

2. 객관적 판단

   가. 공연장 사업이 시행되지 못한 점

   김갑동은 박병서와 체결한 동업계약서에 따르면 2014.9.30.까지 7억 원을 공동사업 계좌에 입금하여야 하고, 이을남과의 투자약정서에 따르면 2014.9.30.까지 공연장 시설 완비를 조건으로 5억을 투자한다고 되어 있으므로 2014.9.30.까지는 김갑동이 별도로 7억원을 마련해야 하는 상황이었습니다.

   이러한 상황속에서 김갑동은 정고소에게 4억원을 빌렸으나 추가로 3억원을 더 빌려야 하는 상황임에도 불구하고 달리 자금을 마련할 방법이 없었으며, 그나마 빌린 4억원도 공연장사업에 쓰지 않고 3억 5천만 원은 개인적인 용도로 사용하고 4천 만원은 도박자금으로 사용하고 1천 만원은 이을남의 도박자금으로 유용하였으므로 공연장 사업을 하여 빌린 돈을 갚겠다는 진술은 신빙성이 없습니다.

   나. 고철 사업의 수금을 못한 점

   김갑동이 정고소에게 돈을 차용할 당시 고철 사업은 잘 안되고 있었으므로 돈을 수금하여 빌린 돈을 갚는다는 것은 신빙성이 없고, 실제로 수금된 금액도 1억원에 불과합니다.

3. 결 언

   본 공소사실에 대하여 김갑동에게 사기의 범의는 인정될 것으로 판단되므로 정상변론에 임해야 할 것입니다.

✎ 사망자 명의의 사문서위조죄도 성립한다는 예시답안

〈예시답안 [2016]〉

1. 쟁 점

   김갑동은 자백하고 보강증거도 있습니다만, 법리상 사망자명의의 사문서위조죄가 성립할 수 있는지가 쟁점입니다.

2. 판례의 법리

   종래 판례는 사자나 허무인명의로 작성된 사문서의 경우에는 사문서죄의 성립을 인정하지 않았으나, 최근의 전합판례를 통하여 사자나 허무인 명의의 사문서의 경우에도 사문죄의 성립을 인정하여 종전의 판례를 변경하였습니다.

3. 결 언

　본 공소사실은 이러한 판례의 법리에 따르면 법원은 유죄판결을 선고할 것이 예상되므로 본 공소사실은 정상변론으로 임해야 할 것입니다.

✎ 허무인 명의의 사문서위조죄도 성립한다는 예시답안

〈예시답안 [2021]〉

1. 쟁 점

　김갑동은 자백하고 보강증거도 있습니다만, 법리상 허무인 명의의 사문서위조죄가 성립할 수 있는지가 쟁점입니다.

2. 판례의 법리

　허무인 명의의 사문서에 대하여 사문서위조죄가 성립할 수 있는지에 대하여 판례는 '문서위조죄는 문서의 진정에 대한 공공의 신용을 그 보호법익으로 하는 것이므로 행사할 목적으로 작성된 문서가 일반인으로 하여금 당해 명의인의 권한 내에서 작성된 문서라고 믿게 할 수 있는 정도의 형식과 외관을 갖추고 있으면 문서위조죄가 성립하는 것이고, 위와 같은 요건을 구비한 이상 그 명의인이 실재하지 않는 허무인이거나 또는 문서의 작성일자 전에 이미 사망하였다고 하더라도 그러한 문서 역시 공공의 신용을 해할 위험성이 있으므로 문서위조죄가 성립한다고 봄이 상당하며, 이는 공문서뿐만 아니라 사문서의 경우에도 마찬가지라고 보아야 한다.'라고 하여 긍정설의 입장입니다.

3. 결 론

　본 공소사실은 이러한 판례의 법리에 따르면 사문서위조죄가 성립하므로 정상변론에 임해야 합니다.

✎ 상습도박죄가 성립한다는 예시답안

〈예시답안 [2023]〉

본 공소사실들에 대하여 김갑동은 자백하고 있습니다.

김갑동은 상습도박으로 인한 전과가 있기는 하지만, 최근 5년간 별도의 도박을 범하지 않았으며, 각 도박의 판돈이 30만 원에 불과하여 죄질이 중하지 않으며, 노모를 부양하며 공무원으로서 성실히 근무하고 있으며, 도박행위에 대하여 반성하고 있습니다.

이러한 점을 고려하시어 법이 허용하는 가장 관대한 처벌을 하여 주시기 바랍니다.

✎ 증언거부권이 인정되지 않아 위증죄가 성립한다는 예시답안

〈예시답안 [2024]〉

1. 쟁 점

김갑동은 본 공소사실에 대하여 자백하고 있으나, 증언거부권을 고지받지 못했다고 주장하고 있으므로 법리상 김갑동에게 증언거부권이 인정되는지가 쟁점입니다.

2. 판례의 법리

판례는 유죄의 확정판결을 받은 피고인은 공범의 형사사건에서 그 범행에 대한 증언을 거부할 수 없다고 판시하고 있습니다.

3. 사안의 적용

피고인 김갑동은 공동폭행에 대하여 2023. 4. 23. 판결이 확정된 사실이 있으므로 공범의 재판에서 증언거부권은 인정되지 않습니다. 따라서 김갑동이 법원의 증언거부권을 고지받지 못하고 위증하더라도 위증죄의 성립에 아무 영향이 없습니다.

4. 결 언

본 공소사실에 대하여는 유죄가 선고될 것이 예상되므로 정상변론에 임해야 할 것입니다.

✎ 공소시효 미완성을 가장하면 무고죄가 성립한다는 예시답안

〈예시답안 [2017]〉

1. 쟁 점

김갑동은 고소한 사실은 있다고 인정하고 있습니다만, 법리적으로 ① 무고의 범의가 인정될 수 있는지 ② 공소시효완성 후의 고소가 무고죄가 성립되는지가 문제됩니다.

2. 무고죄의 범의 인정 여부

김갑동은 자신이 차용증을 작성하지 않았다는 점으로 항변을 하고 있습니다만, 김갑동의 처인 나부인이 이를 작성했을 수도 있다는 점을 검찰단계에서 진술하고 있으므로 판례의 태도에 따르면 허위의 사실을 신고한 범의는 부인하기 어렵습니다.

3. 공소시효 미완성 가장

　가. 판례의 법리

　　판례에 의하면 객관적으로 고소사실에 대한 공소시효가 완성되었더라도 고소를 제기하면서 마치 공소시효가 완성되지 아니한 것처럼 고소한 경우에는 국가기관이 직무를 그르칠 염려가 있으므로 무고죄를 구성한다고 하고 있습니다.

　나. 사안의 적용

　　김갑동은 2016.8.16.에 고소한 고소장에는 2012.9.10.경에 차용증을 위조하였다고 고소하였으나 경찰에서의 진술에서는 차용증의 날짜는 2008.9.10.이었다고 하고 있습니다. 따라서 사문서위조죄의 공소시효가 완성된 사실을 미완성의 사실로 고소하였으므로 무고죄가 성립합니다.

4. 자백으로 인한 필요적 감면

김갑동은 경찰에서 공소시효완성사실을 미완성사실로 고소했다는 점을 자백하고 있습니다. 이는 형법 제157조, 제153조에 의한 필요적 감면사유에 해당합니다.

5. 결 언

김갑동의 무고죄의 공소사실은 유죄판결이 예상되지만, 정상변론을 하면서 필요적인 감면을 주장할 수 있습니다.

✎ 음주운전죄로 공소제기되었으나, 법률의 변경에 의하여 가벼운 음주운전죄로 된다는 예시답안

〈예시답안 [2024]〉

1. 쟁 점

김갑동은 본 공소사실에 대하여 자백하고 있으나, 본 범행 이후 도교법이 개정되었으므로 검사가 공소제기한 도교법 제148조의2 제3항 제3호, 제44조 제1항이 그대로 적용될 수 있는지가 쟁점입니다.

2. 도교법의 개정

2020. 6. 9. 개정된 도교법에서는 전동킥보드와 같은 '개인형 이동장치' 음주운전 행위는 자동차 등 음주운전 행위를 처벌하는 제148조의2의 적용 대상에서 제외되고, 자전거 등 음주운전 행위를 처벌하는 제156조 제11호가 적용되게 되었으며, 이에 대한 별도의 경과규정은 두지 않고 있습니다.

3. 판례의 법리

본건과 같이 경과규정을 별도로 두지 않은 경우에 판례는 범죄의 성립과 처벌에 관하여 규정한 형벌법규 자체 또는 그로부터 수권 내지 위임을 받은 법령의 변경에 따라 범죄를 구성하지 아니하게 되거나 형이 가벼워진 경우에는, 종전 법령이 범죄로 정하여 처벌한 것이 부당하였다거나 과형이 과중하였다는 반성적 고려에 따라 변경된 것인지 여부를 따지지 않고 원칙적으로 형법 제1조 제2항과 형사소송법 제326조 제4호가 적용된다고 판시하고 있습니다.

4. 결 언

본 공소사실에 대하여는 형법 제1조 제2항의 적용으로 개정 전의 도교법이 아닌 개정 후의 도교법 제156조 제11호가 적용되어 20만 원 이하의 벌금이나 구류 또는 과료로 처벌되게 될 것입니다. 따라서 이에 대한 정상변론에 임하여야 할 것입니다.

✏️ 교특법 제3조 제2항 단서에 해당하여 공소제기 된다는 예시답안

〈예시답안 [2022]〉

1. 쟁 점

   본 공소사실에 대하여 이을녀는 자백하고 있고, 종합보험에 가입하고 있으므로 공소기 각판결을 구할 사유가 있으나 교특법 제3조 제2항 제9호의 보도침범의 예외에 해당하 는지가 쟁점입니다.

2. 도교법 제13조의 규정

   도교법 제13조 제1항과 제2항에 따르면 차마의 운전자는 도로 외의 곳으로 출입할 때에 는 보도를 횡단하여 통행할 수 있지만, 보도를 횡단하기 직전에 일시정지하여 좌측과 우측 부분 등을 살핀 후 보행자의 통행을 방해하지 아니하도록 횡단하여야 한다고 하고 있습니다.

   그런데 피해자 고은아의 진술조서에 의하면 보도를 걸어가던 중 갑자기 아반떼 승용차 가 보도를 침범하여 갑자기 자신을 충격하였다고 하고 있으므로 이을녀는 일시정지 의 무를 준수하였다고 볼 수 없어 교특법 제3조 제2항 제9호에 해당합니다.

3. 소 결

   본 공소사실은 교특법 제3조 제2항 제9호에 해당하는 예외사유가 있으므로 비록 이을 녀가 종합보험에 가입하였다고 하더라도 검사는 공소제기를 할 것이며, 이에 대하여 정 상변론하여야 할 것으로 사료됩니다.

✏️ 도주차량죄는 무죄이나, 축소사실인 교특법위반죄로 공소제기 된다는 예시답안

〈예시답안 [2017]〉

1. 쟁 점

   김갑동은 도주의 범의를 부인하고 있으므로 검찰이 제출한 증거에 의하여 김갑동의 교 통사고후 도주행위가 증명될 수 있는지가 쟁점입니다.

2. 사고 후 필요한 조치의 내용

   교통사고 후 조치가 필요한 경우에는 운전자는 ① 사고가 발생한 즉시 정차하거나 부수 적으로 교통의 위험이 초래되는 등의 사정이 없는 한 즉시 가까운 곳에 정차하여(즉시정 차의무) ② 피해자를 구출하거나 응급조치를 하거나 구급차의 출동을 요구하거나 피해 자를 병원까지 후송하는 등 피해자를 구호하고(구호의무) ③ 피해자나 경찰관 등 교통 사고와 관련있는 사람에게 사고운전자의 신원을 밝혀야 한다(신원확인의무).

3. 사안의 적용

   김갑동은 ① 사고직후 즉시 정차하였으며 ② 동승자인 이을남이 112신고를 하자, 이을

남에게 피해자를 병원으로 데리고 가라고 하면서 피해자를 부축하여 택시를 태워 보내 구호의무를 이행하였으며 ③ 피고인이 비록 사고 후 5분정도가 지나 집에 가기는 하였으나, 그 사이에 도착한 처 나부인에게 경찰관에게 김갑동의 인적사항을 진술하도록 하여 신원확인의무도 이행하였으므로 도주에 해당하지 않습니다.

4. 축소사실로서의 교특법 위반

   가. 논의점

   김갑동이 특가법위반의 점이 무죄라고 하더라도 축소사실인 교특법 제3조 제1항 위반죄가 성립합니다. 그런데 김갑동은 종합보험에 가입하고 있어 원칙적으로 교특법 제4조 제1항에 의한 반의사불벌죄의 처벌불원의 의사가 있는 것으로 의제되지만, 교특법 제3조 제2항 단서 제2호 중앙선침범의 예외규정 해당여부가 문제됩니다.

   나. 판례의 법리

   판례는 신호등이 설치되어 있지 아니한 횡단보도를 통로로 하여 반대차선으로 넘어 들어가다 충돌사고가 발생한 경우에는 중앙선침범에 해당한다고 판시하고 있습니다. 따라서 본 교통사고의 경우에도 중앙선침범에 해당하고 이는 사고의 직접적인 원인이 되었으므로 김갑동의 행위는 교특법 제3조 제2항 단서 제2호 소정의 중앙선침범 사고에 해당합니다.

   다. 결 언

   축소사실인 교특법 제3조 제1항위반의 죄에 대하여는 교특법 제3조 제2항 단서 제2호 소정의 중앙선침범사고에 해당하므로 정상변론을 하여야 할 것입니다.

✐ 부도수표 금액을 공탁하고 소지자가 수령해도 공소제기 된다는 예시답안

〈예시답안 [2017]〉

1. 쟁 점

   이을남은 정고소에게 500만원을 공탁하였고 정고소가 500만원을 수령한 사실이 이을남에 대하여 어떠한 법적 효과가 있는지가 쟁점됩니다.

2. 판례의 법리

   판례는 액면금액 상당의 돈을 수표소지인 앞으로 변제공탁하여 수표소지인이 이를 수령하였다는 것만으로는 부수법 제2조 제4항에서 공소제기를 할 수 없는 사유에 해당한다고 할 수 없다고 하고 있습니다.

3. 결 언

   따라서 본 공소사실에 대하여는 공소기각판결을 구할 수 없으므로 공탁 등을 사유로 하는 정상변론에 임해야 할 것입니다.

2. 형면제 판결 예시답안

✎ 친족상도례의 적용으로 형면제 판결을 구하는 예시답안

〈예시답안 [2016]〉

1. 쟁 점

김갑동은 자백하고 있습니다만, 법리적으로 ① 자기명의로 등록된 차량에 대한 절도죄가 성립하는지 ② 친족상도례의 적용으로 처벌가능한지가 쟁점입니다.

2. 절도죄의 성립여부 – 재판장의 석명사항

가. 판례의 법리

판례는 원칙적으로 자동차의 등록명의자가 소유자가 되지만 예외적으로 당사자 사이에 소유권을 등록명의자 아닌 자가 보유하기로 약정하였다는 등의 특별한 사정이 있는 경우에는 그 내부관계에 있어서는 등록명의자 아닌 자가 소유권을 보유하게 된다고 판시하고 있습니다.

나. 사안의 적용과 .결언

본 사건의 포르쉐 승용차는 김갑동의 명의로 등록되어 있으나 김갑동이 재산분할 명목으로 증여한 것이므로 그 소유권은 나부자에게 있습니다. 따라서 김갑동이 나부인의 포르쉐 승용차를 몰래 가져온 것은 절도죄에 해당합니다.

3. 친족상도례의 적용과 결언

김갑동과 피해자 나부자는 법률적으로는 배우자입니다. 따라서 김갑동에게 절도죄가 성립한다고 하더라도 형법 제344조에 의하여 준용되는 친족상도례 규정인 제328조 제1항에 따라 형면제판결의 선고를 주장할 수 있을 것입니다.

✎ 친족상도례의 적용으로 형면제 판결을 구하는 예시답안

〈예시답안 [2020]〉

1. 쟁 점

본 공소사실에 대하여 김갑동은 자백하고 있으나, 법리상 절도죄로 처벌될 수 있는지가 쟁점입니다.

2. 친족상도례의 법리

본건에서 김갑동은 아버지인 김부자의 예금통장을 사용하여 예금을 인출하여 반환하고 있습니다. 판례에 따르면 이러한 경우에 예금통장 자체가 가지는 예금액 증명기능의 경제적 가치에 대한 불법영득의 의사를 인정할 수 있으므로 절도죄가 성립합니다. 그러나 김갑동은 김부자와 직계혈족관계에 있으므로 제344조에 의하여 준용되는 제328조 제1항에 의하여 그 형이 면제됩니다.

3. 결 언

따라서 본 공소사실에 대하여는 불법영득의 의사가 인정되어 절도죄가 성립하지만, 친족상도례의 적용으로 그 형이 면제될 것입니다.

V. 기타 작은 배점 문제 예시답안

✎ 공범종속성의 원칙상 정범이 무죄인 경우에 교사범도 무죄라는 예시답안

〈예시답안 [2022]〉

법리적으로 검토하여보면 김갑동의 변론요지서에서 살펴본 바와 같이 김갑동은 오순진을 살해한 점에 대하여는 무죄판결을 선고될 것입니다. 그렇다면 공범종속성의 원칙에 따라 이을녀의 살인교사의 점도 무죄가 선고되어야 할 것입니다.

✎ 교사의 특정성이 인정되지 않아 교사범이 성립하지 않는다는 예시답안

〈예시답안 [2012]〉

김토건에 대한 특수강도교사가 증명되지 않는 경우에 축소사실로서 강도의 교사가 문제될 수 있습니다. 그러나 김토건이 이달수에게 박대우에 대한 채권을 '확실히 받아오라'고 말한 것으로는 교사의 특정성을 인정할 수 없기에 강도교사도 인정될 수 없습니다.

✎ 교사의 이탈을 부정하여 정상변론하는 예시답안

〈예시답안 [2018]〉

1. 김갑동의 교사에서의 이탈 주장

본 공소사실에 대하여 김갑동은 교사가 인정되더라도 절취전에 만류를 하였으므로 교사범이 성립될 수 없다고 주장하고 있습니다.

2. 판례 법리

판례에 의하면 교사범이 그 공범 관계로부터 이탈하기 위해서는 피교사자가 범죄의 실행행위에 나아가기 전에 교사범에 의하여 형성된 피교사자의 범죄 실행의 결의를 해소하는 것이 필요하고, 이때 교사범이 피교사자에게 교사행위를 철회한다는 의사를 표시하고 이에 피교사자도 그 의사에 따르기로 하거나 또는 교사범이 명시적으로 교사행위를 철회함과 아울러 피교사자의 범죄 실행을 방지하기 위한 진지한 노력을 다하여 당초 피교사자가 범죄를 결의하게 된 사정을 제거하는 등 제반 사정에 비추어 객관적·실질적으로 보아 교사범에게 교사의 고의가 계속 존재한다고 보기 어렵고 당초의 교사행위에 의하여 형성된 피교사자의 범죄 실행의 결의가 더 이상 유지되지 않는 것으로 평가할 수 있어야 합니다.

따라서 본 건에서 김갑동이 이을남에게 문자메세지로 '지난 번 한 말은 다 잊어라'라고 말한 것만으로는 교사에서의 이탈은 인정되지 않습니다.

3. 결 언

본 공소사실은 교사에 대한 점이 증명될 것이므로 정상변론에 임해야 할 것으로 판단됩니다.

✎ 위조사문서행사죄의 공동정범으로 기소되었으나 공소장변경 없이 위조사문서행사죄의 간접정범으로 인정할 수 있다는 예시답안

〈예시답안 [2021]〉

1. 위조사문서행사죄의 간접정범의 성립

본 공소사실에 대하여는 아래 [2] 김을남의 변론요지서에서 살펴보듯 김을남은 투자확약서가 위조된 정을 모르고 이를 김피해와 김손해에게 제시하고 있으며, 김갑동은 이와 같이 위조사문서행사의 고의가 없는 김을남을 이용하여 위조사문서행사를 범하게 하고 있으므로 위조사문서행사죄의 간접정범이 성립합니다.

2. 공소장변경 불요

공소장변경 요부에 대한 기준에 대하여 판례는 사실기재설에 따라 법정형이 동일하거나 경한 죄로의 법적 평가를 달리하는 경우에는 원칙적으로 피고인의 방어권행사에 실질적 불이익을 초래하지 않으므로 공소장변경을 요하지 않는다고 하고 있습니다.

본 공소사실과 같이 공동정범으로 기소된 사안에 대하여 간접정범은 정범과 동일한 형 또는 그보다 감경된 형으로 처벌되는 점 등에 비추어 볼 때, 공소장 변경 없이 직권으로 간접정범 규정을 적용하였더라도 피고인의 방어권 행사에 실질적인 불이익을 초래하였다고 할 수는 없습니다.

3. 본 공소사실에 적용

이러한 법리에 따르면 본 공소사실에 대하여는 김갑동에게는 위조사문서행사죄의 간접정범이 성립하며, 법원은 공소장의 변경없이 유죄판결을 선고할 수 있습니다.

✎ 사문서변조에서 사문서위조로의 공소장변경 등에 대한 예시답안

〈예시답안 [2015]〉

1. 서 언

이을남은 범행을 부인하고 있습니다만, 검사의 공소제기에는 죄명과 피해자 등에 문제가 있어 법원이 석명권을 발동하였으므로 이에 대한 검사의 조치와 이에 대한 법원의 판단 등에 대하여 검토합니다.

2. 증명된 사실

박고소가 이을남에게 3억원의 차용을 위임하였으나 이을남이 황금성에게 6억을 차용한 사실은 ① 박고소가 3억원의 차용을 위임하였다는 일관된 진술이 있는 점 ② 박고소는 당일 3억원을 받고 이에 대하여 이을남에게 이의를 제기하지 않은 점 ③ 이을남이 금액란을 6억원으로 채워넣었음을 검찰에 이르러 자백한 점 ④ 이을남은 5억 5천을 송금하였다고 하였다가 3억만 송금하고 2억 5천만원은 현금으로 지급했다고 하여 진술의 일관성이 없는점 ⑤ 이을남의 금융거래내역에서 황금성에게 5억 5천만원을 받았으나 박고소에게 3억을 송금하고 2억 5천만원이 그대로 남아있었다는 점 ⑥ 현금으로 지급하였다는 2억 5천만원에 대한 객관적인 물증이 없다는 점에서 증명되었다고 판단됩니다.

3. 검사의 의율변경

가. 사문서변조와 변조사문서행사죄에 대하여

판례에 의하면 보충권을 초월하여 사문서를 작성한 경우에는 사문서위조죄가 성립합니다. 따라서 검사는 사문서위조 및 위조사문서행사죄로 공소장변경을 신청할 것입니다.

나. 사기죄에 대하여

(1) 판례의 법리와 죄명의 변경

판례에 의하면 위임받은 범위를 초과한 금액의 대출의뢰를 받은 것처럼 사채업자를 속여 돈을 대출받은 경우에는 교부받은 돈 전부를 편취액으로 보고 있습니다. 따라서 검사는 형법상의 사기죄에서 특경법위반(사기)으로 공소장변경을 신청할 것입니다.

(2) 피해자의 변경

검사는 사기죄의 피해자를 박고소로 지정하였지만, 사건의 전개과정으로 보면 피고인 이을남이 황금성을 기망하였으므로 피해자를 황금성으로 하는 공소장변경을 신청할 것입니다.

4. 법원의 판단

검사의 위와 같은 공소장변경신청에 대하여 법원은 공소사실의 동일성이 인정되는 사안이므로 공소장변경을 허가할 것입니다.

5. 결 언

이을남의 공소사실이 사문서위조와 동행사죄 및 특경법위반(사기)의 공소사실로 변경된다고 하더라도 위에서 살펴본 바와 같이 관련증거에 의하여 증명될 것으로 보이므로 이을남의 변호는 유죄를 인정하며 정상변론을 하여야 할 것입니다.

VI. 공소시효와 친고죄 및 반의사불벌죄 관련 조문 정리

1. 공소시효와 관련된 형사소송법 조문

제249조 (공소시효의 기간) ① 공소시효는 다음 기간의 경과로 완성한다.
1. 사형에 해당하는 범죄에는 25년
2. 무기징역 또는 무기금고에 해당하는 범죄에는 15년
3. 장기10년이상의 징역 또는 금고에 해당하는 범죄에는 10년
4. 장기10년미만의 징역 또는 금고에 해당하는 범죄에는 7년
5. 장기5년미만의 징역 또는 금고, 장기10년이상의 자격정지 또는 벌금에 해당하는 범죄에는 5년
6. 장기5년이상의 자격정지에 해당하는 범죄에는 3년
7. 장기5년미만의 자격정지, 구류, 과료 또는 몰수에 해당하는 범죄에는 1년
② 공소가 제기된 범죄는 판결의 확정이 없이 공소를 제기한 때로부터 25년을 경과하면 공소시효가 완성한 것으로 간주한다.

✎ 시험출제빈도가 가장 높은 부분은 제249조 제1항 4호와 5호이므로 이 부분을 정확히 기억하여야 한다.

2. 형법 조문 정리

(1). 친고죄 조문 정리

1) 사자명예훼손죄와 모욕죄

제312조 (고소와 피해자의 의사) ① 제308조와 제311조의 죄는 고소가 있어야 공소를 제기할 수 있다.

제308조 (사자의 명예훼손) 공연히 허위의 사실을 적시하여 사자의 명예를 훼손한 자는 2년 이하의 징역이나 금고 또는 500만원 이하의 벌금에 처한다.

제311조 (모욕) 공연히 사람을 모욕한 자는 1년 이하의 징역이나 금고 또는 200만원 이하의 벌금에 처한다.

2) 비밀침해죄와 업무상비밀누설죄

제318조 (고소) 본장의 죄는 고소가 있어야 공소를 제기할 수 있다.

제316조 (비밀침해) ① 봉함 기타 비밀장치한 사람의 편지, 문서 또는 도화를 개봉한 자는 3년 이하의 징역이나 금고 또는 500만원 이하의 벌금에 처한다.
② 봉함 기타 비밀장치한 사람의 편지, 문서, 도화 또는 전자기록등 특수매체기록을 기술적 수단을 이용하여 그 내용을 알아낸 자도 제1항의 형과 같다.

제317조 (업무상비밀누설) ① 의사, 한의사, 치과의사, 약제사, 약종상, 조산사, 변호사, 변리사, 공인회계사, 공증인, 대서업자나 그 직무상 보조자 또는 차등의 직에 있던 자가 그 직무처리중 지득한 타인의 비밀을 누설한 때에는 3년 이하의 징역이나 금고, 10년 이하의 자격정지 또는 700만원 이하의 벌금에 처한다.
② 종교의 직에 있는 자 또는 있던 자가 그 직무상 지득한 사람의 비밀을 누설한 때에도 전항의 형과 같다.

3) 친족상도례 일반

제328조 (친족간의 범행과 고소) ① 직계혈족, 배우자, 동거친족, 동거가족 또는 그 배우자간의 제323조의 죄는 그 형을 면제한다.
② 제1항이외의 친족간에 제323조의 죄를 범한 때에는 고소가 있어야 공소를 제기할 수 있다.
③ 전2항의 신분관계가 없는 공범에 대하여는 전2항을 적용하지 아니한다.

제344조 (친족간의 범행) – 절도죄
제328조의 규정은 제329조 내지 제332조의 죄 또는 미수범에 준용한다.

제354조 (친족간의 범행, 동력) – 사기죄와 공갈죄
제328조와 제346조의 규정은 본장의 죄에 준용한다.

제361조 (친족간의 범행, 동력) – 횡령죄와 배임죄
제328조와 제346조의 규정은 본 장의 죄에 준용한다.

4) 친족상도례의 장물죄의 특칙

제365조 (친족간의 범행) ① 전3조의 죄를 범한 자와 피해자간에 제328조제1항, 제2항의 신분관계가 있는 때에는 동조의 규정을 준용한다.
② 전3조의 죄를 범한 자와 본범간에 제328조제1항의 신분관계가 있는 때에는 그 형을 감경 또는 면제한다. 단, 신분관계가 없는 공범에 대하여는 예외로 한다.

제362조 (장물의 취득, 알선등) ① 장물을 취득, 양도, 운반 또는 보관한 자는 7년 이하의 징역 또는 1천500만원 이하의 벌금에 처한다.
② 전항의 행위를 알선한 자도 전항의 형과 같다.

제363조 (상습범) ① 상습으로 전조의 죄를 범한 자는 1년 이상 10년 이하의 징역에 처한다.
② 제1항의 경우에는 10년 이하의 자격정지 또는 1천500만원 이하의 벌금을 병과할 수 있다.

제364조 (업무상과실, 중과실) 업무상과실 또는 중대한 과실로 인하여 제362조의 죄를 범한 자는 1년 이하의 금고 또는 500만원 이하의 벌금에 처한다.

(2) 반의사불벌죄

1) 명예훼손죄와 출판물에 의한 명예훼손죄

제312조 (고소와 피해자의 의사) ② 제307조와 제309조의 죄는 피해자의 명시한 의사에 반하여 공소를 제기할 수 없다.

제307조 (명예훼손) ① 공연히 사실을 적시하여 사람의 명예를 훼손한 자는 2년 이하의 징역이나 금고 또는 500만원 이하의 벌금에 처한다.
② 공연히 허위의 사실을 적시하여 사람의 명예를 훼손한 자는 5년 이하의 징역, 10년 이하의 자격정지 또는 1천만원 이하의 벌금에 처한다.

제309조 (출판물등에 의한 명예훼손) ① 사람을 비방할 목적으로 신문, 잡지 또는 라디오 기타 출판물에 의하여 제307조제1항의 죄를 범한 자는 3년 이하의 징역이나 금고 또는 700만원 이하의 벌금에 처한다.
② 제1항의 방법으로 제307조제2항의 죄를 범한 자는 7년 이하의 징역, 10년 이하의 자격정지 또는 1천500만원 이하의 벌금에 처한다.

2) 폭행죄

제260조 (폭행, 존속폭행) ① 사람의 신체에 대하여 폭행을 가한 자는 2년 이하의 징역, 500만원 이하의 벌금, 구류 또는 과료에 처한다.
② 자기 또는 배우자의 직계존속에 대하여 제1항의 죄를 범한 때에는 5년 이하의 징역 또는 700만원 이하의 벌금에 처한다.
③ 제1항 및 제2항의 죄는 피해자의 명시한 의사에 반하여 공소를 제기할 수 없다.

3) 과실치상죄

제266조 (과실치상) ① 과실로 인하여 사람의 신체를 상해에 이르게 한 자는 500만원 이하의 벌금, 구류 또는 과료에 처한다.
② 제1항의 죄는 피해자의 명시한 의사에 반하여 공소를 제기할 수 없다.

4) 협박죄

제283조 (협박, 존속협박) ① 사람을 협박한 자는 3년 이하의 징역, 500만원 이하의 벌금, 구류 또는 과료에 처한다.
② 자기 또는 배우자의 직계존속에 대하여 제1항의 죄를 범한 때에는 5년 이하의 징역 또는 700만원 이하의 벌금에 처한다.
③ 제1항 및 제2항의 죄는 피해자의 명시한 의사에 반하여 공소를 제기할 수 없다.

5) 외국원수에 대한 폭행등 등의 죄

> 제110조 (피해자의 의사) 제107조 내지 제109조의 죄는 그 외국정부의 명시한 의사에 반하여 공소를 제기할 수 없다.
>
> 제107조 (외국원수에 대한 폭행등) ① 대한민국에 체재하는 외국의 원수에 대하여 폭행 또는 협박을 가한 자는 7년 이하의 징역이나 금고에 처한다.
> ② 전항의 외국원수에 대하여 모욕을 가하거나 명예를 훼손한 자는 5년 이하의 징역이나 금고에 처한다.
>
> 제108조 (외국사절에 대한 폭행등) ① 대한민국에 파견된 외국사절에 대하여 폭행 또는 협박을 가한 자는 5년 이하의 징역이나 금고에 처한다.
> ② 전항의 외국사절에 대하여 모욕을 가하거나 명예를 훼손한 자는 3년 이하의 징역이나 금고에 처한다.
>
> 제109조 (외국의 국기, 국장의 모독) 외국을 모욕할 목적으로 그 나라의 공용에 공하는 국기 또는 국장을 손상, 제거 또는 오욕한 자는 2년 이하의 징역이나 금고 또는 300만원 이하의 벌금에 처한다.

3. 교특법 관련 조문

> 제3조 (처벌의 특례) ① 차의 운전자가 교통사고로 인하여 「형법」 제268조의 죄를 범한 경우에는 5년 이하의 금고 또는 2천만원 이하의 벌금에 처한다.
> ② 차의 교통으로 제1항의 죄 중 업무상과실치상죄 또는 중과실치상죄와 「도로교통법」 제151조의 죄를 범한 운전자에 대하여는 피해자의 명시적인 의사에 반하여 공소(公訴)를 제기할 수 없다. 다만, 차의 운전자가 제1항의 죄 중 업무상과실치상죄 또는 중과실치상죄를 범하고도 피해자를 구호하는 등 「도로교통법」 제54조제1항에 따른 조치를 하지 아니하고 도주하거나 피해자를 사고 장소로부터 옮겨 유기하고 도주한 경우, 같은 죄를 범하고 「도로교통법」 제44조제2항을 위반하여 음주측정 요구에 따르지 아니한 경우(운전자가 채혈 측정을 요청하거나 동의한 경우는 제외한다)와 다음 각 호의 어느 하나에 해당하는 행위로 인하여 같은 죄를 범한 경우에는 그러하지 아니하다. [개정 2016.1.27 제13829호(도로교통법), 2016.12.2] [시행일 2017.12.3]
> 1. 「도로교통법」 제5조에 따른 신호기가 표시하는 신호 또는 교통정리를 하는 경찰공무원등의 신호를 위반하거나 통행금지 또는 일시정지를 내용으로 하는 안전표지가 표시하는 지시를 위반하여 운전한 경우
> 2. 「도로교통법」 제13조제3항을 위반하여 중앙선을 침범하거나 같은 법 제62조를 위반하여 횡단, 유턴 또는 후진한 경우
> 3. 「도로교통법」 제17조제1항 또는 제2항에 따른 제한속도를 시속 20킬로미터 초과하여 운전한 경우
> 4. 「도로교통법」 제21조제1항, 제22조, 제23조에 따른 앞지르기의 방법·금지시기·금지장소 또는 끼어들기의 금지를 위반하거나 같은 법 제60조제2항에 따른 고속도로에서의 앞지르기 방법을 위반하여 운전한 경우

5. 「도로교통법」제24조에 따른 철길건널목 통과방법을 위반하여 운전한 경우
6. 「도로교통법」제27조제1항에 따른 횡단보도에서의 보행자 보호의무를 위반하여 운전한 경우
7. 「도로교통법」제43조, 「건설기계관리법」제26조 또는 「도로교통법」제96조를 위반하여 운전면허 또는 건설기계조종사면허를 받지 아니하거나 국제운전면허증을 소지하지 아니하고 운전한 경우. 이 경우 운전면허 또는 건설기계조종사면허의 효력이 정지 중이거나 운전의 금지 중인 때에는 운전면허 또는 건설기계조종사면허를 받지 아니하거나 국제운전면허증을 소지하지 아니한 것으로 본다.
8. 「도로교통법」제44조제1항을 위반하여 술에 취한 상태에서 운전을 하거나 같은 법 제45조를 위반하여 약물의 영향으로 정상적으로 운전하지 못할 우려가 있는 상태에서 운전한 경우
9. 「도로교통법」제13조제1항을 위반하여 보도가 설치된 도로의 보도를 침범하거나 같은 법 제13조제2항에 따른 보도 횡단방법을 위반하여 운전한 경우
10. 「도로교통법」제39조제3항에 따른 승객의 추락 방지의무를 위반하여 운전한 경우
11. 「도로교통법」제12조제3항에 따른 어린이 보호구역에서 같은 조 제1항에 따른 조치를 준수하고 어린이의 안전에 유의하면서 운전하여야 할 의무를 위반하여 어린이의 신체를 상해에 이르게 한 경우
12. 「도로교통법」제39조제4항을 위반하여 자동차의 화물이 떨어지지 아니하도록 필요한 조치를 하지 아니하고 운전한 경우

제4조 (보험 등에 가입된 경우의 특례) ① 교통사고를 일으킨 차가 「보험업법」제4조, 제126조, 제127조 및 제128조, 「여객자동차 운수사업법」제60조, 제61조 또는 「화물자동차 운수사업법」제51조에 따른 보험 또는 공제에 가입된 경우에는 제3조제2항 본문에 규정된 죄를 범한 차의 운전자에 대하여 공소를 제기할 수 없다. 다만, 다음 각 호의 어느 하나에 해당하는 경우에는 그러하지 아니하다.
1. 제3조제2항 단서에 해당하는 경우
2. 피해자가 신체의 상해로 인하여 생명에 대한 위험이 발생하거나 불구(不具)가 되거나 불치 또는 난치의 질병이 생긴 경우
3. 보험계약 또는 공제계약이 무효로 되거나 해지되거나 계약상의 면책 규정 등으로 인하여 보험회사, 공제조합 또는 공제사업자의 보험금 또는 공제금 지급의무가 없어진 경우
② 제1항에서 "보험 또는 공제"란 교통사고의 경우 「보험업법」에 따른 보험회사나 「여객자동차 운수사업법」또는 「화물자동차 운수사업법」에 따른 공제조합 또는 공제사업자가 인가된 보험약관 또는 승인된 공제약관에 따라 피보험자와 피해자 간 또는 공제조합원과 피해자 간의 손해배상에 관한 합의 여부와 상관없이 피보험자나 공제조합원을 갈음하여 피해자의 치료비에 관하여는 통상비용의 전액을, 그 밖의 손해에 관하여는 보험약관이나 공제약관으로 정한 지급기준금액을 대통령령으로 정하는 바에 따라 우선 지급하되, 종국적으로는 확정판결이나 그 밖에 이에 준하는 집행권원상 피보험자 또는 공제조합원의 교통사고로 인한 손해배상금 전액을 보상하는 보험 또는 공제를 말한다.
③ 제1항의 보험 또는 공제에 가입된 사실은 보험회사, 공제조합 또는 공제사업자가 제2항의 취지를 적은 서면에 의하여 증명되어야 한다.

4. 부수법 관련 조문

> **제2조 (부정수표 발행인의 형사책임)** ① 다음 각 호의 어느 하나에 해당하는 부정수표를 발행하거나 작성한 자는 5년 이하의 징역 또는 수표금액의 10배 이하의 벌금에 처한다.
>
> 1. 가공인물의 명의로 발행한 수표
> 2. 금융기관(우체국을 포함한다. 이하 같다)과의 수표계약 없이 발행하거나 금융기관으로부터 거래정지처분을 받은 후에 발행한 수표
> 3. 금융기관에 등록된 것과 다른 서명 또는 기명날인으로 발행한 수표
>
> ② 수표를 발행하거나 작성한 자가 수표를 발행한 후에 예금부족, 거래정지처분이나 수표계약의 해제 또는 해지로 인하여 제시기일에 지급되지 아니하게 한 경우에도 제1항과 같다.
>
> ③ 과실로 제1항과 제2항의 죄를 범한 자는 3년 이하의 금고 또는 수표금액의 5배 이하의 벌금에 처한다.
>
> ④ 제2항과 제3항의 죄는 수표를 발행하거나 작성한 자가 그 수표를 회수한 경우 또는 회수하지 못하였더라도 수표 소지인의 명시적 의사에 반하는 경우 공소를 제기할 수 없다.

5. 정통망법 관련 조문

> **제70조 (벌칙)** ① 사람을 비방할 목적으로 정보통신망을 통하여 공공연하게 사실을 드러내어 다른 사람의 명예를 훼손한 자는 3년 이하의 징역 또는 3천만원 이하의 벌금에 처한다.
>
> ② 사람을 비방할 목적으로 정보통신망을 통하여 공공연하게 거짓의 사실을 드러내어 다른 사람의 명예를 훼손한 자는 7년 이하의 징역, 10년 이하의 자격정지 또는 5천만원 이하의 벌금에 처한다.
>
> ③ 제1항과 제2항의 죄는 피해자가 구체적으로 밝힌 의사에 반하여 공소를 제기할 수 없다.
>
> **제74조 (벌칙)** ① 다음 각 호의 어느 하나에 해당하는 자는 1년 이하의 징역 또는 1천만원 이하의 벌금에 처한다.
>
> 1. 제8조제4항을 위반하여 비슷한 표시를 한 제품을 표시·판매 또는 판매할 목적으로 진열한 자
> 2. 제44조의7제1항제1호를 위반하여 음란한 부호·문언·음향·화상 또는 영상을 배포·판매·임대하거나 공공연하게 전시한 자
> 3. 제44조의7제1항제3호를 위반하여 공포심이나 불안감을 유발하는 부호·문언·음향·화상 또는 영상을 반복적으로 상대방에게 도달하게 한 자
> 4. 제50조제5항을 위반하여 조치를 한 자
> 5. 삭제 [2014.5.28] [시행일 2014.11.29]
> 6. 제50조의8을 위반하여 광고성 정보를 전송한 자
> 7. 제53조제4항을 위반하여 등록사항의 변경등록 또는 사업의 양도·양수 또는 합병·상속의 신고를 하지 아니한 자
>
> ② 제1항제3호의 죄는 피해자가 구체적으로 밝힌 의사에 반하여 공소를 제기할 수 없다.

해커스변호사
law.Hackers.com

제3편

형사기록에서 증거능력 배제하는 방법

제3편 | 형사기록에서 증거능력 배제하는 방법

☑ GUIDE |

아래에서는 형사기록에서의 증거능력 없는 증거를 배제하는 방법을

Ⅰ. 공판기록의 증거능력(제316조)

Ⅱ. 검사작성의 피의자신문조서의 증거능력(제312조 제1항)

Ⅲ. 사경작성의 피의자신문조서의 증거능력(제312조 제3항)

Ⅳ. 진술조서의 증거능력(제312조 제4항)

Ⅴ. 수사과정에서 작성된 진술서의 증거능력(제312조 제5항)

Ⅵ. 제313조의 진술서와 진술기재서류의 증거능력

Ⅶ. 제314조에 의한 증거능력 인정

Ⅷ. 기타 서류들에 대한 증거능력

Ⅸ. 자백배제법칙과 위법수집증거배제법칙 및 독수독과의 원칙

의 순서로 정리한다.

초학자들이 가장 힘들어 하는 부분이지만, 먼저 정확한 형사소송법 지식을 확인하고 순서대로 차분히 접근하면 점차로 쉽게 느껴지게 될 것이다.

그리고 독자들의 이해를 돕기 위하여 구체적인 예시기록과 증거능력이 배제되는 예시답안도 함께 서술하였다. 주의할 점은 예시기록을 볼 때에는 어느 서류에서의 예시기록인지를 반드시 확인하여야 하며, 예시답안은 답안작성에 필요한 정도로 축약하였으니 외울 정도로 기억하였다가 실제 시험장에서 답안지에 활용할 수 있을 것이다.

Ⅰ. 공판기록의 증거능력

공판기록에서는 피고인의 모두진술, 피고인신문시의 피고인의 법정진술, 증인신문시의 증언 그리고 제1회 공판기일이나 제2회 공판기일에 제출된 증거서류 등의 증거능력 판단이 문제 된다. 아래에서는 ① 공판조서에 기재되어 있는 피고인들의 모두진술과 피고인신문단계에서의 피고인의 법정진술의 증거능력 ② 증인신문조서에 기재되어 있는 증언의 증거능력 ③ 수사서류 이외의 것으로 법원에 제출되어 있는 서류의 증거능력 ④ 공판정에서 재판장과 검사의 증거능력 등과 관련된 진술의 순서로 검토한다.

1. 공판조서에 적혀있는 피고인들의 모두진술과 법정진술

공판조서의 내용은 비록 글로 적혀있지만 법정에서의 진술이므로 원본증거이다. 이

러한 점에서 형사기록 후반부(기록상 25p이후)에 나오는 수사기록의 내용은 서류이
므로 전문증거라는 점에서 구별된다. 아래에서는 공판조서에 기재된 피고인들의 모
두진술과 피고인신문단계에서의 피고인의 법정진술의 증거능력을 ① 김갑동의 법
정진술 ② 공범인 이을남의 공동피고인으로서의 법정진술의 증거능력 ③ 공범 아닌
이을남의 공동피고인으로서의 법정진술의 순서로 나누어 그 증거능력 여부를 검토
한다.

> ✎ 제3편 증거능력 판단에서 등장하는 인명 중 김갑동은 해당 범죄로 유죄에 빠질 위험에
> 처한 피고인을 의미하고, 이을남은 김갑동의 공동피고인을 의미한다. 그리고 기타의
> 인명은 피고인 이외의 자를 말하므로 주로 피해자, 목격자 등을 의미한다.

(1) 김갑동의 법정진술

김갑동의 법정진술은 증거능력이 있는 것이 원칙이다.

〈기록 예시 – 공판조서〉

검사

　　　피고인 김갑동에게

문　　　피고인은 이을남과 공모하여 피해자 박병진에게서 돈을 편취한 사실이
　　　있는가요.

답　　　예, 그렇습니다.

---

(2) 공범인 이을남의 법정진술

1) 원칙적으로 증거능력 인정 : 판례에 의하면 공범인 공동피고인인 이을남은 증인적격
　이 인정되지 않고, 김갑동의 반대신문권이 보장되어 있어 이을남의 법정진술은 증
　거능력이 인정되는 것이 원칙이다.

> 〈공범인 공동피고인의 법정진술은 반대신문권이 보장되어 있어 증거능력이 인정된다는
> 판례〉 형사소송법 제310조의 피고인의 자백에는 공범인 공동피고인의 진술은 포함되지
> 않으며, 이러한 공동피고인의 진술에 대하여는 피고인의 반대신문권이 보장되어 있어 독
> 립한 증거능력이 있다(대판 1992.7.28. 92도917).

2) 공범인 이을남의 진술이 김갑동의 진술을 내용으로 하는 전문진술인 경우 : 공범인 이을남
　의 진술이 김갑동의 진술을 내용으로 하는 전문진술인 경우에는 논리적으로 제
　316조 제1항의 적용으로 김갑동이 특신상태하에서 진술하였다는 것이 증명되어
　야만 증거능력이 인정된다. 그러나 김갑동의 진술내용이 ① 이을남과 공모를 하는
　내용이거나 ② 이을남에게 범죄를 교사하는 내용 등인 경우에는 이는 요증사실 자체
　를 직접 증명하는 원본증거가 되므로 이에 대하여는 전문법칙이 적용되지 않는다.

그런데 실제 기록시험에서는 이러한 구별을 하는 것이 쉽지 않으므로 일응 ① 범행 전이나 범행 과정에서의 김갑동의 진술을 내용으로 하는 이을남의 진술은 원본증거이지만 ② 범행 후의 김갑동의 진술을 내용으로 하는 이을남의 진술은 전문증거라고 구별하는 것도 하나의 방법이 될 수 있다.

✎ 공범인 이을남의 법정진술 중 김갑동의 진술이 이을남과 공모를 하는 내용이어서 원본증거이므로 증거능력이 인정되는 예시기록

〈기록 예시 – 공판조서〉

검 사

　　　피고인 이을남에게

문　　　피고인은 어떻게 범행에 가담하게 되었는가요

답　　　저는 범행을 범할 생각이 전혀 없었는데, 김갑동이 저에게 "박병진의 값진 시계를 훔친 후 이를 나누어갖자"라고 유혹하기에 순간적으로 욕심이 생겨 같이 범행을 하게 되었습니다.

✎ 공범인 이을남의 진술 중 김갑동의 진술이 이을남에게 교사를 하는 내용이어서 원본증거이므로 증거능력이 인정되는 예시기록

〈기록 예시 – 공판조서〉

검 사

　　　피고인 이을남에게

문　　　피고인은 어떻게 절도범행을 하게 되었는가요

답　　　저는 범행을 범할 생각이 전혀 없었는데, 김갑동이 저에게 "박병진의 가방안에 있는 돈을 훔쳐서 좋은 옷을 사입어라"라고 하는 부추기는 바람에 좋은 옷을 입고 싶은 욕심이 생겨 박병진의 돈을 훔치게 되었습니다.

---

3) 공범인 이을남의 법정진술이 김갑동이 아닌 타인의 진술을 내용으로 하는 전문진술인 경우 : 공범인 이을남의 법정진술이 김갑동이 아닌 타인의 진술을 내용으로 하는 전문진술인 경우에는 제316조 제2항의 적용으로 필요성과 특신상태가 증명되어야 증거능력이 인정된다.

✎ 공범인 이을남의 진술 중 김갑동이 아닌 타인의 진술을 내용으로 하는 전문진술의 예시기록

검 사

　　　피고인 이을남에게

문　　피해자 박병진에게서 김갑동에게 돈을 편취당했다는 말을 들은 사실이 있는가
　　　요.

답　　예, 그렇습니다. 지난달 사망한 박병진은 저에게 "김갑동에게 기망당하여 5억
　　　원을 사기당해 너무 괴로워 비록 김갑동이 친구이기는 하지만 고소할 생각이
　　　다"라고 심각하게 말하였습니다.

✏️ 공범인 이을남의 진술 중 김갑동이 아닌 타인의 진술을 내용으로 하는 전문진술에서 원
　　진술자인 김갑동이 아닌 타인에게 필요성이 인정되지 않아 증거능력을 배제하는 예시
　　답안

〈증거능력 배제 예시답안〉

이을남의 법정진술 중 박병진의 진술내용은 제316조 제2항에 의하여 필요성과 특신상태
가 증명되어야 합니다. 그런데 박병진은 현재 법정에 증인으로 출석하여 증언하고 있으므
로 필요성이 인정되지 않아 증거능력이 없습니다.

〈증거능력 배제 예시답안 [2023]〉

이을남의 법정진술 중 전달통 진술 부분은 전문진술로써 판례에 의하면 김갑동에게는 제3
16조 제2항이 적용되는바 전달통이 일시 외국여행 중이라는 이유만으로는 필요성이 인정
되지 않아 증거능력이 없습니다.

✏️ 공범인 이을남의 진술 중 김갑동이 아닌 타인의 진술을 내용으로 하는 전문진술에서 원
　　진술자인 김갑동이 아닌 타인에게 필요성은 인정되지만, 특신상태가 증명되지 않아 증
　　거능력을 배제하는 예시답안

〈증거능력 배제 예시답안〉

이을남의 법정진술 중 박병진의 진술내용은 제316조 제2항에 의하여 필요성과 특신상태
가 증명되어야 합니다. 그런데 박병진은 사망하였으므로 필요성은 인정되지만, 박병진의
진술이 특신상태하에서 행하여졌다는 증명이 없으므로 증거능력이 없습니다.

4) 공범인 이을남의 진술 중 전문진술을 내용으로 하는 진술인 경우 : 판례에 의하면 이러한
　재전문증거의 증거능력을 부정하고 있으므로 증거능력이 없다.

〈재전문증거의 증거능력에 대하여 제한적 긍정설을 따른 판례〉[1] 전문진술이나 재전문
진술을 기재한 조서는 형사소송법 제310조의2의 규정에 의하여 원칙적으로 증거능력이
없는 것인데, 다만 전문진술은 형사소송법 제316조 제2항의 규정에 따라 원진술자가 사망,
질병, 외국거주 기타 사유로 인하여 진술할 수 없고 그 진술이 특히 신빙할 수 있는 상태하
에서 행하여진 때에 한하여 예외적으로 증거능력이 있다고 할 것이고, 전문진술이 기재된
조서는 형사소송법 제312조 또는 제314조의 규정에 의하여 각 그 증거능력이 인정될 수
있는 경우에 해당하여야 함은 물론 나아가 형사소송법 제316조 제2항의 규정에 따른 위와
같은 요건을 갖추어야 예외적으로 증거능력이 있다고 할 것인바, 여기서 '그 진술이 특히
신빙할 수 있는 상태하에서 행하여진 때'라 함은 그 진술을 하였다는 것에 허위개입의 여지
가 거의 없고, 그 진술내용의 신빙성이나 임의성을 담보할 구체적이고 외부적인 정황이 있
는 경우를 가리킨다. [2] 형사소송법은 전문진술에 대하여 제316조에서 실질상 단순한 전
문의 형태를 취하는 경우에 한하여 예외적으로 그 증거능력을 인정하는 규정을 두고 있을
뿐, 재전문진술이나 재전문진술을 기재한 조서에 대하여는 달리 그 증거능력을 인정하는
규정을 두고 있지 아니하고 있으므로, 피고인이 증거로 하는 데 동의하지 아니하는 한 형사
소송법 제310조의2의 규정에 의하여 이를 증거로 할 수 없다(대판 2000.3.10, 2000도159).

✎ 공범인 이을남의 진술 중 전문진술이 있어 재전문진술인 경우의 예시기록과 증거능력을
배제하는 예시답안

〈기록 예시 - 공판조서〉

검 사

　　　　피고인 이을남에게

문　　　피해자 박병진에게서 김갑동에게 돈을 편취당했다는 말을 들은 사실이 있는가요.

답　　　예, 그렇습니다. 지난 달 사망한 박병진은 저의 처에게 "김갑동에게 기망당하
　　　　여 5억원을 사기당해 너무 괴로워 비록 김갑동이 친구이기는 하지만 고소할
　　　　생각이다"라고　심각하게 말했다는 것을 저의 처를 통하여 들었습니다.

〈증거능력 배제 예시답안〉

이을남의 법정진술 중 박병진의 진술내용은 이을남의 처로부터 들은 내용이므로 재전문진
술입니다. 판례에 의하면 재전문진술은 증거능력이 인정되지 않으므로 증거능력이 없습
니다.

(3) 공범이 아닌 이을남의 피고인신문에서의 법정진술의 증거능력

판례에 의하면 공범이 아닌 사건에서의 이을남은 증인적격이 인정되므로 반드시 증
인으로 선서하고 증언하여야 증거능력이 인정되므로 피고인으로서의 이을남의 법
정진술은 증거능력이 없다.

따라서 기록형시험에서 공범이 아닌 사건에서의 이을남의 진술이 증거능력을 갖추기 위해서는 반드시 증인신문조서를 찾아서 확인해야 하며, 만약 증인신문조서가 없다면 공범이 아닌 이을남의 공판조서에 기재된 진술은 모두 증거능력이 없다.

그리고 공범이 아닌 이을남의 법정진술은 그 자체로 증거능력이 인정되지 않으므로 전문진술 등의 문제는 원칙적으로 언급할 필요가 없다.

✎ 이 부분은 특히 수험생들이 시험장에서 착각을 범할 소지가 많은 부분이다. 따라서 기록형시험에서는 김갑동과 이을남이 어떤 범죄의 공범인지를 정확히 메모해두는 것이 필요하다.

〈공범 아닌 공동피고인의 법정진술은 증거능력이 없다는 판례〉 피고인과 별개의 범죄사실로 기소되어 병합심리되고 있던 공동피고인은 피고인에 대한 관계에서는 증인의 지위에 있음에 불과하므로 선서없이 한 그 공동피고인의 법정 및 검찰진술은 피고인에 대한 공소범죄사실을 인정하는 증거로 할 수 없다(대판 1982.6.22. 82도898).

✐ 공범이 아닌 이을남의 피고인신문시의 법정진술의 예시기록과 증인으로 선서하고 증언한 것이 아니므로 증거능력을 배제하는 예시답안

〈기록 예시 – 공판조서〉

검 사

　　　피고인 이을남에게

문　　　김갑동이 훔쳐 온 시계라는 사실을 말하던가요.

답　　　예, 그렇습니다. 김갑동은 박병진에게서 시계를 훔쳤고 싸게 팔테니 저에게 시계를 사라고 말해 저도 싼값에 좋은 시계를 구할 욕심에 3만원에 그 시계를 샀습니다.

〈증거능력 배제 예시답안 [2020][2021]〉

이을남은 김갑동과 공범이 아닌 공동피고인이므로 증인적격이 있습니다. 따라서 증인으로 선서없이 한 이을남의 피고인신문시의 법정진술은 증거능력이 없습니다.

〈증거능력 배제 예시답안 [2018]〉

공범이 아닌 이을남의 법정진술은 증인으로서의 증언이 아니므로 증거능력이 없습니다. 또한 김갑서의 진술을 내용으로 하는 진술은 전문진술로써 제316조 제2항의 필요성이 구비되지 않아 증거능력이 없습니다.

2. 공판조서의 일부인 증인신문조서에 적혀있는 증인들의 증언

일반적으로 기록형시험에서는 증인신문조서는 제2회 공판조서나 제3회 공판조서 이후에 별지로 첨부되어 있다. 이러한 증인신문조서의 내용은 글로 기재되어 있지만, 말로 행하는 진술이라는 점에서 기본적으로 원본증거이며 전문증거가 아니라는 점을 주의하여야 한다.

그리고 실제로 출제될 가능성은 높지 않지만, 공범이 아닌 이을남도 증인적격이 인정되므로 이을남의 증인신문조서도 존재할 수 있다는 점을 주의하여야 한다.

(1) 일반적인 경우

일반적으로 증인이 증인으로서 선서하고 증언하면 원칙적으로 증거능력 있다.

✎ 나목격이 증인으로서 선서하고 증언하는 예시기록

〈기록 예시 - 증인신문조서〉

검 사

    증인 나목격에게

문   증인은 피고인 김갑동이 박병진를 폭행하는 것을 보았나요.

답   예, 제가 그때 김갑동과 박병진이 큰 소리로 말다툼을 하고 있기에 지켜보는데 어느 순간 김갑동이 박병진을 향해 주먹을 날렸고, 박병진은 이를 맞고 코피를 흘리며 쓰러지는 것을 보았습니다.

(2) 증인의 증언이 김갑동의 진술을 내용으로 하는 전문진술인 경우

증인의 증언이 김갑동의 진술을 내용으로 하는 전문진술인 경우에는 제316조 제1항에 따라 특신상태가 인정되어야 한다.

〈제314조와 제316조의 특신상태의 증명은 합리적인 의심의 여지를 배제할 정도에 이르러야 한다는 판례〉 [1] 형사소송법 제314조가 참고인의 소재불명 등의 경우에 그 참고인이 진술하거나 작성한 진술조서나 진술서에 대하여 증거능력을 인정하는 것은, 형사소송법이 제312조 또는 제313조에서 참고인 진술조서 등 서면증거에 대하여 피고인 또는 변호인의 반대신문권이 보장되는 등 엄격한 요건이 충족될 경우에 한하여 증거능력을 인정할 수 있도록 함으로써 직접심리주의 등 기본원칙에 대한 예외를 인정한 데 대하여 다시 중대한 예외를 인정하여 원진술자 등에 대한 반대신문의 기회조차 없이 증거능력을 부여할 수 있도록 한 것이므로, 그 경우 참고인의 진술 또는 작성이 '특히 신빙할 수 있는 상태하에서 행하여졌음에 대한 증명'은 단지 그러할 개연성이 있다는 정도로는 부족하고 합리적인 의심의 여지를 배제할 정도에 이르러야 한다. [2] 형사소송법 제314조의 '특신상태'와 관련된 법리는 마찬가지로 원진술자의 소재불명 등을 전제로 하고 있는 형사소송법 제316조 제2항의 '특신상태'에 관한 해석에도 그대로 적용된다(대판 2014.4.30. 2012도725).

✎ 증인의 증언이 김갑동의 진술을 내용으로 하는 전문진술의 예시기록

〈기록 예시 – 증인신문조서〉

검 사

　　　증인 나목격에게

문　　　증인은 김갑동이 박병진에게 돈을 편취한 사실이 있다는 것을 들었는가요.

답　　　예, 그렇습니다. 김갑동은 저에게 "박병진에게서 돈을 편취했다"라고 진지하게 말하였으며, 누구에게도 이러한 사실을 알리지 말라고 하였습니다.

✎ 증인의 증언이 김갑동의 진술을 내용으로 하는 전문진술인 경우에 김갑동이 특신상태하에서 진술했다는 증명이 없어 증거능력을 배제하는 예시답안

〈증거능력 배제 예시답안〉

나목격의 증언 중 김갑동의 진술내용은 전문진술이며 제316조 제1항에 의하여 특신상태가 증명되어야 합니다. 그런데 김갑동의 진술이 특신상태하에서 행하여졌다는 증명이 없으므로 증거능력이 없습니다.

〈증거능력 배제 예시답안 [2022]〉

박목격의 법정증언 중 김갑동의 진술부분은 전문진술로써 그리고 박목격의 진술조서 중 김갑동의 진술부분은 재전문증거로써 제316조 제1항에 의하여 특신상태가 증명되지 않아 증거능력이 없습니다.

---

(3) 증인의 증언이 김갑동이 아닌 타인의 진술을 내용으로 하는 전문진술인 경우

증인의 진술이 김갑동이 아닌 타인의 진술을 내용으로 하는 전문진술인 경우에는 제316조 제2항에 따라 필요성과 특신상태가 인정되어야 증거능력이 인정된다.

그리고 판례에 의하면 제316조 제2항의 '피고인 아닌 타인의 진술'에 제3자뿐만 아니라 공동피고인이나 공범의 진술도 포함되므로 김갑동이 아닌 타인에는 김갑동과 공범관계에 있는 이을남도 포함된다.

〈제316조 제2항의 '피고인 아닌 타인의 진술'에 공동피고인이나 공범의 진술도 모두 포함된다는 판례(제316조 제1항의 '피고인의 진술'에는 공동피고인이나 공범의 진술은 포함되지 않는다는 판례)〉 [1] 형사소송법 제316조 제2항에 의하면 피고인 아닌 자의 공판준비 또는 공판기일에서의 진술이 피고인 아닌 타인의 진술을 그 내용으로 하는 것인 때에는 원진술자가 사망, 질병 기타 사유로 인하여 진술할 수 없고 그 진술이 특히 신빙할 수 있는 상태 하에서 행하여진 때에 한하여 이를 증거로 할 수 있다고 규정하고 있는데 <u>여기서 말하는 피고인 아닌 자라고 함은 제3자는 말할 것도 없고 공동피고인이나 공범자를 모두 포함한다고 해석된다.</u> [2] 전문진술의 원진술자가 공동피고인이어서 형사소송법 제316조 제2항 소정의 '피고인 아닌 타인'에는 해당하나 법정에서 공소사실을 부인하고 있어서 '원진술자가 사망, 질병 기타 사유로 인하여 진술할 수 없는 때'에는 해당되지 않는다는 이유로 그 증거능력을 부정한 사례(대판 2000.12.27, 99도5679). ※ [1] 부분의 '피고인 아닌 자'는 '피고인 아닌 타인'의 오기로 보인다.

✎ 증인의 증언이 김갑동이 아닌 타인의 진술을 내용으로 하는 경우의 예시기록

〈기록 예시 – 증인신문조서〉

검 사

　　　증인 박병진에게

문　　증인은 2016. 6. 10.경 죽은 한직원으로부터 이을남에게 2억 원을 전달하였다는 말을 들은 적이 있나요.

답　　예, 제가 그때 김갑동과 죽은 한직원을 함께 만나서 왜 매매대금이 2억 원이나 차이가 나는지 따졌는데, 죽은 한직원이 "김갑동의 지시에 따라 이을 남에게 현금 2억 원을 전달해주었다"고 분명히 저에게 말하였습니다.

✎ 증인의 증언이 김갑동이 아닌 타인의 진술을 내용으로 하는 전문진술인 경우에 원진술자인 타인에게 필요성이 인정되지 않아 증거능력을 배제하는 예시답안

〈증거능력 배제 예시답안〉

나목격의 증언 중 박병진의 진술내용은 제316조 제2항에 의하여 필요성과 특신상태가 증명되어야 합니다. 그런데 박병진은 현재 법정에 증인으로 출석하여 증언하고 있으므로 필요성이 인정되지 않아 증거능력이 없습니다.

〈증거능력 배제 예시답안 [2019]〉

강지연의 증언 중 나병녀로부터 들은 진술내용은 전문진술에 해당하므로 제316조 제2항에 따라 필요성과 특신상태가 구비되어야 합니다. 그런데 원진술자인 나병녀는 법정에 재정하여 증언하고 있으므로 필요성이 인정되지 않아 증거능력이 없습니다.

〈증거능력 배제 예시답안 [2021]〉

본 공소사실과 관련되어 김손해의 법정증언 중 김피해의 진술 내용 부분은 전문진술로써 제316조 제2항의 요건을 구비하여야 증거능력이 인정됩니다. 그런데 사안에서는 원진술자인 김피해가 증언을 거부하고 있어 필요성이 인정되지 않으므로 증거능력이 없습니다.

✎ 증인의 증언이 김갑동과 공범관계에 있는 이을남의 진술을 내용으로 하는 전문진술인 경우에 원진술자인 공범인 이을남에게 필요성이 인정되지 않아 증거능력을 배제하는 예시답안

〈증거능력 배제 예시답안 [2014][2014][2016][2017][2018][2020][2021][2024]〉

박고소의 증언과 진술조서 중 이을남의 진술내용은 형사소송법 제316조 제2항의 필요성과 특신상태가 증명되어야 합니다. 그런데 원진술자인 이을남이 법정에 출석하여 있으므로 필요성이 인정되지 않아 증거능력이 없습니다.

✎ 증인의 증언이 김갑동이나 이을남이 아닌 타인의 진술을 내용으로 하는 전문진술인 경우에 필요성은 인정되나 특신상태하에서의 진술이라는 점이 증명되지 않아 증거능력을 배제하는 예시답안

〈증거능력 배제 예시답안〉

나목격의 증언 중 박병진의 진술내용은 제316조 제2항에 의하여 필요성과 특신상태가 증명되어야 합니다. 그런데 박병진이 사망하여 필요성은 인정되지만, 박병진의 진술이 특신상태하에서 행하여졌다는 증명이 없으므로 증거능력이 없습니다.

〈증거능력 배제 예시답안 [2013]〉

박병진의 증언과 진술조서 중 양신구의 진술내용은 제316조 제2항의 요건을 구비하여야 합니다. 그런데 이미 양신구는 사망하였으므로 필요성은 인정되지만, 양신구의 진술이 특신상태하에서 행하여졌다는 증명이 문제됩니다. 양신구는 상피고인 김갑인의 사무실 직원이므로 김갑인의 지시에 따라 이러한 말을 하였음이 농후하므로 그 특신상태에 의문이 있으며 이에 대하여 검사가 합리적 의심이 없을 정도로 증명하지 못했으므로 증거능력이 없습니다.

(4) 증인의 증언에 전문진술이 포함되어 있어 재전문진술인 경우

증인의 증언에 전문진술이 포함되어 있어 재전문진술인 경우에는 판례에 의하면 증거능력이 부정된다.

> ✎ 증인의 증언에 전문진술이 포함된 재전문진술인 경우의 예시기록과 증거능력을 배제하는 예시답안

〈기록 예시 – 증인신문조서〉

검 사

　　　증인 나목격에게

문　　증인은 피해자 박병진에게서 돈을 편취당했다는 말을 들은 사실이 있는가요.

답　　예, 그렇습니다. 지난 달 사망한 박병진은 저의 처에게 "김갑동에게 기망당하여 5억원을 사기당해 너무 괴로워 비록 김갑동이 친구이기는 하지만 고소할 생각이다"라고 심각하게 말했다는 것을 저의 처를 통하여 들었습니다.

〈증거능력 배제 예시답안〉

나목격의 증언 중 박병진의 진술내용은 나목격의 처로부터 들은 내용이므로 재전문진술입니다. 판례에 의하면 재전문진술은 증거능력이 인정되지 않으므로 증거능력이 없습니다.

〈증거능력 배제 예시답안 [2019]〉

나병녀의 증언 중 홍중재의 진술내용은 이을남으로부터 들은 내용이므로 재전문진술입니다. 판례에 의하면 재전문진술은 증거능력이 인정되지 않으므로 증거능력이 없습니다.

---

(5) 조사자증언의 경우의 증거능력

수사단계에서 피의자나 피고인 아닌 자를 조사한 조사자나 참여자인 경우의 증언은 원칙적으로 제316조 제1항과 제2항의 요건을 구비하면 증거능력이 인정된다. 그러나 위법수사에 따른 조사과정에서 들은 내용을 증언하는 경우에는 위수증이 되어 증거능력이 없게 된다.

> 〈제316조 제2항의 조사자 증언의 요건〉 형사소송법 제316조 제2항은 '피고인 아닌 자의 공판준비 또는 공판기일에서의 진술이 피고인 아닌 타인의 진술을 그 내용으로 하는 것인 때에는 원진술자가 사망, 질병, 외국거주, 소재불명, 그 밖에 이에 준하는 사유로 인하여 진술할 수 없고, 그 진술이 특히 신빙할 수 있는 상태하에서 행하여졌음이 증명된 때에 한하여 이를 증거로 할 수 있다'고 규정하고 있고, 같은 조 제1항에 따르면 위 '피고인 아닌 자'에는 공소제기 전에 피고인 아닌 타인을 조사하였거나 그 조사에 참여하였던 자(이

하 '조사자'라고 한다)도 포함된다. 따라서 조사자의 증언에 증거능력이 인정되기 위해서는 원진술자가 사망, 질병, 외국거주, 소재불명, 그 밖에 이에 준하는 사유로 인하여 진술할 수 없어야 하는 것이라서, 원진술자가 법정에 출석하여 수사기관에서 한 진술을 부인하는 취지로 증언한 이상 원진술자의 진술을 내용으로 하는 조사자의 증언은 증거능력이 없다(대판 2008.9.25, 2008도6985).

✎ 위법수사를 통한 조사자증언의 증거능력을 부인하는 예시답안

〈증거능력 배제 예시답안 [2022]〉

김경위의 조사자 증언 중 김갑동의 진술을 내용으로 하는 증언은 밤샘조사를 통하여 얻어낸 자백으로 임의성에 의심이 있으므로 형사소송법 제309조의 자백배제법칙의 적용에 의하여 그 증거능력이 없습니다. 그리고 무한히 양보하여 자백배제법칙이 적용되지 않는다고 하더라도 제316조 제1항의 특신상태가 증명되지 않았으므로 그 증거능력이 없습니다.

〈증거능력 배제 예시답안 [2013]〉

안경위의 조사자증언은 아래에서 살펴보는 바와 같이 위법한 임의동행 내지는 위법한 긴급체포로 유치된 상태에서의 피의자의 진술을 그 내용으로 하는 바, 이는 판례에 의하면 선행행위의 하자로 인한 위법하게 수집된 증거로서 증거능력이 없습니다.

3. 공판단계에서 제출된 서류

공판단계에서 증거로 제출되는 서류들이 있다. 이러한 서류들은 제1회나 제2회의 공판조서 다음에 별지로 첨부되어 있는 것이 일반적이다. 이러한 서류들에 대한 증거능력이 문제되지만, 기록형시험에서는 일반적으로 증거능력이 있는 서류들이 제출되므로 크게 문제될 것은 없다.

4. 공판정에서의 증거능력 등과 관련된 재판장과 검사의 진술

공판조서의 내용 중에 있는 재판장이나 검사의 진술이 일반적인 소송진행과 관련된 내용인 경우에는 문제가 없지만, 증거능력과 관련된 특별한 의미가 있는 경우가 있으므로 이를 간단히 정리한다.

(1) 재판장의 진술로 압수물의 증거능력을 배제하는 경우

형소법 제216조 제1항 2호나 제217조 제1항 등에 따라 영장없이 압수한 압수물의 경우에는 형소법 제217조 제2항에 의한 사후영장을 청구하여야 한다. 그러나 이러한 사후영장이 없었음을 재판장이 확인한 경우에는 그 압수물은 증거능력을 상실하게 된다.

〈기록 예시 – 공판조서〉

재판장

압수된 블랙박스(증 제2호)에 대한 압수수색영장이 사후에 발부된 사실이 없음을 확인하다.

(2) 검사의 진술로 압수물의 증거능력을 배제하는 경우

형소법 제216조 제1항 2호나 제217조 제1항 등에 따라 영장없이 압수한 압수물의 경우에는 형소법 제217조 제2항에 의한 사후영장을 청구하여야 한다. 그러나 이러한 사후영장이 없었음을 검사가 확인한 경우에는 그 압수물을 증거능력을 상실하게 된다.

〈기록 예시 – 공판조서〉

재판장

검사에게

문 압수된 블랙박스(증 제2호)에 대한 압수수색영장이 사후에 발부된 사실이 있는가요.

답 아니오, 압수된 블랙박스(증 제2호)에 대한 압수수색영장이 사후에 발부된 사실이 없습니다.

〈증거능력 배제 예시답안〉

블랙박스는 형소법 제216조 제1항 2호에 따른 영장없이 압수된 압수물이므로 제217조 제2항에 따라 지체없이 영장을 청구하여야 합니다. 그런데 이에 대한 사후영장을 청구하여 발부받지 않았으므로 블랙박스는 위수증이 되어 그 증거능력이 없습니다.

Ⅱ. 검사작성 피의자신문조서 증거능력

1. 김갑동의 검사작성 피의자신문조서 (제312조 제1항)

✎ 증거의견에서 김갑동에 대한 검사작성 피신조서에 대하여 김갑동이 내용을 부인(○○○ ×)하여 증거능력을 배제하는 예시답안

2. 공범인 이을남의 검사작성 피의자신문조서 (제312조 제1항)

김갑동이 동의(○)하거나 내용을 인정할 때만 증거능력이 인정된다. 따라서 김갑동이 부동의(×)하거나 내용을 부인할 경우(○○○×)에는 증거능력이 없다. 이는 제312조 제1항이 위법수사를 억지하기 위한 정책적 규정이라는 점 때문이므로 이을남의 동의(○)에 관계없으며, 제314조도 적용되지 않는다.

〈형사소송법 제312조 제1항에서 정한 '검사가 작성한 피의자신문조서'란 당해 피고인에 대한 피의자신문조서만이 아니라 당해 피고인과 공범관계에 있는 다른 피고인이나 피의자에 대하여 검사가 작성한 피의자신문조서도 포함된다는 판례〉[1] 2020. 2. 4. 법률 제16924호로 개정되어 2022. 1. 1.부터 시행된 형사소송법 제312조 제1항은 검사가 작성한 피의자신문조서의 증거능력에 대하여 '적법한 절차와 방식에 따라 작성된 것으로서 공판준비, 공판기일에 그 피의자였던 피고인 또는 변호인이 그 내용을 인정할 때에 한정하여 증거로 할 수 있다'고 규정하였다. 여기서 '그 내용을 인정할 때'라 함은 피의자신문조서의 기재 내용이 진술 내용대로 기재되어 있다는 의미가 아니고 그와 같이 진술한 내용이 실제 사실과 부합한다는 것을 의미한다. [2] 형사소송법 제312조 제1항에서 정한 '검사가 작성한 피의자신문조서'란 당해 피고인에 대한 피의자신문조서만이 아니라 당해 피고인과 공범관계에 있는 다른 피고인이나 피의자에 대하여 검사가 작성한 피의자신문조서도 포함되고, 여기서 말하는 '공범'에는 형법 총칙의 공범 이외에도 서로 대향된 행위의 존재를 필요로 할 뿐 각자의 구성요건을 실현하고 별도의 형벌 규정에 따라 처벌되는 강학상 필요적 공범 또는 대향범까지 포함한다. 따라서 피고인이 자신과 공범관계에 있는 다른 피고인이나 피의자에 대하여 검사가 작성한 피의자신문조서의 내용을 부인하는 경우에는 형사소송법 제312조 제1항에 따라 유죄의 증거로 쓸 수 없다(대판 2023.6.1. 2023도3741).

✎ 증거의견에서 공범인 이을남에 대한 검사작성 피신조서에 대하여 김갑동이 부동의(×)하여 증거능력이 배제되는 예시답안

〈증거능력 배제 예시답안 [2023]〉

공범인 이을남에 대한 검사작성 피신조서는 판례에 의하면 제312조 제1항이 적용되는바, 김갑동이 내용을 부인하는 취지로 부동의하고 있으므로 증거능력이 없습니다.

✎ 증거의견에서 공범인 이을남에 대한 검사작성 피신조서에 대하여 김갑동이 내용을 부인(○○○×)하여 증거능력이 배제되는 예시답안

〈증거능력 배제 예시답안 [2024]〉

공범인 이을남에 대한 검사작성 피신조서는 판례에 의하면 제312조 제1항이 적용되는바, 김갑동이 내용을 부인하고 있으므로 증거능력이 없습니다.

3. 공범이 아닌 이을남에 대한 검사작성의 피신조서 (제312조 제4항)

✎ 증거의견에서 공범이 아닌 이을남에 대한 검사작성 피신조서에 대하여 김갑동이 부동의(×)하고 공범이 아닌 이을남이 동의(○)한 경우에 이을남이 증인으로 신청되지 않은 경우의 증거능력을 배제하는 예시답안

〈증거능력 배제 예시답안〉

김갑동은 이을남에 대한 검사작성 피신조서에 대하여 부동의하고 있지만, 이을남은 동의하고 있습니다. 그러나 공범이 아닌 이을남은 제312조 제4항에 따라 증인으로서 성립의 진정을 인정하고 반대신문을 받아야 합니다. 그런데 이을남은 증인으로 신청된바 없으므로 증거능력이 없습니다.

✎ 증거의견에서 공범이 아닌 이을남에 대한 검사작성 피신조서에 대하여 김갑동이 부동의(×)하고, 공범이 아닌 이을남도 부동의(×)한 경우에 이을남이 증인으로 신청되었으나 증인신문에서 성립을 진정을 인정하지 않아 증거능력을 배제하는 예시답안

〈증거능력 배제 예시답안〉

김갑동은 이을남에 대한 검사작성 피신조서에 대해 부동의하고 있습니다. 그리고 이을남이 증인으로 증언하였으나 검사작성 피신조서의 성립의 진정을 인정하지 않았고, 검사도

제312조 제4항에 따른 영상녹화물이나 그 밖의 객관적인 방법으로 성립의 진정을 증명하지 못했으므로 증거능력이 없습니다.

✎ 증거의견에서 공범이 아닌 이을남에 대한 검사작성 피신조서에 대하여 김갑동이 부동의(×), 이을남도 부동의(×)하였으나 검사가 객관적인 방법으로 성립의 진정을 증명하지 못하여 증거능력을 배제하는 예시답안

〈증거능력 배제 예시답안〉

김갑동은 이을남에 대한 검사작성 피신조서에 대하여 부동의하고 있습니다. 그리고 이을남도 증언으로서 성립의 진정을 인정하지 않았고, 검사도 제312조 제4항에 따른 영상녹화물이나 기타 객관적인 방법으로 성립의 진정을 증명하지 못하고 있으므로 증거능력이 없습니다.

✎ 증거의견에서 공범이 아닌 이을남에 대한 검사작성 피신조서에 대하여 김갑동이 부동의(×), 이을남도 부동의(×)하고 검사가 객관적 방법으로 성립의 진정을 증명하였으나 이을남이 증인으로 출석하지 않은 경우에 증거능력을 배제하는 예시답안

〈증거능력 배제 예시답안〉

김갑동은 이을남에 대한 검사작성 피신조서에 대하여 부동의하고 있습니다. 비록 검사가 제312조 제4항에 따른 영상녹화물이나 기타 객관적인 방법으로 성립의 진정을 증명하였으나, 이을남이 증인으로 신청되지 않아 김갑동의 반대신문권이 보장되지 않았으므로 증거능력이 없습니다.

4. 이을남에 대한 검사작성 피신조서에서의 전문진술의 증거능력 – 재전문증거

✎ 김갑동이 부동의(×)하였지만, 증거능력이 인정되는 공범이 아닌 이을남에 대한 검사작성 피신조서의 진술 중 김갑동의 진술을 내용으로 하는 경우에 증거능력을 배제하는 예시답안

〈증거능력 배제 예시답안〉

이을남에 대한 검사작성 피신조서 중 김갑동의 진술내용은 재전문증거입니다. 김갑동의 진술내용이 증거능력을 인정받기 위해서는 제316조 제1항의 특신상태가 증명되어야 하는 바, 이에 대한 증명이 없으므로 증거능력이 없습니다.

✏️ 김갑동이 부동의(×)하였지만, 증거능력이 인정되는 공범이 아닌 이을남에 대한 검사작성 피신조서의 진술 중 김갑동이 아닌 타인의 진술을 내용으로 하는 경우에 증거능력을 배제하는 예시답안

〈증거능력 배제 예시답안〉

이을남에 대한 검사작성 피신조서 중 정알선의 진술내용은 재전문증거입니다. 정알선의 진술내용이 증거능력을 갖추기 위해서는 제316조 제2항의 필요성과 특신상태가 증명되어야 하는바, 원진술자인 정알선은 현재 법정에 출석하여 있으므로 필요성이 인정되지 않아 증거능력이 없습니다.

5. 이을남에 대한 검사작성 피신조서에 있는 재전문진술의 증거능력 – 재재전문증거

✏️ 김갑동이 부동의(×)하였지만, 증거능력이 인정되는 공범이 아닌 이을남에 대한 검사작성 피신조서 중 재전문진술을 내용으로 하는 재재전문증거에 대하여 증거능력을 배제하는 예시답안

〈증거능력 배제 예시답안〉

이을남의 검사작성 피신조서 중 정알선의 진술내용은 이을남의 처에게서 들은 내용이므로 재재전문증거입니다. 판례에 의하면 이러한 재재전문증거는 증거능력이 인정되지 않으므로 증거능력이 없습니다.

Ⅲ. 사경작성의 피의자신문조서의 증거능력

1. 김갑동에 대한 사경작성의 피신조서(제312조 제3항)

김갑동이 동의(○)하거나 내용을 인정할 때만 증거능력이 인정된다. 따라서 김갑동이 부동의(×)하거나 내용을 부인할 경우(○○○×)에는 증거능력이 없다.

✎ 기록형 시험에서 김갑동의 사경작성 피신조서에 대하여 내용만을 인정하는 경우는 논리상 거의 없을 것이다.

〈내용의 인정의 의미〉 [1] 형사소송법 제312조 제3항에 의하면, 검사 이외의 수사기관 작성의 피의자신문조서는 공판준비 또는 공판기일에 그 피의자였던 피고인이나 변호인이 그 내용을 인정할 때에 한하여 증거로 할 수 있다고 규정하고 있는바, 위 규정에서 '그 내용을 인정할 때'라 함은 피의자신문조서의 기재 내용이 진술 내용대로 기재되어 있다는 의미가

아니고 그와 같이 진술한 내용이 실제 사실과 부합한다는 것을 의미한다. [2] 공소사실이 최초로 심리된 제1심 제4회 공판기일부터 피고인이 공소사실을 일관되게 부인하여 경찰 작성 피의자신문조서의 진술 내용을 인정하지 않는 경우, 제1심 제4회 공판기일에 피고인이 위 서증의 내용을 인정한 것으로 공판조서에 기재된 것은 착오 기재 등으로 보아 위 피의자신문조서의 증거능력을 부정하여야 하고, 이와 반대되는 원심판단에 법리오해의 위법이 있다고 한 사례(대판 2010.6.24, 2010도5040).

📝 증거의견에서 김갑동에 대한 사경작성 피신조서에 대하여 김갑동이 부동의(×)하여 증거능력을 배제하는 예시답안

〈증거능력 배제 예시답안〉

김갑동에 대한 사경작성 피신조서는 제312조 제3항이 적용되는바, 김갑동이 내용을 부인하는 취지로 부동의하고 있으므로 증거능력이 없습니다.

📝 증거의견에서 김갑동에 대한 사경작성 피신조서에 대하여 김갑동이 내용을 부인(ㅇㅇㅇ×)하여 증거능력을 배제하는 예시답안

〈증거능력 배제 예시답안 [2023]〉

김갑동에 대한 사경작성 피신조서는 제312조 제3항이 적용되는바, 김갑동이 내용을 부인하고 있으므로 증거능력이 없습니다.

2. 공범인 이을남에 대한 사경작성 피신조서 (제312조 제3항)

김갑동이 동의(ㅇ)하거나 내용을 인정할 때만 증거능력이 인정된다. 따라서 김갑동이 부동의(×)하거나 내용을 부인할 경우(ㅇㅇㅇ×)에는 증거능력이 없다. 이는 제312조 제3항이 위법수사를 억지하기 위한 정책적 규정이라는 점 때문이므로 이을남의 동의(ㅇ)에 관계없으며, 제314조도 적용되지 않는다.

🔖 기록형 시험에서 김갑동이 이을남의 사경작성 피신조서에 대하여 내용만을 인정하는 경우는 논리상 거의 없을 것이다.

〈공범에 대한 사경작성 피신조서는 피고인이 내용부인하면 증거능력 없다는 판례〉 형사소송법 제312조 제3항은 검사 이외의 수사기관이 작성한 당해 피고인에 대한 피의자신문조서를 유죄의 증거로 하는 경우뿐만 아니라, 검사 이외의 수사기관이 작성한 당해 피고인과 공범관계에 있는 다른 피고인이나 피의자에 대한 피의자신문조서를 당해 피고인에 대

한 유죄의 증거로 신청할 경우에도 적용된다. 따라서 당해 피고인과 공범관계에 있는 공동 피고인에 대해 검사 이외의 수사기관이 작성한 피의자신문조서는 그 공동피고인의 법정진 술에 의하여 성립의 진정이 인정되더라도 당해 피고인이 공판기일에서 그 조서의 내용을 부인하면 증거능력이 부정된다. 그리고 이러한 경우 그 공동피고인이 법정에서 경찰수사 도중 피의자신문조서에 기재된 것과 같은 내용으로 진술하였다는 취지로 증언하였다고 하 더라도, 이러한 증언은 원진술자인 공동피고인이 그 자신에 대한 경찰 작성의 피의자신문 조서의 진정성립을 인정하는 취지에 불과하여 위 조서와 분리하여 독자적인 증거가치를 인정할 것은 아니므로, 앞서 본 바와 같은 이유로 위 조서의 증거능력이 부정되는 이상 위 와 같은 증언 역시 이를 유죄 인정의 증거로 쓸 수 없다(대판 2009.10.15, 2009도1889).

〈제312조 제3항의 피신조서는 제314조를 적용할 수 없다는 전합 판례〉 형사소송법 제312 조 제2항(현행법 제312조 제3항 – 저자주)은 검사 이외의 수사기관이 작성한 당해 피고인 에 대한 피의자신문조서를 유죄의 증거로 하는 경우뿐만 아니라 검사 이외의 수사기관이 작성한 당해 피고인과 공범관계에 있는 다른 피고인이나 피의자에 대한 피의자신문조서를 당해 피고인에 대한 유죄의 증거로 신청할 경우에도 적용되는바, 당해 피고인과 공범관계 가 있는 다른 피의자에 대한 검사 이외의 수사기관 작성의 피의자신문조서는 그 피의자의 법정진술에 의하여 그 성립의 진정이 인정되더라도 당해 피고인이 공판기일에서 그 조서 의 내용을 부인하면 증거능력이 부정되므로 그 당연한 결과로 그 피의자신문조서에 대하 여는 사망 등 사유로 인하여 법정에서 진술할 수 없는 때에 예외적으로 증거능력을 인정하 는 규정인 형사소송법 제314조가 적용되지 아니한다(대판 2004.7.15, 2003도7185 전합).

✎. 증거의견에서 공범인 이을남에 대한 사경작성 피신조서에 대하여 김갑동이 부동의(×) 하여 증거능력이 배제되는 예시답안

〈증거능력 배제 예시답안 [2023]〉

이을남에 대한 사경작성 피신조서는 판례에 의하면 제312조 제3항이 적용되는바, 김갑동 이 내용을 부인하는 취지로 부동의하고 있으므로 증거능력이 없습니다.

✎. 증거의견에서 공범인 이을남에 대한 사경작성 피신조서에 대하여 김갑동이 내용을 부인 (○○○×)하여 증거능력이 배제되는 예시답안

〈증거능력 배제 예시답안 [2024]〉

이을남에 대한 사경작성 피신조서는 판례에 의하면 제312조 제3항이 적용되는바, 김갑동 이 내용을 부인하고 있으므로 증거능력이 없습니다.

3. 공범이 아닌 이을남에 대한 사경작성의 피신조서 (제312조 제4항 적용)

공범이 아닌 이을남에 대한 사경작성 피신조서는 제312조 제4항의 적용을 받는다. 따라서 이 경우에는 공범이 아닌 이을남에 대한 검사작성 피신조서와 동일하게 취급된다.

(1) 김갑동이 동의(○)한 경우

김갑동이 동의(○)한 경우에는 원칙적으로 증거능력이 있다.

(2) 김갑동이 부동의(×)한 경우

공범이 아닌 이을남에 대한 사경작성 피신조서에 대하여 김갑동이 부동의(×)한 경우에는 원칙적으로 증거능력이 없다. 다만, 이을남이 증인으로 나와(김갑동의 반대신문권의 보장) 성립의 진정을 인정(검사의 대체증명 포함)하여야 증거능력이 인정된다. 즉 기본적으로 이을남에 대한 증인신문조서가 있어야 한다.

✎ 기록에서 이을남에 대한 증인신문조서가 있어야 하는 이유는 이을남이 증인으로 출석하여야 제312조 제4항에 따른 김갑동의 반대신문권이 보장되기 때문이다.

> 〈공범 아닌 공동피고인의 피의자신문조서는 동의없으면 증언에 의하여 성립의 진정이 인정되어야 증거능력이 인정된다는 판례〉 공동피고인인 절도범과 그 장물범은 서로 다른 공동피고인의 범죄사실에 관하여는 증인의 지위에 있다 할 것이므로, 피고인이 증거로 함에 동의한 바 없는 공동피고인에 대한 피의자신문조서는 공동피고인의 증언에 의하여 그 성립의 진정이 인정되지 아니하는 한 피고인의 공소 범죄사실을 인정하는 증거로 할 수 없다 (대판 2006.1.12. 2005도7601).

✐ 증거의견에서 공범이 아닌 이을남에 대한 사경작성 피신조서에 대하여 김갑동이 부동의 (×)한 경우에 이을남에 대한 사경작성 피신조서가 증거능력을 갖추기 위한 기록 예시

〈기록 예시 – 증인신문조서〉

검 사

　　증인에게 수사기록 중 사법경찰관이 작성한 증인에 대한 피의자신문조서를 보여주고 열람하게 한 후,

문　　증인은 검찰에서 사실대로 진술하고 그 조서를 읽어보고 서명, 무인한 사실이 있고, 그 피의자신문조서는 그때 검사에게 진술한 내용과 동일하게 기재되어 있는가요.

답　　예, 그렇습니다.

✐ 증거의견에서 공범이 아닌 이을남에 대한 사경작성 피신조서에 대하여 김갑동이 부동의
(×)한 경우에 이을남이 증인으로 신청되지 않은 경우의 증거능력을 배제하는 예시답안

〈증거능력 배제 예시답안〉

김갑동은 이을남에 대한 사경작성 피신조서에 대하여 부동의하고 있지만, 이을남은 동의
하고 있습니다. 그러나 공범이 아닌 이을남은 제312조 제4항에 따라 증인으로서 성립의
진정을 인정하고 반대신문을 받아야 합니다. 그런데 이을남은 증인으로 신청된바 없으므
로 증거능력이 없습니다.

✐ 증거의견에서 공범이 아닌 이을남에 대한 사경작성 피신조서에 대하여 김갑동이 부동의
(×)한 경우에 이을남이 증인으로 신청되었으나 증인신문에서 성립을 진정을 인정하지
않아 증거능력을 배제하는 예시답안

〈증거능력 배제 예시답안 [2020]〉

김갑동은 이을남에 대한 사경작성 피신조서에 대해 부동의하고 있습니다. 그리고 이을남
이 증인으로 증언하였으나 검사작성 피신조서의 성립의 진정을 인정하지 않았고, 검사도
제312조 제4항에 따른 영상녹화물이나 그 밖의 객관적인 방법으로 성립의 진정을 증명하
지 못했으므로 증거능력이 없습니다.

(3) 김갑동이 부동의(×)하고, 이을남이 사망 등으로 진술할 수 없는 경우

이론상 김갑동이 부동의(×)하고, 이을남이 사망 등으로 진술할 수 없는 경우에는 제
314조가 적용될 수 있다. 따라서 이을남이 사망 등으로 필요성이 인정되고 이을남의
진술이 특신상태하에서 진술되었다는 것이 증명되면 증거능력이 인정될 수 있다.

✎ 그러나 기록형시험에서 이을남이 사망 등으로 진술할 수 없는 경우는 출제하기 어렵
다. 다만 이론상 이러한 논의가 될 수 있다는 정도만 알아두기 바란다. 만약 시험에
출제된다면 이을남이 진술거부권이나 증언거부권을 행사한 정도가 나올 수 있을 것이
지만 쉽지는 않을 것이다.

4. 이을남에 대한 사경작성 피신조서에서의 전문진술 – 재전문증거

✎ 이론상 김갑동에 대한 사경작성 피신조서에서도 전문진술이 기재되는 경우를 상정할
수 있겠지만, 이는 기록형시험에서 출제하기 어려운 측면이 있으므로 생략하고 이을남
에 대한 사경작성 피신조서에 기재된 전문진술만을 살펴본다. 그리고 이을남이 공범인
경우에는 김갑동이 동의(○)를 하면 재전문도 증거능력이 인정되고, 김갑동이 부동의

(×)하거나 내용을 부인(○○○×)하는 경우에는 사경작성 피의자신문조서가 증거능력이 없어 재전문의 검토는 의미가 없다. 따라서 아래에서는 이을남이 공범이 아닌 경우만을 전제로 살펴본다.

공범이 아닌 이을남에 대한 사경작성 피신조서를 김갑동이 동의(○)한 경우에는 이을남의 진술에 전문진술이 포함되어 있는 재전문증거도 증거능력이 인정되지만, 김갑동이 부동의(×)하였으나 증거능력이 인정되는 경우에는 이을남의 진술에 전문진술이 포함되어 있는 재전문증거의 증거능력을 검토하여야 한다.

<blockquote>
〈전문진술을 기재한 조서·서류는 각각의 요건이 구비된 경우에 증거능력이 인정될 수 있다는 판례〉 전문진술이나 전문진술을 기재한 조서·서류는 형사소송법 제310조의2의 규정에 의하여 원칙적으로 증거능력이 없는 것인데, 다만 전문진술은 형사소송법 제316조 제2항의 규정에 따라 원진술자가 사망, 질병, 외국 거주 기타 사유로 인하여 진술할 수 없고 그 진술이 특히 신빙할 수 있는 상태하에서 행하여진 때에 한하여 예외적으로 증거능력이 있다고 할 것이고, 전문진술이 기재된 조서·서류는 형사소송법 제313조 내지 제314조의 규정에 의하여 각 증거능력이 인정될 수 있는 경우에 해당하여야 함은 물론, 나아가 형사소송법 제316조 제2항의 규정에 따른 위와 같은 요건을 갖추어야 예외적으로 증거능력이 있다고 할 것이다(대판 2014.4.30. 2012도725).
</blockquote>

(1) **공범이 아닌 이을남에 대한 사경작성 피신조서의 진술 내용이 김갑동의 진술을 내용으로 하는 경우**

김갑동이 부동의(×)하였지만 공범이 아닌 이을남에 대한 사경작성 피신조서가 증거능력이 인정되는 경우라도 그 일부분이 김갑동의 진술을 내용으로 하는 전문진술인 경우에는 제316조 제1항에 따라 특신상태가 증명되어야 증거능력이 인정된다.

> ✎ 김갑동이 부동의(×)하였지만, 증거능력이 인정되는 공범이 아닌 이을남에 대한 사경작성 피신조서의 진술 중 김갑동의 진술을 내용으로 하는 경우의 예시기록과 증거능력을 배제하는 예시답안

<blockquote>
〈기록 예시 – 증거능력이 인정되는 이을남에 대한 사경작성 피신조서〉

사법경찰관

    피의자 이을남에게

문   피의자는 김갑동으로부터 박병진의 고급시계를 절취하였으니 이를 싼값에 사라는 말을 들었는가요.

답   예, 김갑동이 저에게 "박병진의 고급시계를 절취하였으니 이를 싼값에 사라"라고 분명히 말하였습니다.
</blockquote>

(2) 공범이 아닌 이을남에 대한 사경작성 피신조서의 진술 내용 중 김갑동이 아닌 타인의 진술을 내용으로 하는 경우

김갑동이 부동의(×)하였지만, 공범이 아닌 이을남에 대한 사경작성 피신조서가 증거능력이 인정되는 경우라도 그 일부분이 김갑동이 아닌 타인의 진술을 내용으로 하는 전문진술인 경우에는 판례에 의하면 제316조 제2항에 따라 필요성과 특신상태가 증명되어야 증거능력이 인정된다.

✎ 김갑동이 부동의(×)하였지만, 증거능력이 인정되는 공범이 아닌 이을남에 대한 사경작성피신조서의 진술 중 김갑동이 아닌 타인의 진술을 내용으로 하는 경우의 예시기록과 증거능력을 배제하는 예시답안

〈기록 예시 – 증거능력이 인정되는 이을남에 대한 사경작성 피신조서〉

사법경찰관

　　　　　피의자 이을남에게

문　　　　피의자는 정알선으로부터 김갑동이 훔친 박병진의 고급시계를 싼값에 사라는 말을 들었는가요.

답　　　　예, 정알선이 저에게 "김갑동이 어제 박병진의 고급시계를 소매치기하는 것을 보았는데, 내가 중재에 나설테니 싼값에 사라"라고 말하였습니다.

5. 이을남에 대한 사경작성 피신조서에 있는 재전문진술의 증거능력 – 재재전문증거

✎ 이을남이 공범인 경우에는 김갑동이 동의(○)를 하면 재재전문도 증거능력이 인정되고, 김갑동이 부동의(×)하거나 내용을 부인(○○○×)하는 경우에는 사경작성 피의자신문조서가 증거능력이 없어 재재전문의 검토는 의미가 없다. 따라서 아래에서는 이을남이 공범이 아닌 경우만을 전제로 살펴본다.

공범이 아닌 이을남에 대한 사경작성 피신조서를 김갑동이 동의(○)한 경우에는 증거능력이 인정되지만, 김갑동이 부동의(×)하였으나 증거능력이 인정되는 경우에도 이을남의 진술에 재전문진술이 포함되어 있는경우에는 재재전문증거이므로 판례에 의하면 증거능력이 인정되지 않는다.

> ✎ 김갑동이 부동의(×)하였지만, 증거능력이 인정되는 공범이 아닌 이을남에 대한 사경작성 피신조서 중 재전문진술을 내용으로 하는 재재전문증거의 예시기록과 증거능력을 배제하는 예시답안

〈기록 예시 – 증거능력이 인정되는 공범이 아닌 이을남의 사경작성 피신조서〉

사법경찰관

　　　피의자 이을남에게

문　　피의자는 정알선으로부터 김갑동이 훔친 박병진의 고급시계를 싼값에 사라는 말을 들었는가요.

답　　예, 정알선이 저의 처에게 "김갑동이 어제 박병진의 고급시계를 소매치기하는 것을 보았는데, 내가 중재에 나설테니 싼값에 사라"라고 분명하게 말했다는 것을 저의 처에게 들었습니다.

〈증거능력 배제 예시답안〉

이을남의 사경작성 피신조서 중 정알선의 진술내용은 이을남의 처에게서 들은 내용이므로 재재전문증거입니다. 판례에 의하면 이러한 재재전문증거는 증거능력이 인정되지 않으므로 증거능력이 없습니다.

Ⅳ. 진술조서의 증거능력

1. 김갑동이 동의(○)한 경우

증거의견에서 김갑동이 진술조서에 동의(○)한 경우에는 원칙적으로 증거능력 있으며, 진술조서에 기재된 전문증거나 재전문증거 증거능력이 인정된다.

2. 김갑동이 부동의(×)한 경우

진술조서에 대하여 김갑동이 부동의(×)한 경우에는 원칙적으로 증거능력이 없다. 다만, 제312조 제4항에 따라 진술자가 증인으로 나온 것을 전제(기록상 증인신문조서의 존재의 확인)로 하여 ① 진술자가 증언(기록상 증인신문조서에서 확인)으로 성립의 진정을 인정하거나, ② 검사가 '영상녹화물이나 그 밖의 객관적인 방법'으로 성립의 진정을 증명(기록상 공판조서에서 확인)한 경우에는 증거능력이 있게 된다. 따

라서 기록시험에서는 진술자에 대한 증인신문조서(일반적으로 기록상 제2회 공판조서의 뒷부분에 위치)가 없다면 진술자에 대한 진술조서는 원칙적으로 증거능력이 인정되지 않는다.

✎ 기록에서 진술자에 대한 증인신문조서가 있어야 하는 이유는 진술자가 증인으로 출석하여야 제312조 제4항에 따른 김갑동의 반대신문권이 보장되기 때문이다.

✐ 증거의견에서 진술조서에 대하여 김갑동이 부동의(×)하였으나, 진술조서의 진술자가 증인으로 선서한 후 증언으로 성립의 진정을 인정하여 증거능력을 인정받는 예시기록

〈기록 예시 – 증인신문조서〉

검 사

　　　증인에게 수사기록 중 검사가 작성한 증인에 대한 진술조서를 보여주고 열람하게 한 후,

문　　증인은 검찰에서 사실대로 진술하고 그 조서를 읽어보고 서명, 무인한 사실이 있고, 그 진술조서는 그때 검사에게 진술한 내용과 동일하게 기재되어 있는가요.

답　　예, 그렇습니다.

✐ 증거의견에서 진술조서에 대하여 김갑동이 부동의(×)하였고, 진술조서의 진술자가 증인으로 신청되지 않아 증거능력을 배제하는 예시답안

〈증거능력 배제 예시답안〉

김갑동은 박병진에 대한 (검사작성 또는 사경작성의) 진술조서에 대하여 부동의하고 있습니다. 그런데 박병진은 증인으로 신청된 바가 없어 반대신문을 받지 않았으므로 증거능력이 없습니다.

〈증거능력 배제 예시답안 [2018]〉

이을남의 고소장과 진술조서는 김갑동이 부동의하고 있습니다. 그리고 이을남이 증인으로 출석하여 고소장과 진술조서의 성립을 진정을 인정하지 않았으므로 그 증거능력이 없습니다. 또한 이을남의 진술은 김갑서의 진술을 내용으로 하는 재전문이므로 제316조 제2항의 필요성이 인정되지 않아 증거능력이 없습니다.

✏️ 증거의견에서 진술조서에 대하여 김갑동이 부동의(×)하였고 진술조서의 진술자가 증인으로 신청되었으나 증언을 거부하는 등으로 성립의 진정을 인정하지 않고, 검사가 객관적인 방법으로 성립의 진정을 증명하지 못하여 증거능력을 배제하는 예시답안

〈증거능력 배제 예시답안〉

김갑동은 박병진에 대한 (검사작성 또는 사경작성의) 진술조서에 대하여 부동의하고 있습니다. 그리고 박병진은 증인으로 출석하였지만 증언으로 진술조서에 대한 성립의 진정을 인정하지 않았고, 검사가 '영상녹화물이나 그 밖의 객관적인 방법'에 의하여 성립의 진정을 증명하지 못했으므로 증거능력이 없습니다.

〈증거능력 배제 예시답안 [2018]〉

김갑서의 진술조서는 김갑동이 부동의하고 있습니다. 그리고 김갑서가 증인으로 출석하였으나 증언을 거부하여 진술조서의 성립을 진정을 인정하지 않았으므로 그 증거능력이 없습니다.

3. 김갑동이 부동의(×)하고, 진술인이 사망 등으로 진술할 수 없는 경우

김갑동이 부동의(×)하고, 진술인이 사망 등으로 진술할 수 없는 경우에는 제314조에 의하여 필요성과 특신상태가 인정되면 증거능력이 인정될 수 있다.

✏️ 증거의견에서 진술조서에 대하여 김갑동이 부동의(×)하였지만, 검사가 제314조에 따른 필요성과 특신상태를 입증하는 예시기록

〈기록 예시 – 공판조서〉

검 사

　　　박병진에 대한 검사작성의 진술조서에 하여 박병진은 공소제기 전에 사망하였고, 조사자 등의 신문을 통하여 조사당시에 특신상태가 인정되었다고 진술

✏️ 증거의견에서 진술조서에 대하여 김갑동이 부동의(×)하였으나, 검사가 제314조에 따른 특신상태를 증명하지 못하여 증거능력을 배제하는 예시답안

〈증거능력 배제 예시답안〉

김갑동은 박병진에 대한 (검사작성 또는 사경작성의) 진술조서에 대하여 부동의하고 있습니다. 그리고 박병진은 사망하였으므로 제312조 제4항의 요건을 구비할 수 없기에 제314조에 의한 필요성과 특신상태가 인정되면 증거능력이 인정될 수 있습니다. 그런데 박병진

은 사망하였으므로 필요성은 인정되지만, 특신상태에 대한 증명이 없으므로 증거능력이 없습니다.

4. 진술조서에 전문진술이 기재된 경우 - 재전문증거

진술조서가 김갑동에게 증거능력이 인정되는 경우에도 진술인의 진술에 전문진술이 포함되어 있는 재전문증거의 증거능력을 인정할 수 있는지가 문제된다. 이러한 경우 ① 김갑동의 동의(○)가 있어 증거능력이 있는 경우에는 그 당연한 논리상 재전문증거라고 하더라도 증거능력이 인정되지만 ② 김갑동이 부동의(×)하였으나 진술조서가 증거능력이 인정되는 경우에 그 일부분이 전문진술을 내용으로 하는 재전문증거인 경우에는 판례에 의하면 전문진술의 증거능력 요건을 구비하여야 증거능력이 인정된다.

〈전문진술을 기재한 조서·서류는 각각의 요건이 구비된 경우에 증거능력이 인정될 수 있다는 판례〉 전문진술이나 전문진술을 기재한 조서·서류는 형사소송법 제310조의2의 규정에 의하여 원칙적으로 증거능력이 없는 것인데, 다만 전문진술은 형사소송법 제316조 제2항의 규정에 따라 원진술자가 사망, 질병, 외국 거주 기타 사유로 인하여 진술할 수 없고 그 진술이 특히 신빙할 수 있는 상태하에서 행하여진 때에 한하여 예외적으로 증거능력이 있다고 할 것이고, 전문진술이 기재된 조서·서류는 형사소송법 제313조 내지 제314조의 규정에 의하여 각 증거능력이 인정될 수 있는 경우에 해당하여야 함은 물론, 나아가 형사소송법 제316조 제2항의 규정에 따른 위와 같은 요건을 갖추어야 예외적으로 증거능력이 있다고 할 것이다(대판 2014.4.30. 2012도725).

(1) 진술인의 진술 내용이 김갑동의 진술을 내용으로 하는 경우

김갑동이 부동의(×)하였지만 진술조서가 증거능력이 인정되는 경우라도 그 일부분이 김갑동의 진술을 내용으로 하는 전문진술인 경우에는 제316조 제1항에 의하여 김갑동이 특신상태하에서 진술하였다는 점이 증명되어야 증거능력이 인정된다.

✎ 김갑동이 부동의(×)하였지만, 증거능력이 인정되는 진술조서 중 김갑동의 진술을 내용으로 하는 경우의 예시기록과 증거능력을 배제하는 예시답안

〈기록 예시 - 진술조서(증거능력이 인정되는 정알선의 진술조서)〉

사법경찰관

　　　진술인 정알선에게

문　　진술인은 김갑동으로부터 박병진의 고급시계를 절취하였으니 이를 싼값에 팔아달라는 말을 들었는가요.

| 답 | 예, 김갑동이 저에게 "박병진의 고급시계를 절취하였으니 이를 싼값에 팔아달라"라고 분명히 말하였지만, 제가 더 이상 범죄를 범할 마음이 없어 이에 신고하는 것입니다. |

〈증거능력 배제 예시답안〉

정알선에 대한 (검사작성 또는 사경작성의) 진술조서 중 김갑동의 진술내용은 재전문증거입니다. 그런데 김갑동의 진술내용이 증거능력을 갖추기 위해서는 제316조 제1항의 특신상태가 증명되어야 하는바, 이에 대한 증명이 없으므로 증거능력이 없습니다.

(2) 진술인의 진술 내용이 김갑동이 아닌 타인의 진술을 내용으로 하는 경우

김갑동이 부동의(×)하였지만 진술조서의 증거능력이 인정되는 경우라도 그 일부분이 김갑동이 아닌 타인의 진술을 내용으로 하는 전문진술인 경우에는 제316조 제2항에 의해 필요성과 특신상태가 증명되어야 증거능력이 인정된다.

> ✎ 김갑동이 부동의(×)하였지만, 증거능력이 인정되는 진술조서 중 김갑동이 아닌 타인의 진술을 내용으로 하는 경우의 예시기록과 증거능력을 배제하는 예시답안

〈기록 예시 – 진술조서(증거능력이 인정되는 나장물의 진술조서)〉

사법경찰관

　　　진술인 나장물에게

| 문 | 진술인은 나목격으로부터 김갑동이 고급시계를 절취하였으니 이를 싼값에 사라는 말을 들었는가요. |
| 답 | 예, 나목격이 저에게 "김갑동이 어제 박병진의 고급시계를 소매치기하는 것을 보았는데, 내가 중재에 나설테니 싼값에 사라"라고 분명하게 말하였습니다. |

〈증거능력 배제 예시답안〉

나장물의 진술조서 중 나목격의 진술내용은 재전문증거입니다. 그런데 나목격의 진술내용이 증거능력을 갖추기 위해서는 제316조 제2항의 필요성과 특신상태가 증명되어야 하는바, 원진술자인 나목격은 현재 법정에 출석하여 있으므로 필요성이 인정되지 않아 증거능력이 없습니다.

〈증거능력 배제 예시답안 [2013]〉

박병진의 진술조서 중 이을남의 진술내용이 김갑동에게 증거능력이 인정되기 위해서는 판례에 의하면 제316조 제2항의 요건인 필요성과 특신상태를 구비하여야 합니다. 그런데 이을남은 법정에 재정하고 있어 필요성이 인정되지 않으므로 증거능력이 없습니다.

5. 진술조서에 재전문진술이 기재된 경우 – 재재전문증거의 증거능력

김갑동이 진술조서에 대하여 동의(○)한 경우에는 진술조서에 재전문진술이 있어 재재전문증거가 되더라도 증거능력이 인정되지만, 김갑동이 부동의(×)한 경우에는 판례에 의하면 검사작성 또는 사경작성 진술조서에 있는 재전문진술인 재재전문증거는 증거능력이 인정되지 않는다.

> ✎. 김갑동이 부동의(×)하였지만, 증거능력이 인정되는 진술조서 중 재전문진술을 내용으로 하는 재재전문증거의 예시기록과 증거능력을 배제하는 예시답안

〈기록 예시 – 진술조서(증거능력이 인정되는 박병진의 진술조서)〉

이때 검사는 진술인 박병진를 상대로 다음과 같이 문답을 하다.

문   진술인은 김갑동이 피해자를 사기친 돈으로 집을 샀다는 말을 들었는가요.

답   예, 제가 사기를 당한 이후에 저의 처가 김갑동에게 전화를 하여 따졌더니 저의 처에게 "이미 사기친 돈은 집을 사는데 다 쓰고 남은 돈이 없으니 알아서 하라"라고 호기에 차서 말했다고 제 처가 저에게 말하였습니다.

〈증거능력 배제 예시답안〉

박병진의 진술조서의 내용 중 김갑동의 진술내용은 박병진의 처에게서 들은 내용이므로 재재전문증거입니다. 판례에 의하면 이러한 재재전문증거는 증거능력이 인정되지 않으므로 증거능력이 없습니다.

V. 수사과정에서 작성된 진술서의 증거능력(제312조 제5항)

수사과정에서 작성된 진술서는 제312조 제5항에 따라 제312조 제1항, 제3항 그리고 제4항이 적용된다.

> ✎. 김갑동이 검찰 단계에서 작성한 진술서의 증거능력을 배제하는 예시답안

〈증거능력 배제 예시답안 [2024]〉

김갑동이 검찰 단계에서 작성한 진술서는 수사과정에서 작성된 진술서로서 제312조 제5항에 의하여 제312조 제1항의 요건을 구비하여야 합니다. 그런데 김갑동이 그 내용을 부인하고 있으므로 제312조 제1항에 의하여 증거능력이 없습니다.

VI. 제313조의 진술서와 진술기재서류의 증거능력

1. 김갑동의 자필 진술서(문자 · 사진 · 영상 등 포함) 증거능력 판단

(1) 김갑동이 동의(○)하는 경우

김갑동의 자필진술서(문자 · 사진 · 영상 등 포함)는 김갑동이 동의(○)하면 원칙적으로 증거능력이 인정된다.

(2) 김갑동이 부동의(×)하는 경우

김갑동이 부동의(×)하면 원칙적으로 증거능력이 없다. 그러나, 예외적으로 제313조 제1항 본문과 단서에 따라 김갑동이 공판기일에 성립의 진정을 인정(기록상 공판조서에서 확인)하고 제313조 제1항 단서에 따라 특신상태가 증명되면 증거능력이 인정될 수 있다.

그리고 김갑동이 부동의(×)하고 제313조 제1항 본문에 따라 김갑동이 성립의 진정을 인정하지 않더라도, 검사가 제313조 제2항에 따라 과학적 분석결과에 기초한 디지털포렌식 자료, 감정 등 객관적 방법으로 성립의 진정함이 증명(기록상 공판조서에서 확인)되고 제313조 제1항 단서의 특신상태가 증명된다면 증거능력이 인정될 수 있다.

> 〈피고인의 자필 진술서는 특신상태에서 행하여진 때에 증거능력 있다고 본 판례〉 피고인의 자필로 작성된 진술서의 경우에는 서류의 작성자가 동시에 진술자이므로 진정하게 성립된 것으로 인정되어 형사소송법 제313조 단서에 의하여 그 진술이 특히 신빙할 수 있는 상태하에서 행하여진 때에는 증거능력이 있고, 이러한 특신상태는 증거능력의 요건에 해당하므로 검사가 그 존재에 대하여 구체적으로 주장 · 입증하여야 하는 것이지만, 이는 소송상의 사실에 관한 것이므로, 엄격한 증명을 요하지 아니하고 자유로운 증명으로 족하다(대판 2001.9.4, 2000도1743).

✎ 증거의견에서 김갑동의 진술서 등에 대하여 김갑동이 부동의(×)하였지만, 공판조서 중 피고인신문에서 성립의 진정과 특신상태를 인정하여 증거능력이 인정되는 예시기록

〈기록 예시 - 공판조서〉
검 사
피고인에게 일기장을 열람하게 한 후,
문　　피고인이 체포현장에서 압수된 일기장인데, 피고인이 작성한 일기장이 맞는지요.
답　　예, 제가 매일 적는 일기장이 맞으며, 그 내용도 적은 그대로입니다. 개인적으로 보다 나은 내일을 위하여 반성하는 의미에서 적어 놓은 것입니다.

✑ 증거의견에서 김갑동의 진술서 등에 대하여 김갑동이 부동의(×)하였고, 검사가 제313조 제2항에 따른 성립의 진정을 인정하지 못하여 증거능력을 배제하는 예시답안

〈증거능력 배제 예시답안〉

김갑동은 일기장에 대하여 성립의 진정을 부인하는 취지로 부동의하고 있습니다. 그런데 검사는 제313조 제2항에 따라 객관적인 방법으로 성립의 진정을 증명하지 않았으므로 증거능력이 없습니다.

---

2. 김갑동의 진술기재서류(문자 · 사진 · 영상 등 포함)의 증거능력 판단

(1) 김갑동이 동의(○)하는 경우

김갑동의 진술기재서류는 김갑동이 동의(○)하면 원칙적으로 증거능력이 인정된다.

(2) 김갑동이 부동의(×)하는 경우

1) 김갑동의 진술기재서류에 서명날인이 없는 경우

김갑동의 진술기재서류에 서명날인이 없는 경우에는 제313조 제1항의 기본적인 요건이 구비되지 않아 증거능력이 인정되지 않고, 판례의 취지에 따르면 이 경우에는 제314조도 적용될 수 없다.

✑ 증거의견에서 김갑동의 진술기재서류 등에 대하여 김갑동이 부동의(×)하였고, 진술기재서류에 서명날인이 없어 증거능력이 배제되는 예시답안

〈증거능력 배제 예시답안 [2023]〉

수사보고서 중 김피해의 진술 부분은 진술기재서류로 제313조 제1항 본문이 적용되지만, 진술자인 김피해의 서명날인 등이 없으므로 증거능력이 없습니다.

---

2) 김갑동의 진술기재서류에 서명날인이 있는 경우

김갑동의 서명 또는 날인이 있는 진술기재서류는 김갑동이 동의(○)하면 원칙적으로 증거능력이 인정된다. 그러나 김갑동이 부동의(×)하면 제313조 제1항 단서에 따라 작성자가 증인으로 선서한 후 증언으로 성립의 진정을 인정(기록상 증인신문조서에서 확인)하고, 특신상태가 인정되면 증거능력이 인정된다. 따라서 김갑동이 부동의(×)한 경우라면 기록에서 작성자의 증인신문조서가 있는지 확인하여야 한다.

〈작성자설을 따른 판례〉 피고인이 피고인의 진술을 기재한 서류를 증거로 할 수 있음에 동의하지 않은 이상 그 서류에 기재된 피고인의 진술 내용을 증거로 사용하려면 형사소송법 제313조 제1항 단서에 따라 공판준비 또는 공판기일에서 작성자의 진술에 의하여 그 서류에 기재된 피고인의 진술 내용이 피고인이 진술한 대로 기재된 것임이 증명되고 나아가 진술이 특히 신빙할 수 있는 상태하에서 행하여진 것임이 인정되어야 한다. 여기서 '특히 신빙할 수 있는 상태'라 함은 진술 내용이나 서류의 작성에 허위개입의 여지가 거의 없고, 진술 내용의 신빙성이나 임의성을 담보할 구체적이고 외부적인 정황이 있는 것을 말한다 (대판 2022.4.28. 2018도3914).

✎ 증거의견에서 김갑동의 진술기재서류 등에 대하여 김갑동이 부동의(×)하였지만, 작성자가 증인으로 선서한 후 증언으로 성립의 진정을 인정하고 특신상태가 인정되어 증거능력이 인정되는 예시기록

〈기록 예시 – 증인신문조서〉

검 사
　　　증인 나대필에게 차용증을 열람하게 한 후,
문　　　증인이 작성한 차용증이 맞는지요.
답　　　예, 제가 피고인 김갑동의 진술에 따라 정확하게 작성한 차용증이 맞습니다. 당시 김갑동은 많은 채무를 부담하는 것이므로 굉장히 심각한 표정이었습니다.

✎ 증거의견에서 김갑동의 진술기재서류 등에 대하여 김갑동이 부동의(×)하였고, 작성자가 증인으로 신청되지 않거나 출석하지 않아 증거능력이 배제되는 예시답안

〈증거능력 배제 예시답안〉
김갑동은 김갑동 명의의 차용증에 대하여 부동의하고 있습니다. 그런데 작성자인 나대필이 증인으로 신청되지 않아 증인으로 선서하고 증언으로 제313조 제1항 단서에 따른 성립의 진정을 인정하지 않았으므로 증거능력이 없습니다.

〈증거능력 배제 예시답안 [2017]〉
보이스펜의 녹음 내용은 김갑동이 부동의하므로 판례에 의하면 형소법 제313조 제1항 단서에 의하여 작성자인 김직원의 증언으로 성립의 진정이 인정되고 특신상태가 증명되어야 합니다. 그런데 김직원은 증인으로 신청되었으나 법정에 출석하지 않았고, 형소법 제314조의 요건도 구비하지 못했으므로 증거능력이 없습니다.

3. 김갑동 이외의 진술자의 자필 진술서(문자 · 사진 · 영상 등 포함)

(1) 김갑동이 동의(○)하는 경우

증거의견에서 김갑동이 동의(○)하면 원칙적으로 증거능력이 인정된다.

(2) 김갑동이 부동의(×)하는 경우

증거의견에서 김갑동이 부동의(×)하면 원칙적으로 증거능력이 인정되지 않는다. 다만, ① 제313조 제1항에 따라 진술자가 증인으로 나온 것을 전제(기록상 증인신문조서의 존재의 확인)로 하여 진술자가 증언(기록상 증인신문조서에서 확인)으로 성립의 진정을 인정하거나 ② 제313조 제2항에 따라 검사가 과학적 분석결과에 기초한 디지털포렌식 자료, 감정 등 객관적 방법으로 성립의 진정함이 증명(기록상 공판조서에서 확인)되면 증거능력이 인정될 수 있다. 그러나 ②의 경우에도 제313조 제2항 단서에 따라 김갑동의 반대신문권이 보장되어야 하므로 결국 진술자에 대한 증인신문조서가 있어야지만 증거능력이 인정된다.

그리고 진술서의 성립의 진정을 인정하지 못하는 경우에는 제314조에 따라 필요성과 특신상태가 증명되면 증거능력이 인정될 수 있다.

> 🔖 기록에서 진술자에 대한 증인신문조서가 있어야 하는 이유는 ① 진술자가 증인으로 출석하여야 진술서의 성립의 진정을 인정할 수 있으며 ② 검사가 과학적인 방법으로 성립의 진정을 인정하더라도 제313조 제2항 단서에 따른 김갑동의 반대신문권이 보장되기 때문이다.

> ✏️ 증거의견에서 진술서 등에 대하여 김갑동이 부동의(×)하였어도 진술자(작성자와 동일)의 증언에 의하여 성립의 진정이 인정되어 증거능력이 인정되는 예시기록

〈기록 예시 – 증인신문조서〉

검 사	
	증인에게 고소장을 열람하게 한 후,
문	증인이 작성하여 제출한 고소장이 맞는지요.
답	예, 제가 작성하여 제출한 고소장이 맞습니다.

✎ 증거의견에서 진술서 등에 대하여 김갑동이 부동의(×)하였고, 진술자(작성자와 동일)가
　증인으로 신청되지 않아 증거능력이 배제되는 예시답안

> 〈증거능력 배제 예시답안〉
>
> 김갑동은 박병진의 고소장에 대하여 부동의하고 있습니다. 그런데 박병진이 증인으로 신
> 청되지 않아 박병진이 증인으로 선서하고 증언으로 제313조 제1항 본문에 따른 성립의 진
> 정을 인정하지 않았으므로 증거능력이 없습니다.

✎ 증거의견에서 고소장에 대하여 김갑동이 부동의(×)하였고, 진술자(작성자와 동일)가 증
　인으로 신청되지 않아 증거능력이 배제되는 예시답안

> 〈증거능력 배제 예시답안 [2024]〉
>
> 이을남의 고소장은 김갑동이 부동의 하므로 제313조 제1항의 요건을 구비하여야 합니다.
> 그런데 이을남은 피고인신문시 성립의 진정을 인정하였으나, 이을남은 이을남과 공범이
> 아니므로 증인적격이 인정됩니다. 따라서 이을남은 증인으로 나와 성립의 진정을 인정하
> 여야 하지만 증인으로 신청된 바가 없으므로 증거능력이 없습니다.

✎ 증거의견에서 진술서 등에 대하여 김갑동이 부동의(×)하였고 진술자(작성자와 동일)가
　증인으로 신청되었지만, 성립의 진정을 인정하지 않고 검사가 객관적 방법으로 성립의
　진정을 증명하지 않아 증거능력이 배제되는 예시답안

> 〈증거능력 배제 예시답안〉
>
> 김갑동은 박병진의 고소장에 대하여 부동의하고 있습니다. 그런데 박병진이 증인으로 출
> 석하였으나 성립의 진정을 인정하지 않았고, 검사도 제313조 제2항 본문에 따른 객관적
> 방법으로 성립을 진정을 증명하지 못했으므로 증거능력이 없습니다.

4. 김갑동 이외의 진술자의 진술기재서류(문자·사진·영상 등 포함)

(1) 김갑동이 동의(○)하는 경우

증거의견에서 김갑동이 동의(○)하면 원칙적으로 증거능력이 인정된다.

(2) 김갑동이 부동의(×)하는 경우

1) 진술자의 서명날인이 없는 경우

진술자의 진술기재서류에 서명날인이 없는 경우에는 제313조 제1항의 기본적인 요
건이 구비되지 않아 증거능력이 인정되지 않고, 판례에 의하면 이 경우에는 제314조

도 적용될 수 없다.

✎ 증거의견에서 진술자의 진술기재서류 등에 대하여 김갑동이 부동의(×)하였지만, 진술 기재서류에 진술자(작성자와 다름)의 서명·날인이 없어 증거능력이 배제되는 예시답안

〈증거능력 배제 예시답안〉

진술자의 증명서는 피고인 아닌 자의 진술기재서류로서 제313조 제1항 본문에 의하여 진술자의 서명·날인이 있어야 증거능력이 인정됩니다. 그런데 증명서에는 진술자의 서명·날인이 없으므로 증거능력이 없습니다.

〈증거능력 배제 예시답안 [2014]〉

전총무의 증명서는 피고인 아닌 자의 진술기재서류로서 제313조 제1항 본문에 의하여 진술자인 전총무의 서명·날인이 있어야 증거능력이 인정됩니다. 그런데 증명서에는 전총무의 서명·날인이 없으므로 증거능력이 없습니다.

〈증거능력 배제 예시답안 [2019]〉

본 공소사실에 대한 수사보고서는 홍중재의 진술을 검찰주사인 황보영이 받아 적은 진술기재서류입니다. 그런데 진술기재서류의 경우에는 제313조 제1항 본문에 의하여 진술자의 서명 또는 날인이 있어야 하는데 본 수사보고서에는 진술자인 홍중재의 서명 또는 날인이 없으므로 증거능력이 인정되지 않습니다. 그리고 제313조의 서류에 해당하지 않으므로 제314조도 적용할 수 없어 증거능력이 인정되지 않습니다.

또한 수사보고서의 내용은 홍중재가 김갑동에게서 들은 진술을 내용으로 하는바, 이는 재전문증거입니다. 그런데 사안에서는 제316조 제1항에 따라 김갑동이 홍중재에게 진술할 당시 특신상태에 있었다는 점이 증명되지 않았으므로 증거능력이 없습니다.

2) 진술자의 서명날인이 있으나, 김갑동이 부동의(×)한 경우

진술자의 진술기재서류에 서명날인이 있는 경우 김갑동이 부동의(×)하면 원칙적으로 증거능력이 인정되지 않는다. 그러나, 제313조 제1항 본문에 따라 진술자가 증인으로 선서한 후 증언으로 성립의 진정을 인정(기록상 증인신문조서에서 확인)하면

증거능력이 인정된다. 따라서 기록시험에서는 진술자에 대한 증인신문조서(기록상 공판조서의 뒷부분에 위치)가 없다면 진술자에 대한 진술기재서류는 증거능력이 인정되지 않는다. 다만, 제314조에 따라 필요성과 특신상태가 증명되면 증거능력이 인정될 수 있다.

✎ 증거의견에서 진술자의 진술기재서류 등에 대하여 김갑동이 부동의(×)하였지만, 진술재(작성자와 다름)의 증언에 의하여 성립의 진정이 인정되어 증거능력이 인정되는 예시기록

〈기록 예시 - 증인신문조서〉

검 사

　　　증인에게 고소장을 열람하게 한 후,

문　　　증인이 그 내용을 진술하고 증인의 어머니가 작성하여 제출한 고소장이 맞는지요.

답　　　예, 제가 교통사고를 당해 팔을 쓸 수 없어 어머니가 대필을 하고 제가 서명하고 날인한 고소장이 맞고, 그 내용도 제가 진술한대로 적혀있습니다.

✎ 증거의견에서 진술자의 진술기재서류 등에 대하여 김갑동이 부동의(×)하였지만, 진술재(작성자와 다름)의 증언에 의하여 성립의 진정이 인정되지 않아 증거능력이 배제되는 예시답안

〈증거능력 배제 예시답안〉

김갑동은 박병진의 고소장에 대하여 부동의하고 있습니다. 그리고 진술자인 박병진이 증인으로 신청되지 않아 증인으로 선서하고 증언으로 제313조 제1항 본문에 따른 성립의 진정을 인정하지 않았으므로 증거능력이 없습니다.

---

5. 진술서나 진술기재서류에 전문진술이 있는 경우 - 재전문증거

진술서나 진술기재서류가 김갑동에게 증거능력이 인정되는 경우에도 진술인의 진술에 전문진술이 포함되어 있는 재전문증거의 증거능력을 인정할 수 있는지가 문제된다. 이러한 경우 ① 김갑동의 동의(○)가 있어 증거능력이 있는 경우에는 그 당연한 논리상 재전문증거라고 하더라도 증거능력이 인정되지만 ② 김갑동이 부동의(×)하였지만, 진술서나 진술기재서류가 증거능력이 인정되는 경우에 그 일부분이 전문진술을 내용으로 하는 재전문증거인 경우에는 판례에 의하면 전문진술의 증거능력 요건을 구비하여야 증거능력이 인정된다.

〈전문진술을 기재한 조서·서류는 각각의 요건이 구비된 경우에 증거능력이 인정될 수 있다는 판례〉 전문진술이나 전문진술을 기재한 조서·서류는 형사소송법 제310조의2의 규정에 의하여 원칙적으로 증거능력이 없는 것인데, 다만 전문진술은 형사소송법 제316조 제2항의 규정에 따라 원진술자가 사망, 질병, 외국 거주 기타 사유로 인하여 진술할 수 없고 그 진술이 특히 신빙할 수 있는 상태하에서 행하여진 때에 한하여 예외적으로 증거능력이 있다고 할 것이고, 전문진술이 기재된 조서·서류는 형사소송법 제313조 내지 제314조의 규정에 의하여 각 증거능력이 인정될 수 있는 경우에 해당하여야 함은 물론, 나아가 형사소송법 제316조 제2항의 규정에 따른 위와 같은 요건을 갖추어야 예외적으로 증거능력이 있다고 할 것이다(대판 2014.4.30. 2012도725).

(1) 진술인의 진술 내용이 김갑동의 진술을 내용으로 하는 경우

김갑동이 부동의(×)하였지만 진술서나 진술기재서류가 증거능력이 인정되는 경우라도 그 일부분이 김갑동의 진술을 내용으로 하는 전문진술인 경우에는 제316조 제1항에 의하여 김갑동이 특신상태하에서 진술하였다는 점이 증명되어야 증거능력이 인정된다.

✐ 김갑동이 부동의(×)하였지만, 증거능력이 인정되는 진술서나 진술기재서류 중 김갑동의 진술을 내용으로 하는 경우의 예시기록과 증거능력을 배제하는 예시답안

〈기록 예시 – 고소장(증거능력이 인정되는 정알선의 고소장)〉

김갑동이 저에게 "박병진의 고급시계를 절취하였으니 이를 싼값에 팔아달라"라고 분명히 말하였지만, 제가 더 이상 범죄를 범할 마음이 없어 이에 신고하는 것입니다.

〈증거능력 배제 예시답안〉

정알선의 고소장의 진술 중 김갑동의 진술내용은 재전문증거입니다. 그런데 김갑동의 진술내용이 증거능력을 갖추기 위해서는 제316조 제1항의 특신상태가 증명되어야 하는바, 이에 대한 증명이 없으므로 증거능력이 없습니다.

(2) 진술인의 진술 내용이 김갑동이 아닌 타인의 진술을 내용으로 하는 경우

김갑동이 부동의(×)하였지만 진술서나 진술기재서류의 증거능력이 인정되는 경우라도 그 일부분이 김갑동이 아닌 타인의 진술을 내용으로 하는 전문증거인 경우에는 제316조 제2항에 따라 원진술자에게 필요성이 인정되고 특신상태하에서 진술자에게 진술하였다는 점이 증명되어야 증거능력이 인정된다.

✐ 김갑동이 부동의(×)하였지만, 증거능력이 인정되는 진술서나 진술기재서류 중 김갑동이 아닌 타인의 진술을 내용으로 하는 경우의 예시기록과 증거능력을 배제하는 예시답안

6. 진술서나 진술기재서류에 재전문진술이 기재된 경우 - 재재전문증거

김갑동이 진술서나 진술기재서류에 대하여 동의(○)한 경우에는 진술서나 진술기재서류에 재전문진술이 있어 재재전문증거가 되더라도 증거능력이 인정되지만, 김갑동이 부동의(×)한 경우에는 판례에 의하면 진술서나 진술기재서류가 증거능력이 인정되더라도 재재전문증거는 증거능력이 인정되지 않는다.

✎ 김갑동이 부동의(×)하였지만, 증거능력이 인정되는 진술서 중 재전문진술을 내용으로 하는 재재전문증거의 예시기록과 재재전문증거에 대하여 증거능력을 배제하는 예시답안

Ⅶ. 제314조에 의한 증거능력 인정

1. 제314조에 의한 증거능력 인정

김갑동이 부동의(×)한 제312조 제4항, 제6항, 제313조의 적용을 받는 서류가 성립의 진정을 인정받지 못한 경우에도 제314조에 따라 필요성과 특신상태가 증명되면 증거능력이 인정된다.

2. 제314조의 필요성과 관련된 기본 판례

〈외국거주의 판단방법〉구 형사소송법(2007. 6. 1. 법률 제8461호로 개정되기 전의 것) 제3 14조에 따라 같은 법 제312조의 조서나 같은 법 제313조의 진술서, 서류 등을 증거로 하기 위하여는 '진술을 요할 자가 사망 · 질병 · 외국거주 기타 사유로 인하여 공판정에 출석하여 진술을 할 수 없는 경우'이어야 하고, '그 진술 또는 서류의 작성이 특히 신빙할 수 있는 상태하에서 행하여진 것'이라야 한다는 두 가지 요건이 갖추어져야 할 것인바, 첫째 요건과 관련하여 '외국거주'라 함은 진술을 요할 자가 외국에 있다는 것만으로는 부족하고, 수사 과정에서 수사기관이 그 진술을 청취하면서 그 진술자의 외국거주 여부와 장래 출국 가능성을 확인하고 만일 그 진술자의 거주지가 외국이거나 그가 가까운 장래에 출국하여 장기 간 외국에 체류하는 등의 사정으로 향후 공판정에 출석하여 진술을 할 수 없는 경우가 발생할 개연성이 있다면 그 진술자의 외국 연락처를, 일시 귀국할 예정이 있다면 그 귀국 시기와 귀국시 체류 장소와 연락 방법 등을 사전에 미리 확인하고 그 진술자에게 공판정 진술을 하기 전에는 출국을 미루거나, 출국한 후라도 공판 진행 상황에 따라 일시 귀국하여 공판정에 출석하여 진술하게끔 하는 방안을 확보하여 그 진술자로 하여금 공판정에 출석하여 진술할 기회를 충분히 제공하며, 그 밖에 그를 공판정에 출석시켜 진술하게 할 모든 수단을 강구하는 등 가능하고 상당한 수단을 다하더라도 그 진술을 요할 자를 법정에 출석하게 할 수 없는 사정이 있어야 예외적으로 그 요건이 충족된다(대판 2008.2.28. 2007도10004).

〈소재탐지촉탁까지 하여야 소재불명이라는 판례〉형사소송법 제314조에서 말하는 '공판 기일에 진술을 요할 자가 사망, 질병 기타 사유로 인하여 진술할 수 없을 때'라 함은 단순히 소환장이 주소불명 등으로 송달불능된 것만으로는 부족하고, 송달불능이 되어 소재탐지 촉탁까지 하여 소재수사를 하였음에도 불구하고, 그 소재를 확인할 수 없어 출석하지 아니한 경우에 비로소 이에 해당한다고 할 것이며(대법원 1985. 2. 26. 선고 84도1697 판결, 1996. 5. 14. 선고 96도575 판결 등 참조), 증인의 주소지가 아닌 곳으로 소환장을 보내 송달불능이 되자 그 곳을 중심으로 소재탐지를 한 끝에 소재탐지불능 회보를 받은 경우에는 이에 해당한다고 볼 수 없다(대법원 1979. 12. 11. 선고 79도1002 판결 참조)(대판 2006.12.22. 2006도7479).

〈증언거부권행사는 필요성이 인정되지 않는다는 판례(변호사의 법률의견서 사건)〉[다수 의견] 현행 형사소송법 제314조의 문언과 개정 취지, 증언거부권 관련 규정의 내용 등에 비추어 보면, 법정에 출석한 증인이 형사소송법 제148조, 제149조 등에서 정한 바에 따라 정당하게 증언거부권을 행사하여 증언을 거부한 경우는 형사소송법 제314조의 '그 밖에 이에 준하는 사유로 인하여 진술할 수 없는 때'에 해당하지 아니한다(대판 2012.5.17. 2009도6788 전합).

〈진술거부권의 행사는 필요성이 인정되지 않는다는 판례〉[1] 현행 형사소송법 제314조의 문언과 개정 취지, 진술거부권 관련 규정의 내용 등에 비추어 보면, 피고인이 증거서류의 진정성립을 묻는 검사의 질문에 대하여 진술거부권을 행사하여 진술을 거부한 경우는 형사소송법 제314조의 '그 밖에 이에 준하는 사유로 인하여 진술할 수 없는 때'에 해당하지 아니한다고 할 것이다. [2] 공판기일에서 디지털 저장매체로부터 출력한 문서의 진정성립을 묻는 검사의 질문에 대하여 피고인들이 진술거부권을 행사한 경우는 형사소송법 제314조의 '공판준비 또는 공판기일에 진술을 요하는 자가 사망·질병·외국거주·소재불명 기타 그 밖에 이에 준하는 사유로 인하여 진술할 수 없는 때'에 해당하지 않는다고 판단한 원심을 수긍한 사안(대판 2013.6.13. 2012도16001).

〈출산을 앞둔 경우는 필요성이 인정되지 않는다는 판례〉공판기일에 증인으로 소환받고도 출산을 앞두고 있다는 이유로 출석하지 아니한 것은 특별한 사정이 없는 한 사망, 질병, 외국거주 기타 사유로 인하여 진술을 할 수 없는 때에 해당한다고 할 수 없어 형사소송법 제314조에 의한 증거능력이 있다고 할 수 없다(대판 1999.4.23. 99도915).

〈성추행으로 인하여 외상 후 스트레스 증후군을 앓고 있다는 것으로는 필요성을 인정할 수 없다는 판례〉만 5세 무렵에 당한 성추행으로 인하여 외상 후 스트레스 증후군을 앓고 있다는 등의 이유로 공판정에 출석하지 아니한 약 10세 남짓의 성추행 피해자에 대한 진술조서가 형사소송법 제314조에 정한 필요성의 요건과 신용성 정황적 보장의 요건을 모두 갖추지 못하여 증거능력이 없다고 본 원심의 판단을 수긍한 사례(대판 2006.5.25. 2004도3619).

〈제314조와 제316조의 특신상태의 증명의 정도〉[1] 형사소송법 제314조가 참고인의 소재불명 등의 경우에 그 참고인이 진술하거나 작성한 진술조서나 진술서에 대하여 증거능력을 인정하는 것은, 형사소송법이 제312조 또는 제313조에서 참고인 진술조서 등 서면증거에 대하여 피고인 또는 변호인의 반대신문권이 보장되는 등 엄격한 요건이 충족될 경우에 한하여 증거능력을 인정할 수 있도록 함으로써 직접심리주의 등 기본원칙에 대한 예외를 인정한 데 대하여 다시 중대한 예외를 인정하여 원진술자 등에 대한 반대신문의 기회조차 없이 증거능력을 부여할 수 있도록 한 것이므로, 그 경우 참고인의 진술 또는 작성이 '특히 신빙할 수 있는 상태하에서 행하여졌음에 대한 증명'은 단지 그러할 개연성이 있다는 정도로는 부족하고 합리적인 의심의 여지를 배제할 정도에 이르러야 한다. [2] 형사소송법 제314조의 '특신상태'와 관련된 법리는 마찬가지로 원진술자의 소재불명 등을 전제로 하고 있는 형사소송법 제316조 제2항의 '특신상태'에 관한 해석에도 그대로 적용된다(대판 2014.4.30. 2012도725).

3. 제314조와 관련하여 증거능력을 배제하는 예시답안

✎ 피신조서는 제314조를 적용하지 않으므로 증거능력을 배제하는 예시답안

〈증거능력 배제 예시답안 [2021]〉

본 공소사실과 관련되어 공범인 이을남과 박병서에 대한 사경작성 피신조서는 판례에 의하면 제312조 제3항이 적용되는바, 김갑동이 그 내용을 부인하는 취지로 부동의하고 있으므로 증거능력이 없습니다. 그리고 판례의 법리에 의하면 공범의 사경작성 피신조서에 대하여는 제314조가 적용되지 않으므로 박병서가 사망하였다고 하더라도 증거능력이 인정될 수 없습니다.

✎ 진술조서의 진술자에 대하여 소재탐지촉탁까지 하지 않은 것은 필요성이 인정되지 않아 증거능력을 배제하는 예시답안

〈증거능력 배제 예시답안〉

김갑동은 박병진의 진술조서에 대하여 부동의하고 있습니다. 그리고 박병진은 증인으로 신청되었으나 법정에 출석하지 않았습니다. 검사는 소환장이 주소불명 등으로 송달불능되어 필요성이 인정된다고 하지만, 판례에 의하면 소환장의 송달불능이 된 것만으로는 부족하고 소재탐지촉탁까지 하여야 필요성이 인정됩니다. 따라서 소재탐지촉탁까지 하지 않은 본 사건의 경우에는 필요성이 인정되지 않아 증거능력이 없습니다.

✎ 외국 거주 관련 필요성이 인정되지 않아 증거능력을 배제하는 예시답안

〈증거능력 배제 예시답안 [2015]〉

조은숙의 진술서는 김갑동이 부동의하고 있으므로 제312조 제4항 또는 제314조의 요건을 구비하여야 합니다. 먼저 조은숙이 법정에 증인으로 출석하지 않아 제312조 제4항의 요건이 구비되지 않았습니다. 그리고 조은숙의 소재가 불명하지만 조은숙의 모친인 이영란의 진술에 의하면 조은숙은 2014.10.12. 미국 뉴욕으로 출국하였으며 대략 두달 정도를 머물겠다고 하였으므로, 그 귀국일자는 대략 2014.12.12. 전후가 되는데 제2회 공판기일은 2014.12.19. 15 : 00 이므로 조은숙이 이미 귀국하였는지에 대하여 조사를 하지 않았다면 제314조의 필요성이 인정되지 못하여 증거능력이 없습니다.

〈증거능력 배제 예시답안 [2023]〉

전달통의 진술조서는 제312조 제4항의 요건을 구비하여야 하는데, 성립의 진정이 증명되지 않았으므로 증거능력이 없습니다. 그리고 보충적으로 제314조가 적용될 수 있는지가 문제되지만, 전달통이 잠시 외국여행을 하고 있다는 점만으로는 필요성이 인정되지 않으므로 증거능력이 없습니다.

✎ 법률의견서의 진술자가 증언을 거부한 것은 필요성이 인정되지 않아 증거능력을 배제하는 예시답안

〈증거능력 배제 예시답안〉

김갑동은 나변호의 법률의견서에 대하여 부동의하고 있습니다. 그리고 나변호는 증인으로 신청되었으나 법정에서 증언을 거부하였습니다. 판례에 의하면 증언을 거부한 것은 제314조의 필요성이 인정되지 않으므로 법률의견서는 증거능력이 없습니다.

〈증거능력 배제 예시답안 [2021]〉

본 공소사실과 관련되어 김피해의 고소장과 진술조서는 김갑동이 부동의하므로 김피해의 고소장은 제313조 제1항과 제2항, 김피해의 진술조서는 제312조 제4항 따라 성립의 진정이 인정되어야 증거능력이 인정될 수 있습니다. 그런데 김피해는 증인으로 출석하였으나, 증언을 거부하여 성립의 진정이 인정되지 않았으며, 증언거부권을 행사한 경우는 제314조의 필요성에 해당하지 않으므로 고소장과 진술조서는 증거능력이 없습니다.

✎ 필요성은 인정되나 특신상태의 증명이 없어 증거능력을 배제하는 예시답안

〈증거능력 배제 예시답안〉

김갑동은 박병진의 진술서에 대하여 부동의하고 있습니다. 그리고 박병진은 사망하였으므로 제314조의 필요성이 인정되나, 진술당시 특신상태하에 있었다는 증명이 없으므로 증거능력이 없습니다.

Ⅷ. 기타 서류들에 대한 증거능력

기록형시험에서는 위에서 언급하지 않은 많은 서류들이 제출된다. 가장 대표적인 서류들로는 수사보고서, 실황조사서, 전과회보서, 약식명령, 판결문, 가족관계증명서, 등기사항전부증명서, 자동차등록원부, 자동차보험가입사실증명서 등이 있다. 그러나 기록형시험에서는 일반적으로 증거의견이 동의로 되어 있고, 아직까지 이 부분의 증거능력을 판단하는 문제는 출제가 되지 않았으므로 크게 문제될 것은 없다.

Ⅸ. 자백배제법칙과 위법수집증거배제법칙 및 독수독과의 원칙

✎ 자백배제법칙과 위법수집증거배제법칙에 따라 수집된 증거는 증거동의 여부와 관련 없이 증거능력이 인정되지 않는다. 그리고 이러한 위수증에서 파생된 2차증거도 독수독과이론에 따라 원칙적으로 증거능력이 인정되지 않는다. 따라서 증거물을 압수하는 과정에서 작성된 압수조서 등의 증거능력은 압수물의 위법여부에 따라 증거능력이 결정된다.

1. 자백배제법칙

✎ 밤샘조사로 얻은 자백이므로 증거능력을 배제하는 예시답안

〈증거능력 배제 예시답안 [2022]〉

김갑동의 제2회 사피는 밤샘조사를 통하여 얻어진 자백이 그 내용이 되므로 임의성에 의심이 있으므로 형사소송법 제309조의 자백배제법칙의 적용에 의하여 그 증거능력이 없습니다. 그리고 무한히 양보하여 자백배제법칙이 적용되지 않는다고 하더라도 피고인 김갑동이 그 내용을 부인하고 있으므로 제312조 제3항에 의하여 증거능력이 없습니다.

2. 위법수집증거배제법칙

(1) 적정절차를 위반하여 증거능력이 배제되는 경우

✎ 적정절차를 위반하여 수집한 피신조서이므로 증거능력을 배제하는 예시답안

〈증거능력 배제 예시답안 [2020]〉

변호인의 후방착석에 대한 헌법재판소의 법리에 따르면 '이 사건 후방착석요구행위로 인하여 위축된 피의자가 변호인에게 적극적으로 조언과 상담을 요청할 것을 기대하기 어렵고, 변호인이 피의자의 뒤에 앉게 되면 피의자의 상태를 즉각적으로 파악하거나 수사기관이 피의자에게 제시한 서류 등의 내용을 정확하게 파악하기 어려우므로, 이 사건 후방착석요구행위는 변호인인 청구인의 피의자신문참여권을 과도하게 제한한다.'라고 합니다.

따라서 본건과 같이 변호인의 후방착석행위로 인하여 취득한 증거는 적정절차를 어긋나 획득한 증거이므로 위수증으로 그 증거능력이 없습니다. 그리고 이에 대하여 피고인이 증거동의를 하더라도 동일합니다.

✏️ 위법한 긴급체포 후에 작성된 피신조서이므로 증거능력을 배제하는 예시답안

〈증거능력 배제 예시답안 [2013]〉

본건에서 김갑동은 2012.10.2. 10 : 00경 경찰관 2명에게 임의동행 형식으로 경찰서로 출석하고 있으나 이는 자발적으로 이루어진 것이 아니므로 판례에 의하면 임의동행의 요건을 구비하지 못한 위법한 강제연행입니다. 또한 이러한 위법한 강제연행이후에 피의자를 긴급체포한 것도 위법한 긴급체포입니다.

판례에 의하면 '위법한 체포는 영장주의에 위배되는 중대한 것이니 그 체포에 의한 유치 중에 작성된 피의자신문조서는 위법하게 수집된 증거로서 특별한 사정이 없는 한 이를 유죄의 증거로 할 수 없다'고 하고 있으므로 김갑동에 대한 사경작성 피신조서는 위법수집증거로써 증거능력이 없습니다.

무한히 양보하여 김갑동에 대한 사경작성 피신조서를 위법수집증거로 보지 않을 경우라도 김갑동은 사경작성 피신조서에 대하여 내용을 부인하는 취지로 부동의하고 있으므로 제312조 제3항에 의하여 증거능력이 없습니다.

✏️ 위법한 현행범체포 후에 작성된 피신조서이므로 증거능력을 배제하는 예시답안

〈증거능력 배제 예시답안 [2018]〉

김갑동의 사경작성 피신조서에 대하여 김갑동은 동의하고 있습니다. 그러나 김갑동은 현행범으로 체포되었는데 범행 후 40분 정도가 지난 후이므로 이는 현행범체포의 요건을 구비하여 못하여 위법한 체포가 됩니다. 따라서 이러한 위법한 체포 중에 작성된 사경적성 피신조서는 위법수집증거로서 증거능력이 없으며, 이는 김갑동이 동의하여도 마찬가지입니다.

(2) 영장주의를 위반하여 증거능력이 배제되는 경우

✎ 별건압수물로 위수증인 예시기록과 압수물과 압수조서 등의 증거능력이 배제되는 예시 답안

〈기록 예시 – 압수조서 중 압수경위 부분 [2012]〉

2011. 11. 2. 04 : 00 피의자 김갑동을 특수강도 혐의로 긴급체포하여 서울서초경찰서 형사과 형사팀 사무실로 인치하였는데, 피의자의 인상착의가 당서에서 수사 중인 2011. 6. 1.자 주거침입강간미수사건의 용의자와 유사하여 피해자 정미희를 당서로 불러 피의자를 보여준 결과 범인이 맞다고 하다. 이에 피의자의 주거지를 수색한 결과 용의자의 신발자국과 유사한 신발을 발견하고 형사소송법 제217조 제1항에 따라 긴급체포한 지 24시간 이내에 압수하다.

〈증거능력 배제 예시답안 [2012]〉

사법경찰관이 압수한 나이키 신발은 김갑동에 대한 특수강도혐의로 긴급체포한 이후에 제217조 제1항에 따라 영장없이 압수한 것입니다. 그런데 나이키 신발은 강간미수사건과 관련된 증거로서 특수강도 범행과는 관련성이 없는 증거이므로 별건압수에 해당하여 위법수집증거이므로 증거능력이 없습니다.

그리고 이를 기초로 작성된 압수조서와 압수목록 및 감정서도 비록 피고인이 동의하였지만 독수독과이론에 따라 증거능력이 없습니다.

✎ 별건압수물로 위수증이어서 압수물과 압수조서 등의 증거능력이 배제되는 예시답안

〈증거능력 배제 예시답안 [2014]〉

사법경찰관은 김갑동에 대한 체포영장을 발부받아 체포현장에 있는 금목걸이를 압수하고 있습니다. 그런데 김갑동에 대한 체포영장의 체포사유는 김갑동의 강도 등에 대한 범죄사실이며, 본건 절도범행에 대한 체포사유는 아니므로 별건압수로서 위법하고, 이후 제217조 제2항에 따라 사후영장을 발부받지도 않았으므로 이는 위법수집증거로서 증거능력이 없습니다.

금목걸이에 대한 압수조서와 압수목록은 위법수집증거인 금목걸이를 기초로 작성된 서류로서 비록 김갑동이 증거의견에서는 동의하고 있더라도 독수독과이론에 따라 증거능력이 없습니다.

수사기관에서의 김갑동의 공소사실에 대한 자백은 위법하게 수집한 증거인 금목걸이로부터 파생된 증거이므로 이는 독수독과이론에 따라 증거능력이 없습니다.

🖋 별건압수물로 위수증이어서 압수물과 압수조서 등의 증거능력이 배제되는 예시답안

〈증거능력 배제 예시답안 [2020]〉

본건에서의 긴급압수는 전자금융거래법위반 및 사기방조 혐의로 긴급체포하면서 이루어진 긴급압수입니다. 그러나 본건은 긴급체포사유와 무관한 별건압수이므로 이는 적법하지 않습니다. 그리고 제217조 제1항에 따르면 긴급체포에 이은 긴급압수는 24시간 이내에 행하여져야 합니다. 그런데 본건에서 긴급체포는 2019.11.12.13:00에 이루어지고, 긴급압수는 2019.11.13.15:00에 이루어졌으므로 이는 적법하지 않습니다.

따라서 본건에서의 압수는 영장주의를 위배한 위법한 압수이므로 이메일 출력물은 증거능력이 없습니다. 그리고 이러한 이메일 출력물에 대하여 피고인이 동의하였다고 하더라도 동일합니다.

그리고 이메일 출력물에 압수조서와 압수목록은 위법하게 수집된 이메일 출력물을 기초로 파생된 증거이므로 이는 독수독과이론에 따라 증거능력이 없습니다. 그리고 비록 피고인이 동의하였다고 하더라도 동일합니다.

🖋 위법한 현행범체포 후에 체포현장의 압수이므로 증거능력을 배제하는 예시답안

〈증거능력 배제 예시답안 [2018]〉

현행범체포현장에서 압수된 커터 칼과 던힐 담배는 위와 같이 위법한 체포에 기한 영장없는 압수이므로 이는 위법수집증거로서 증거능력이 없습니다. 이에 더하여 커터 칼과 던힐 담배에 대하여는 사후영장을 받지 않았으므로 증거능력이 없습니다. 그리고 이는 김갑동이 동의하여도 마찬가지입니다.

커터 칼과 던힐 담배가 위법수집증거라면 이에서 파생된 압수조서와 압수목록도 독수독과의 이론에 따라 증거능력이 없습니다. 그리고 비록 김갑동이 동의하였다 하더라도 증거능력이 없습니다.

🖋 긴급압수 시 체포한 때부터 24시간 이내의 압수가 아니어서 증거능력을 배제하는 예시답안

〈증거능력 배제 예시답안 [2015]〉

김갑동을 긴급체포한 시간은 2014.7.30. 14 : 00이지만, 수첩을 압수한 시간은 2014.8.1.13 : 00이므로 제217조 제1항의 요건인 체포한 때부터 24시간 이내의 압수가 아니므로 이는 위법하게 수집한 증거물로서 증거능력이 없습니다.

그리고 이를 바탕으로 작성된 압수조서와 압수목록은 비록 김갑동이 증거의견에서는 동의하고 있더라도 독수독과이론에 따라 증거능력이 없습니다.

김갑동에 대한 검사작성 피신조서 중 수첩관련 부분의 진술은 위법하게 수집한 증거를 바탕으로 한 진술이므로 수첩관련 부분의 진술은 독수독과이론에 따라 증거능력이 없습니다.

✎ 긴급압수 시 체포한 때부터 24시간 이내의 압수가 아니어서 증거능력을 배제하는 예시 답안

〈증거능력 배제 예시답안 [2022]〉

김갑동을 긴급체포한 시간은 2021.11.9. 10 : 00이지만, 메모리카드를 압수한 시간은 2021.11.10.12 : 00이므로 제217조 제1항의 요건인 체포한 때부터 24시간 이내의 압수가 아니므로 메모리카드는 위법하게 수집한 증거물로서 증거능력이 없습니다.

그리고 이를 바탕으로 작성된 압수조서와 압수목록은 비록 김갑동이 증거의견에서는 동의하고 있더라도 독수독과이론에 따라 증거능력이 없습니다.

✎ 영장 없는 압수 후 사후영장의 미청구로 위수증인 예시기록과 증거능력이 배제되는 예시답안

〈기록 예시 – 공판조서〉

재판장

　　　　검사에게

문　　　압수된 일기장(증 제1호)에 대한 압수수색영장이 사후에 발부된 사실이 있는가요.

답　　　아니오, 압수된 일기장(증 제1호)에 대한 압수수색영장이 사후에 발부된 사실이 없습니다.

〈증거능력 배제 예시 답안〉

사법경찰관이 압수한 일기장은 제216조 제1항 2호에 의하여 체포현장에서 영장없이 압수한 것입니다. 그런데 사법경찰관은 이후 제217조 제2항에 따라 사후에 지체없이 압수영장을 청구하지 않았으므로 이는 위법수집증거로서 증거능력이 없습니다. 그리고 이를 기초로 작성된 압수조서와 압수목록은 비록 김갑동이 동의가 있더라도 독수독과이론에 따라 증거능력이 없습니다.

✎ 영장 없는 압수 후 사후영장의 미청구로 증거능력이 배제되는 예시답안

〈증거능력 배제 예시 답안 [2017]〉

압수된 불랙박스는 형소법 제216조 제3항에 따른 범죄장소에의 영장없는 압수이므로 사후에 영장을 발부받지 않아 위법수집증거로서 증거능력이 없습니다. 그리고 이를 기초로 작성된 압수조서와 압수목록은 비록 김갑동의 동의가 있더라도 독수독과이론에 따라 증거능력이 없습니다.

✎ 영장 없는 압수 후 사후영장의 미청구로 증거능력이 배제되는 예시답안

〈증거능력 배제 예시 답안 [2021]〉

본 공소사실과 관련하여 현행범체포시 압수한 휴대전화는 ① 제216조 제1항 제2호에 따른 현행범 체포현장의 압수인 경우에는 사후에 영장을 받지 않았으므로 증거능력이 없으며 ② 제218조 따른 영치인 경우에는 김갑동은 어쩔 수 없이 제출하게 되었다고 진술하고 있으며 그 외에 적법한 임의제출이라는 점에 대한 입증이 없어 증거능력이 없습니다.

휴대전화에서 출력한 수사보고서에 첨부된 사진과 압수조서 및 압수목록은 위법하게 압수된 휴대전화에서 파생된 증거들로서 독수독과의 원칙에 따라 증거능력이 없습니다. 그리고 비록 이러한 위법수집증거에 대해 김갑동이 동의하고 있더라도 판례의 법리에 따르면 증거능력이 없습니다.

✎ 영장의 제시가 없고, 목록을 제시하지 않아 녹음파일에 대한 증거능력이 배제되는 예시답안

〈증거능력 배제 예시 답안 [2023]〉

가. 녹음파일

녹음파일을 압수하는 경우에는 영장의 원본을 제시하고 압수목록을 교부하여야 하는데, 본건의 경우 영장의 원본을 제시하지 않고 팩스로 영장을 전송하였고 압수목록을 교부하지도 않았으므로 위법수집증거로서 증거능력이 없습니다. 그리고 판례에 의하면 김갑동의 동의하였더라도 증거능력이 없습니다.

나. 녹음파일의 녹취록과 압수조서와 압수목록 등

녹음파일을 바탕으로 파생된 출력물과 압수조서 등도 위법하게 수집된 녹음파일을 기초로 파생된 증거이므로 독수독과이론에 따라 증거능력이 없습니다. 그리고 비록 피고인이 동의하였다고 하더라도 동일합니다.

제4편

기출문제의
증명력 탄핵 예시답안

I. 증명력 검토 부분의 답안 작성 방법

아래 II.에서는 진술의 증명력을 탄핵하는 가장 기본적인 방법인 경·관·물·리·인·책을 사용하여 탄핵하는 기출문제에 대한 예시답안을 정리하고, III.에서는 기타의 방법으로 신빙성을 탄핵하는 기출문제에 대한 예시답안을 정리한다.

II. 경·관·물·리·인·책에 따른 증명력 탄핵 예시답안

1. 경험법칙에 반하는 진술

진술이 경험칙, 사회상규 등에 비추어 합리적인지를 검토한 후 경험칙에 반한다는 점을 들어 진술의 신빙성을 탄핵할 수 있다. 증명력을 탄핵함에 있어 가장 활용도가 높은 방법이다.

✎ 공항에서 오는 승용차안에서 칼을 주었다는 점에 대하여 [2012]

이달수는 인천공항에서 서울로 오는 승용차안에서 김토건에게 식칼이 든 봉투를 받았다고 진술하고 있습니다. 그러나 인천공항에서 식칼을 휴대한 채 입국할 수 없으며, 인천공항에서 마중나와 있는 승용차를 타고 서울로 오는 길에서 식칼을 구입하기 어렵다는 점에서 이달수의 진술은 경험칙에 반하므로 신빙성이 없습니다.

✎ 식칼을 안주머니에서 꺼냈다는 점에 대한 의문점 [2012]

이달수가 김토건에게 받았다고 주장하고 있는 칼은 길이가 칼날 15cm, 10cm의 주방용식칼이었다고 진술하고 있습니다. 그러나 범행현장에서 사용된 칼은 이달수가 점퍼 안주머니에서 칼을 꺼냈다는 이달수와 박대우의 일치된 진술이 있는바, 길이 20cm이상 되는 주방용식칼을 점퍼 안주머니에서 꺼냈다는 것은 경험칙에 반하는 진술로 신빙성이 없습니다.

✎ 범행시 침대보조등으로 얼굴식별의 의문점 [2012]

정미희는 '범인이 30 ~ 40대로 보이고, 짧은 곱슬머리에 얼굴이 각이 졌고 눈썹이 짙었다' 등의 진술을 하고 있습니다. 그러나 희미한 스탠드 보조등만으로 이 정도를 파악하는 것은 경험칙에 반하므로 신빙성이 없습니다.

✎ 사건발생 5개월이 지난 후의 범인식별의 의문점 [2012]

정미희의 범인식별시점은 사건발생이후 5개월이 지난 시점입니다. 그런데 강간을 당하려했던 여자가 희미한 보조등 아래에서 본 범인을 얼굴을 5개월이 지난 시점에서도 명확히 기억한다는 것은 경험칙에 반하여 신빙성이 없습니다.

✎ 범죄수익의 분배와 관련된 의문점 [2013]

김갑인과 이을해가 서로 공모한 범죄수익이 2억 원임을 고려하면 김갑인이 매매계약서를 위조하고 매매대금을 직접 받는 등 중요한 역할을 하였음에도 불구하고 300만 원만 댓가로 받았다는 점은 경험칙에 반하므로 김갑인의 진술은 신빙성이 없습니다.

✎ 이을해의 행위와 관련된 의문점 [2013]

박병진의 증인신문에서 알 수 있듯이 피고인은 2012.6.1. 박병진에게 500만원을 빌리고 아직까지 갚지 못하고 있다는 것은 2억원을 받은 사람의 행동으로 보기는 어렵습니다.

✎ 이을해와 박병진이 절친이라는 관점에서의 의문점 [2013]

피고인 이을해는 박병진과 절친한 친구사이이므로 박병진에 대하여 사기범행을 할 이유가 없습니다. 그리고 절친한 친구사이라는 것은 친구의 부지구입을 적극적으로 도왔지만, 부지의 매입이후에 박병진이 300만 원을 수고비로 준 돈을 절친한 친구사이에 그 돈을 받을 수 없다고 생각해 다음날 전부 김갑인에게 송금했다는 사실에서 확인할 수 있습니다. 따라서 이을해가 박병진을 사기범행의 피해자로 만들었다는 것은 경험칙에 반하여 신빙성이 없습니다.

✎ 범죄수익 분배의 문제점 [2014]

김갑동은 자신이 출연하여 설립한 회사의 운영자이자 1인주주로서 실질적으로 자기 재산인 회사의 토지를 영득하면서 그 매매가액의 절반이 되는 2억원을 이을남에게 준다는 것은 경험칙에 반하므로 신빙성이 없습니다.

✎ 2억원을 받은 이후의 이을남의 행태의 문제점 [2014]

김갑동이 이을남에게 공갈을 당한 것은 2012.5.20.입니다. 그런데 전총무의 증명서에 따르면 김갑동이 이을남에게 2억 원을 준 것을 보았다는 일자는 2012.5.10.인바, 2억 원을 받은 사람이 2억 원을 준 사람에 대하여 10여일 정도가 지나 신용카드를 갈취하여 100만 원을 인출하여 생활비로 썼다는 것은 경험칙에 반하므로 증거능력이 없습니다.

✎ 전달시점에 대한 의문점 [2015]

이을남은 2014.5.8. 19 : 00경 100만 원을 김갑동에게 전달하고, 다음날인 2014.5.9. 09 : 00경 2,900만 원을 전달하였다고 진술하고 있지만, 3,000만 원을 증뢰할 사람이 저녁시간에 100만 원만 주고 이른 아침출근시간에 2,900만 원을 준다는 것은 경험칙에 반하므로 그 신빙성이 없습니다.

✎ 전달방식의 대한 의문점 [2015]

이을남은 김갑동이 출근하는 시간인 2014.5.9. 09 : 00경 '란'커피숍 앞에서 2,900만 원을 전달하였다고 진술하고 있지만, 평소 빈손으로 출퇴근하는 공무원인 김갑동이 수뢰를 한 돈을 쇼핑백에 들고 출근한다는 것은 경험칙에 반하므로 그 신빙성이 없습니다.

✎ 경험칙에 반하는 진술 [2015]

이을남이 김갑동에게 증뢰한 돈이 3,000만 원이라면 애초에 3,000만 원을 주었다고 진술하는 것이 경험칙에 부합하지만, 경찰에서는 100만 원을 주었다고 진술하고, 검찰에서는 2,900만 원을 주었다고 진술하는 것은 경험칙에 반하므로 증거능력이 없습니다.

✎ 이을남이 범행을 주도했다는 점 [2016]

이을남이 주도하여 범행을 공모했다는 김갑동의 진술은 ① 김갑동은 박병서와의 매매계약서의 위조, 소송수행, 등기이전 등을 스스로 직접하였다는 점 ② 김갑동은 정고소와 매매계약을 체결하고 대금을 수령하는 등도 직접하였다는 점 ③ 김갑동의 4억원의 범행수익 중 5천만원 만 이을남에게 주었다는 진술을 인정하더라도 범행을 주도한 자에게 주는 자금배분에 의문이 있다는 점 등으로 경험칙에 반하는 진술이므로 신빙성이 없습니다.

✎ 5,000만 원을 주는 방식의 문제점 [2016]

범행수익 중 일부인 5,000만 원을 주는 경우에도 1천만 원은 송금하고 그 보다 액수가 큰 4천만 원을 편지봉투 크기의 돈봉투 여러 개에 나누어 지급한다는 것은 경험칙에 반하여 신빙성이 없습니다.

✎ 1,000만 원의 지급시기의 문제점 [2016]

이을남의 보통예금통장내역서를 보면 1,000만 원이 입금된 시일은 2015.3.2. 입니다. 만약 이 1,000만 원이 사기범행의 대가로 받은 것이라면 사기범행이 종료된 2014.9.30. 직후에 지급되었어야 하는데 너무 오랜 시간이 지난 후에 송금한다는 것도 경험칙에 반하는 진술로서 신빙성이 없습니다.

✎ 이을남의 투자약정서의 작성 [2017]

이을남이 동업계약서를 인식했다면 공연장시설을 제공받기 위하여 2014.9.30.까지 7억 원을 마련하기 어려워 이을남에게 투자를 요구하고 있는데, 이을남이 2014.9.30.까지 공연장 시설의 완비를 조건으로 5억원을 투자한다는 투자약정서를 작성하는 것은 논리적 모순이므로 신빙성이 없습니다.

✎ 범행에 비하여 수고비가 너무 작다는 점 [2017]

김갑동의 진술에 따라 이을남이 수고비를 요구했다고 하더라도 4억 원의 이득이 있는 사기 범행을 공모하였다면 겨우 1,000만 원의 수고비를 요구한다는 것은 경험칙에 반하므로 신빙성이 없습니다.

✎ 범행수익 배분 여부에 대한 입증 [2017]

김갑동은 정고소에게 빌린 돈 4억원 중 3억 5천만원은 개인적으로 사용하고 4천만원은 도박자금으로 사용하고 1천만원은 이을남에게 도박자금으로 주었다고 진술하고 있습니다. 그런데 이을남이 김갑동과 사기범행을 공모했다면 거의 대등한 범행수익 분배가 있어야 함에도 불구하고 40분의1 정도의 범행수익만을 이을남이 획득하였다는 것은 경험칙에 반하므로 신빙성이 없습니다.

✎ 훔친 카드를 받은 점 [2018]

김갑동은 이을남이 이동수에게서 절취하여 온 이동수의 BC카드를 그 정을 알면서 받아서 사용한 바 이는 김갑동이 이을남에게 절도를 교사하였기 때문에 어떠한 거부감도 없이 이를 취득한 것으로 보는 것이 경험칙에 부합되므로 김갑동의 진술은 신빙성이 없습니다.

✎ 이을남의 시간 · 장소적 협동관계에 대한 검토 [2019]

김갑동의 진술에 의하면 김갑동이 나병녀를 간음하고 있는 사이에 이을남은 거실에서 TV를 보면서 종업원이 오거나 하는지 상황을 봐 주게 되었다고 진술하고 있습니다. 그러나 일반적으로 모텔에서 종업원은 아주 특이한 상황이 아닌 한 모텔 객실에 들어오지 않으며, 특이한 상황이 있더라도 먼저 객실 전화를 이용하는 것이 일반적이므로 김갑동의 진술은 경험칙에 반하여 신빙성이 없습니다.

✎ 범죄수익 분배의 문제점 [2021]

김갑동은 김을남과 박병서와 공모하여 무려 8억 원을 편취하였으나, 김갑동은 김을남이 사기범행에 주도적으로 가담하였다고 주장하면서도 김을남에게 3,000만 원만 주었다는 것은 경험칙에 반하여 신빙성이 없습니다.

✎ 7억 원의 주식 투자에 대하여 [2021]

김갑동은 이미 주식투자로 신용불량자가 되었을 정도로 주식에 대하여는 어느 정도 식견이 있는 사람입니다. 그런데 IT 주식 작전세력이 3개월만 투자하면 3배 이상의 수익을 보장한다는 말을 믿고 투자한다는 것은 상식에 반하여 경험칙에 어긋나는 진술이므로 김갑동의 진술은 신빙성이 없습니다.

✎ 7억 원의 주식 투자 방식에 대하여 [2021]

김갑동은 IT 주식 작전세력에게 7억 원을 투자하였다고 진술하고 있으나, 계좌추적결과 보고서에 따르면 8억 원이 입금된 날짜는 2020.1.21.임에도 2020.2.5.~2.29.까지 김을남에게 지급한 월금 300만 원과 박병서에 지급한 3,000만 원을 제외한 전액을 현금으로 인출하였습니다. 만일 IT 주식 작전세력에게 7억 원을 투자하였다면 계좌이체 등의 방법으로

8억 원이 입금된 당일 송금할 수 있었음에도 이러한 방식을 따르지 않고 1달여가 지나갈 때까지 소액 현금을 인출하여 투자한다는 것은 경험칙에 반한 진술로써 신빙성이 없습니다.

✎ 주식 투자수익 약정에 대하여 [2021]

김갑동은 김을남과 박병서와 같이 주식 투자수익 약정을 하였다고 진술하고 있으나, 이에 대한 투자수익약정에 대한 구체적인 증거물이 없으며, 약정비율을 4:3:3으로 정하였으므로 2020.1.28.에 박병서에게 3,000만 원을 주었으나 이는 주식투자에 대한 이익이 아니므로 김갑동의 진술은 경험칙에 반하여 신빙성이 없습니다.

✎ 2020.1.28. 1억 원을 김갑동에게 송금한 부분에 대하여 [2021]

김을남이 2020.1.28. 1억 원을 김갑동에게 송금한 이유에 대하여 김갑동은 주식투자 자금이라고 진술하고 있으나, 김을남은 검찰 대질시 김갑동이 주식투자를 한다는 말을 처음 들었고, 주식 투자를 허황한 것이라고 했음에도 대출을 받아 투자한다는 것은 경험칙에 반하여 신빙성이 없습니다.

✎ 2020.1.28. 1억 원을 김갑동이 더 투자받은 부분에 대하여 [2021]

김갑동은 주식투자 자금으로 7억원이 필요하다고 하였고, 2020.1.21.에 김피해와 김손해에게서 8억 원을 송금받았으므로 주식 투자자금을 충분히 확보했음에도 불구하고 2020.1.28.에 김을남에게 1억 원을 더 투자받은 것은 경험칙에 반하므로 신빙성이 없습니다.

✎ 범행방법 [2022]

교통사고를 목격한 김운수의 진술에 따르면 ① 고속으로 달리는 고속도로 커브길에서 자신이 운전하는 승용차보다 훨씬 큰 대형트럭을 추돌하여 사람을 살해한다는 것은 경험칙에 반하며 ② 실제 사고현장에서는 8톤 정도의 대형화물차에 스타렉스의 앞부분이 한참이나 밀려들어가 운전자와 동승자 모두 사망했을 것이라고 생각하였고 ③ 실제로 김갑동도 사고직후 기절하였다가 병원에서 깨어났다고 합니다.

이러한 범행방법은 보험사기를 이용하여 이득을 얻으려는 사람이 자신의 생명을 담보로 하여 고속도로에서 8톤 차와 추돌한다는 것은 그 방법이 너무나 무모하여 경험칙에 반합니다.

✎ 동기의 점 – 1,000만 원의 부채가 있는 상황 [2023]

이을남은 김갑동에게 1,000만 원의 채권을 변제받지 못해 향우회에서 명예훼손 발언을 하는 등 사이가 좋지 않았던 상황에서 우호적인 의미에서 1,000만 원을 준다는 것은 경험칙에 반하여 신빙성이 없습니다.

따라서 이을남의 진술은 사이가 좋지 않았던 상황에서 김갑동을 골탕먹이려고 김갑동의 생일을 이용하여 거짓진술을 하고 있다고 보는 것이 오히려 경험칙에 부합됩니다.

또한 이을남에 김갑동에게 진실로 1,000만 원을 공여할 의사가 있었으면, 자신에 대하여 부담하고 있는 채무를 면제해 주는 간편한 방법이 있음에도 이를 현금으로 제공한다는 것도 경험칙에 반하여 신빙성이 없습니다.

✎ 전달 방식의 문제점 – 근무시간 등과 전달통을 통한다는 점의 경험칙에 반함 [2023]

이을남과 김갑동은 동향 선후배로 향우회 등에서 만날 기회도 많은데 전달통을 통하여 뇌물을 전달한다는 것도 경험칙에 반하여 신빙성이 없습니다.

그리고 전달통이 뇌물을 전달함에 있어 근무시간에 김갑동의 사무실로 찾아가 뇌물을 공여한다는 점, 특히 생일케이크의 경우에는 그 자리에서 동료들과 같이 먹을 수도 있었다는 점을 고려하면 경험칙에 반하여 신빙성이 없습니다.

✎ 위증교사의 동기 [2024]

김갑동과 이을남은 고교동창이기는 하지만, 공무원인 김갑동이 이을남의 편의를 봐주지 않았습니다. 따라서 두 사람의 관계가 악화되어 있는데 위증교사를 부탁한다는 것은 경험칙에 반하므로 김갑동의 진술은 신빙성이 없습니다. 오히려 김갑동은 이을남을 괴롭히기 위하여 위증을 하고 이을남이 위증교사를 하였다고 허위진술을 했을 가능성이 높습니다.

2. 일관성이 없는 진술

동일인의 여러진술이 있는 경우에 진술의 내용을 대조해가면서 진술이 일관성이 있는지를 검토한 후 일관성이 없는 점을 들어 진술의 증명력을 탄핵할 수 있다.

✎ 최정오에게 1,000만 원을 주겠다고 말한 것과 관련된 의문점 [2013]

사기범행의 댓가로 겨우 300만 원을 받은 김갑인이 최정오에게 매매계약서 위조사실을 시인하면서 1,000만 원을 줄 테니 수사기관에 고소하지 말라고 부탁한다는 것도 경험칙에 반하고 전체적으로 일관성이 없는 진술이므로 김갑인의 진술은 신빙성이 없습니다.

일관성 없는 진술의 문제점 [2014]

김갑동은 경찰신문시 이을남과 짜고 처분할 이유가 없다고 진술하여 공모가 없었고 이을남이 급전이 필요하다고 해 2억원을 빌려주었다고 주장하고 검찰에서도 이와 동일한 진술을 하다가 이후 태도를 바꿔 이을남이 주도적으로 범행을 모의했다는 진술을 하는 것은 일관성이 없으므로 신빙성이 없습니다.

김갑동의 진술의 일관성 없음 [2017]

김갑동은 검찰에서는 이을남에게 동업계약서를 보여주고 7억원을 마련하기 어려워 투자를 해달라고 부탁하여 조건없는 투자를 하기로 하였다고 진술했지만, 본 법정에서는 조건부투자를 하기로 했다고 진술을 번복해 일관성이 없어 신빙성이 없습니다.

진술의 일관성이 없는 점 [2017]

김갑동은 검찰에서 이을남이 수고비조로 강원랜드에 가자고 해서 도박자금으로 1,000만원을 주었다고 진술하고 있으나, 본 법정에서는 김갑동이 먼저 강원랜드에 가자고 했다고 진술하여 진술의 일관성이 없어 신빙성이 없습니다.

이을남이 장동근의 멱살을 잡고 뺨을 때렸다는 점 [2018]

장동근의 진술조서에서의 진술은 '이을남도 이에 가세하여 저의 멱살을 잡고 뺨을 수회 때렸다'는 것입니다. 그러나 본 법정에서는 '이을남이 들어와서 욕을 하면서 손으로 저의 몸을 뒤로 밀쳤다'고 진술하고 있습니다. 따라서 장동근의 진술은 일관성이 없어 신빙성이 없습니다.

김갑동이 욕설을 하였다는 점 [2018]

장동근은 경찰단계에서는 김갑동이 욕설을 하였다고 진술하였으나, 법정에서 증언을 할 때에는 욕설을 하였는지 기억이 나지 않는다고 진술하고 있습니다. 따라서 이러한 장동근의 진술은 일관성이 없어 그 신빙성이 없습니다.

✎ 이을남의 샤워시간에 대한 신빙성 검토 [2019]

김갑동은 검찰에서는 이을남이 모텔방에서 샤워를 하러가 30~40분 정도 시간을 소요했다고 진술하였지만, 본 법정에서는 이을남은 축구 광팬이라 유럽 축구리그 전반전이 끝난 후 후반전이 시작되기 전까지 15분 정도 샤워를 했다고 진술하여 그 진술의 일관성이 없으므로 김갑동의 진술은 신빙성이 없습니다.

✎ 김갑동의 진술의 일관성 결여 [2020]

이을남이 김갑동과 공모했다는 김갑동의 진술은 일관성이 없어 신빙성이 없습니다. 즉 김갑동은 경찰에서는 이을남이 글을 쓰자고 제안하였다고 하였으나, 검찰에서는 김갑동이 먼저 제안한 후 상의하여 글을 썼다고 하였고, 본 법정에서는 김갑동 혼자 글을 쓰고 이을남은 나중에 왔다고 진술하고 있으므로 그 일관성이 없어 신빙성이 없습니다.

✎ 김갑동의 일관성 없는 진술의 문제점 [2021]

김갑동은 경찰신문시 김을남에게 3,000만 원을 주었다고 진술하였으나, 검찰에서는 8억 원이 들어온 다음 날 2,000만 원을 보내주었다고 진술하고, 법정에서는 현금으로 3,000만 원을 보내주었다고 진술하고 있어 그 진술에 일관성이 없으므로 신빙성이 없습니다.

✎ 이을남의 진술의 일관성 결여 – 2022.9.8. 1,000만 원 관련 [2023]

이을남은 ① 경찰 단계에서는 주점 비자금으로 보관하고 있던 돈이라고 하였으나, ② 검찰 단계에서는 범행 당일 5만 원 권으로 인출하였다고 하다가, ③ 법정에서는 며칠 전에 인출한 돈이라고 진술하여 그 일관성이 없어 신빙성이 없습니다.

특히 법정에서의 진술 변경은 수사결과 이을남의 계좌에서 2022.9.8. 1,000만 원의 현금 인출이 확인되자 이에 맞추어 진술한 것에 불과한 것으로 보여져 신빙성이 없습니다.

✎ 김피해의 진술의 일관성 없음 [2023]

김피해는 경찰에 진술서를 제출할 때에는 "골프채를 휘둘렀다"고 하였으나, 경찰에서 조서를 받을 때에는 "한손에는 골프채를 들고 다른 한손으로 멱살을 잡았다"고 하였고, 법정에서는 "당시 술에 취해있었고, 다시 생각해봐도 잘 모르겠다"고 진술하고 있어 진술의 일관성이 없으므로 신빙성이 없습니다.

✎ 500만 원 수령 방법의 문제점 [2024]

김갑동은 애초에는 현금으로 받았다고 하였다가, 다시 계좌이체로 받았다고 하였다가, 이후 현금으로 받았다고 진술하여 그 진술의 일관성이 없으므로 신빙성이 없습니다.

3. 객관적인 증거물에 배치되는 진술

진술이 객관적인 증거물에 배치되는 것은 아닌지를 검토한 후에 객관적인 증거물에 배치되는 점을 들어 진술의 증명력을 탄핵할 수 있다. 그리고 진술에 대하여 객관적인 물증이 없는 경우에도 진술의 증명력을 탄핵할 수 있다.

✎ 범행용 칼이 식칼이었다는 점에 대한 의문점 [2012]

이달수는 범행에 쓰인 칼이 주방용식칼이었다고 진술하고 있습니다. 그런데 피해자 박대우의 증언에 따르면 '이달수가 점퍼 안주머니에서 칼을 꺼내어 자신의 목에 들이대는 순간 접힌 칼날이 "척"소리를 내며 펼쳐졌다'고 진술하고 있는바, 이는 범행에 쓰인 칼이 잭크나이프이며 주방용식칼이 아니라는 것을 나타내는 것으로 이달수의 진술은 신빙성이 없습니다.

✎ 객관적인 물증이 없다는 점에 대하여 [2012]

이달수는 범행에 쓰인 식칼을 버렸다고 진술하고 있습니다. 따라서 김토건이 식칼을 주면서 특수강도를 교사했다는 점에 대한 객관적인 물증이 없기에 이달수의 진술은 김토건의 교사사실을 증명하기에 부족합니다.

✎ 매매계약서 위조와 관련된 의문점 [2013]

김갑인은 매매계약서를 위조하였다고 최정오에게 자백하고 있으며, 이로 인하여 약식명령으로 형사처벌을 받은 바 있습니다. 그러나 이을해는 이를 지시하였다거나 인지했다는 증거가 없습니다. 따라서 김갑인과 이을해가 공모가 있었다는 객관적 물적증거가 없으므로 김갑인의 진술은 신빙성이 없습니다.

🖋 2억원을 이을해에게 전달한 부분과 관련된 의문점 [2013]

박병진의 매매대금 5억원은 모두 공동피고인에게 전달되었고 이을해는 이에 대하여 관여한 바가 없습니다. 그리고 박병진은 2억원을 소액으로 나누어 이을해에게 양신구를 통하여 전달하였다고 하지만 이를 입증할 객관적인 물적 증거가 없다는 점에서 이는 신빙성이 없다고 할 것입니다. 오히려 김갑인이 사건 직후 제네시스 승용차를 새로 구입했다는 점은 김갑인이 단독 사기범행으로 취득한 돈으로 승용차를 구입했다는 정황증거가 될 수 있을 것입니다.

🖋 객관적 물증부족의 문제점 [2014]

김갑동이 이을남에게 2억원을 주었다는 진술을 증명하기 위하여는 예금인출과정에서의 자료와 이을남에게 지급하기까지의 과정에서의 증거자료 등이 있어야 함에도 이에 대한 물적 증거가 없으므로 김갑동의 진술은 신빙성이 없습니다.

🖋 수첩에 적힌 '란'에 대하여 [2015]

이을남은 2014.5.8. 19 : 00경 '란'이라는 커피숍에서 100만 원을 주었다고 진술하고 있지만, 유일한 물적 증거인 증거능력없는 수첩에 적힌 '란'은 조은숙의 진술처럼 음식점이나 술집이름으로 많이 있으므로 수첩에 적힌 '란'이 반드시 커피숍을 말한다고 할 수 없으므로 이는 증명력이 없습니다.

🖋 수첩에 기록이 없다는 점에 대한 의문점 [2015]

이을남의 진술대로 100만 원을 준 것도 수첩에 기록할 정도라면 2,900만 원을 더 준 것은 당연히 수첩에 기재가 되어 있어야 할 것인데 이를 기록했다는 객관적인 증거을 제시하지 못하고 있으므로 그 진술의 신빙성이 없습니다.

🖋 도박의 가능성 [2015]

이을남에 대한 객관적인 증거인 2014.9.5. 3,000만 원을 출금했다는 점과 2014.5.9. 부산행 항공기에 탑승했던 점 그리고 2014.9.5. 도박죄로 부산지방법원에서 벌금 100만원을 받은 전과조회의 점에 비추어 보면 이을남은 부산에서 도박으로 3,000만 원을 탕진하고 이를 악감정이 있던 김갑동에게 증뢰했다고 허위자백할 가능성이 농후하므로 이을남의 진술은 신빙성이 없습니다.

✎ 객관적인 물증의 부족 [2016]

4,000만 원을 현금으로 주었다면 이와 관련되어 4,000만 원을 은행에서 인출한 기록 등 객관적인 물증이 있어야 하는데 이에 대한 물증이 없다는 점에서 신빙성이 없습니다.

✎ 1,000만 원을 송금한 실제 이유 [2016]

오히려 2015.3.2. 입급된 1,000만 원은 2015.3.2. 이을남이 김갑동을 위하여 위장자수한 대가로 받았다고 보는 것이 경험칙에 부합됩니다. 그리고 이을남의 보통예금통장내역을 보면 여자친구의 병원비를 위하여 바로 출금했으므로 이을남의 진술이 보다 더 신빙성이 있습니다.

✎ 이을남의 보통예금통장내역의 불일치 [2016]

이을남은 보통예금통장내역서를 보면 김갑동에게 받은 500만 원도 입금을 하고 있으므로 현금 4,000만 원을 받은 것을 통장에 입금하지 않는다는 것은 경험칙에 반하므로 신빙성이 없습니다.

✎ 2017.6.21. 김갑동이 이을남에게 전화를 한 점 [2018]

김갑동은 이을남에게 전화한 기억이 없다고 진술하고 있지만, 통신사실확인자료에 의하면 김갑동이 이을남에게 전화한 사실을 확인할 수 있는 바 김갑동의 진술은 객관적 물증에 반하여 신빙성이 없습니다.

✎ 객관적 물증의 검토 [2019]

이을남이 나병녀를 간음했다는 객관적 물증으로서는 이을남의 정액이 묻어 있는 피해자 나병녀의 속옷일 것입니다. 그러나 나병녀의 진술에 의하면 객관적인 물증이 될 수 있는 나병녀의 속옷은 나병녀가 버렸으므로 이을남이 나병녀를 간음했다는 객관적인 물증은 없습니다.

🖋 이을남의 나병녀에게 합의를 요구하지 않은 점에 대한 검토 [2019]

본 공소사실에 대하여 김갑동은 나병녀와 합의를 하려고 전화와 문자 등을 보냈으나, 이을남은 나병녀에게 합의를 위한 전화 등을 하지 않았습니다. 이는 이을남은 자신은 본 공소사실에 대하여 어떠한 범죄될 행위를 하지 않았다는 점에 자신이 있었기 때문이라고 평가할수 있습니다.

🖋 시기상의 문제점 [2021]

김갑동이 김을남에게 3,000만 원을 주었다는 시기는 2020.1.21.부터 1월 말경이라고 주장하지만, 계좌추적결과보고서에 의하면 동시기에는 김을남에게 월급 300만 원을 송금한것이외는 인출된 금액이 없다는 점에서 객관적 물증이 부족하므로 신빙성이 없습니다.

🖋 투자확약서의 내용에 대하여 [2021]

주식회사 만세금 대표이사는 김을남인데 투자확약서에 김갑동의 이름이 들어가 있는 것은경험칙에 반하며, 투자확약서의 계약 당사자는 주식회사 만세금의 대표이사인 김을남으로 충분한데 김갑동의 이름까지 있는 것으로 위조했다는 것은 김갑동이 김피해와 김손해를 기망함과 동시에 김을남을 기망하기 위하여 위조했다고 볼 수 있으므로 김갑동의 진술은 신빙성이 없습니다.

🖋 강남빌딩 관련 [2021]

박병서와 김갑동은 김을남이 김피해를 데리고 가짜 엔젤 인베스크먼트 빌딩으로 데려갔을것이라고 주장하고 있으나, 김을남은 이를 부인하고 있습니다. 그리고 김을남이 김피해를데리고 강남 빌딩으로 갔다는 점에 대하여는 객관적인 증거도 없습니다. 따라서 이러한 박병서와 김갑동의 진술을 오히려 두사람이 공모하여 김을남을 이용하여 범행을 했다는 점을 입증하는 증거가 될 수 있을 것입니다.

🖋 사망 전후의 상황 [2022]

사망 전후의 상황을 살펴보면 ① 김갑동이 이을녀를 계획적으로 살해하려고 하였으면 휴대전화나 노트북 등에 범행에 대한 검색기록 등이 있어야 하나 이러한 검색기록이 없었으며 ② 범행당일 김갑동이 이을녀를 차에 태우게 된 것은 김갑동의 부탁 등이 아니라 이을녀도 부산에 볼 일이 있다고 하여 이을녀가 자발적으로 동승하게 된 것이며 ③ 김갑동의 차는 범행직전에 졸음운전으로 인하여 차선을 밟고 운행하고 있었으며 이에 김운수도 경적을 울린 적이 있었고 ④ 김갑동도 사고직후 사고의 충격으로 기절하였다가 병원에서 깨어났습니다. 따라서 이러한 객관적인 증거를 고려하면 김갑동의 살인혐의에 대한 진술들은 신빙성이 없습니다.

✎ 케이크 안에 있는 현금에 대한 증명 부족 [2023]

케이크 안에 있는 현금이 있었는지에 대하여는 이을남의 진술과 이에 따른 전달통의 진술만 있을 뿐 그 이외에 객관적인 물증이 없으므로 신빙성이 없습니다.

✎ 블랙박스에서의 상황 [2023]

범행 당시 상황이 찍힌 블랙박스를 보더라도 피고인이 양손으로 김피해를 잡고 흔드는 장면만이 녹화되어 있으므로 김피해의 진술은 신빙성이 없습니다.

✎ 현금 500만 원 입금의 문제점 [2024]

김갑동은 이을남으로부터 현금으로 500만 원을 받았고 이를 은행에 입금하였다고 진술하고 있으나, 계좌조회결과에 따르면 입금내역이 없으므로 김갑동의 진술은 물적 증거에 반하여 신빙성이 없습니다.

✎ 500만 원의 위증교사 대가성 여부 [2024]

2023. 5. 15. 이을남이 김갑동에게 계좌이체 한 500만 원은 2020. 5. 15.에 차용한 금전을 변제한 것으로 보는 것이 차용증 등 물적 증거에 부합되므로 김갑동의 진술은 신빙성이 없습니다.

4. 이해관계인의 진술

친족관계에 있는 자의 진술, 사업상 동업자인 관계에 있는 자의 진술 등에 대하여는 이해관계인의 진술이므로 객관적인 신빙성이 떨어진다는 점을 들어 진술의 증명력을 탄핵할 수 있다.

✏️ 양신구의 진술의 의문점 [2013]

사망한 양신구는 김갑인이 운영하는 부동산중개소의 직원이었습니다. 따라서 박병진의 추궁에 갑자기 박병진앞으로 불려나온 양신구의 진술은 김갑인과 이해관계있는 자이므로 김갑인의 지시에 따라 허위로 진술했을 가능성이 크므로 그 신빙성이 없습니다.

✏️ 자백시점에 대한 의문점 [2015]

이을남이 김갑동에게 100만 원을 주었다는 진술은 이을남이 경찰에서 모욕죄로 수사받는 도중에 나온 진술이므로 이는 건축허가와 관련된 이해관계인으로서 허가를 받지 못한 부분에 대한 보복의 가능성 등이 있으므로 신빙성이 없습니다.

✏️ 자백시점에 대한 의문점 [2015]

이을남은 김갑동에게 100만 원을 주었다는 경찰에서의 진술로 긴급체포까지 당하게 되었으나 김갑동은 어떠한 불이익도 당하지 않았습니다. 이에 이을남은 검찰에서 보다 더 큰 액수인 2,900만 원을 증뢰했다고 자백하여 김갑동에게 불이익을 당하도록 진술했다는 것은 이해관계인의 진술로서 신빙성이 없습니다.

✏️ 한직원의 진술은 이해관계인의 진술인 점 [2016]

4,000만 원을 편지봉투 크기의 돈봉투 여러 개에 나누어 지급하는 것을 보았다는 한직원의 진술은 한직원은 김갑동의 직원인 이해관계인의 진술이므로 신빙성이 없습니다.

✏️ 박병서는 김갑동의 이해관계인 [2021]

박병서는 주식회사 만세금에서 김갑동의 오른팔로 자금 관리를 모두 담당하고 있는 자이며, 본 공소사실과 관련하여 김갑동으로부터 3,000만 원을 수고비로 받고 있는 이해관계인의 진술이므로 박병서가 김갑동 및 김을남과 공모하였다는 진술은 신빙성이 없습니다.

✏️ 감사전화의 내용과 녹취한 점 [2023]

일반적으로 뇌물을 받은 경우에는 그에 상응하는 내용 즉 단속일시를 알려주겠다라는 등의 전화를 하는 것이 자연스러운데, 녹취록의 내용은 너무 일반적인 내용이라 뇌물을 받은 사람의 전화라고는 보기 어려워 신빙성이 없습니다.

그리고 대화 내용을 녹음한 것은 케이크를 전해 주었다는 점에 대하여 고맙다고 한 점을 뇌물을 받아 고맙다고 한 것처럼 오해를 불러일으켜 김갑동을 해코지 하려고 한 것이 아니냐라는 의문을 제기할 수도 있습니다.

5. 인간됨

진술하는 사람의 기본적인 인간됨이 방탕하거나, 타인에 대한 배려심의 부족으로 인하여 야비한 경우 등에는 그러한 인간됨을 지적하면서 진술의 신빙성을 탄핵할 수 있다.

✎ 기타 김갑동의 인간됨에 따른 진술의 신빙성 검토 [2019]

김갑동은 동거녀였던 박수련의 진술에 의하면 박수련과 동거를 하면서도 어린 여자들과 사귀고 있었으며, 박수련이 민사소송에서 김갑동이 외도를 한 사진을 증거로 제출한 것으로 보아 호색한이라고 할 수 있습니다. 그리고 박수련의 진술에서와 같이 김갑동은 거짓말에 능하고, 박수련에게 양도한 채권을 수령하여 횡령하였습니다. 이러한 김갑동의 인간됨에 비추어 김갑동의 진술은 신빙성이 없습니다.

✎ 김갑동의 인간성 [2021]

김갑동은 이미 사기전과가 있는 사람이며, 본 공소사실 이외에 성폭법위반죄를 범하였다고 본 법정에서 자백하고 있습니다. 이러한 김갑동의 인간성으로 보아 김갑동의 진술은 신빙성이 없습니다.

6. 책임전가의 진술

주로 공범관계로 기소된 피고인이 자신의 범행이 명확히 드러나자 책임을 전가하기 위하여 상피고인과 공모하거나 상피고인이 범행을 주도하였다는 식의 진술은 책임을 전가하기 위한 진술로써 객관적인 신빙성이 떨어진다는 점을 들어 진술의 증명력을 탄핵할 수 있다.

✎ 이달수가 책임을 전가할 수 있다는 점에 대하여 [2012]

이달수의 진술은 자신의 범행이 발각되자 그 책임을 김토건에게 전가하고자 허위진술을 할 가능성이 높은 이해관계인의 진술이므로 신빙성이 없습니다.

🖊 김갑인의 책임전가 진술일 가능성 [2013]

김갑인의 진술 중 이을해가 '한 몫 챙기겠다'라고 말하여 마치 이을해가 주도적으로 공모한 것처럼 진술한 것은 자신의 사기범행이 발각되자 이을해에게 책임을 전가하기 위한 진술일 가능성이 높은 이해관계인의 진술로서 신빙성이 없습니다.

🖊 김갑동의 책임전가의 가능성에 대하여 [2014]

김갑동은 범행 이후 2012.5.20. 이을남에게 공갈을 당하자 사촌동생인 이을남을 고소하는 등 악감정을 표출하고 있고 이에 더하여 자신의 배임행위책임을 이을남에게 전가하고 싶은 마음에서 공모를 하였다고 허위진술을 하였을 가능성이 있으므로 신빙성이 없습니다.

🖊 이을남이 범행을 주도했다는 점 [2016]

사경단계에서 매매계약서의 위조사실을 부인하다가 필적감정으로 위조사실이 확인되자 범행을 자백하며 이을남이 주도했다고 진술하는 것은 책임전가적인 진술일 가능성이 농후한 점에 비추어 진술의 신빙성이 없습니다.

🖊 모텔에서의 공모에 대하여 [2019]

모텔에서도 이을남과 김갑동 사이에는 명시적인 공모는 없었습니다. 김갑동의 진술에 의하면 이을남은 모텔에 가기 전부터 나병녀를 간음할 생각이 있었던 것처럼 진술하고, 모텔에서 누가 먼저라고 할 것 없이 동일한 생각을 가지게 된 것 같다고 진술하고 있지만, 이는 추론에 불과하고 자신이 나병녀를 간음한 사실로 처지가 곤란해지자 자신의 책임을 조금이라도 감경하고자 책임을 이을남에게 전가시키기 위한 진술일 수 있으므로 신빙성이 없습니다.

🖊 김갑동의 책임전가의 가능성에 대하여 [2021]

김갑동은 김피해와 김손해에 대한 범행 이후 김을남에게도 1억 원을 편취한 후 자신의 사기행위책임을 김을남에게 전가하고 김을남에 대한 1억 원의 범행을 숨기기 위하여 김을남과 공모를 하고, 김을남이 사건을 주도하였다고 허위진술을 하였을 가능성이 있으므로 신빙성이 없습니다.

Ⅲ. 기타 증명력 탄핵 방법

1. 범행의 동기

피고인이 범행을 범했다는 진술에 대하여 피고인이 범행을 범하거나 범행에 가담할 만한 동기가 없었다는 점을 들어 진술의 증명력을 탄핵할 수 있다. 그리고 범행의 동기를 밝혀 범행 동기가 인정되는 사람의 책임전가적 진술을 탄핵할 수도 있다.

✏️ 범행 동기에 대하여 [2012]

건실한 사업자인 김토건은 금전적인 여부가 있는 사람으로서 박대우에 대한 채권을 회수하기 위하여 이달수에게 특수강도를 교사할 필요성이 없는 반면 이달수는 범행당시 채무변제의 독촉을 받고 급전이 필요했으므로 범행에 대한 동기가 충분하다는 점에서 이달수의 진술은 경험칙에 반하여 신빙성이 없습니다.

✏️ 같이 술을 마시기 전에 교사한 점 [2018]

김갑동은 이을남에게 술을 마시기 전에 '이동수가 부자라고 했지'라고만 말을 했다고 진술하고 있으나 이는 신빙성이 없습니다. 서중기의 경찰에서의 진술에 따르면 합의금 때문에 돈이 필요하고 이에 이동수가 부자라는 말을 했으므로 절도 교사의 충분한 동기가 있으며, 만약 교사를 하지 않았다면 이을남에게 '지난 번 한 말은 다 잊어라'라는 등의 문자메세지를 보낼 필요는 없기 때문입니다.

✏️ 범행동기에 대하여 [2021]

김갑동은 2019. 5월경 주식투자 실패로 신용불량자 상태이고 이후 만세금 주식회사를 실질적으로 운영하면서도 금전적으로 매우 어려워 사기범행의 동기가 있습니다. 그러나 이에 반하여 김을남은 일시 실직상태이기는 하였으나, 2019. 12월에 주식회사 만세금에 취직하여 월급 300만 원씩을 받기로 하였고 피해자들과는 친하게 지내던 사이였으므로 사기범행의 동기가 없습니다. 따라서 김갑동과 김을남이 공모하여 사기죄를 범하였다는 김갑동의 진술은 신빙성이 없습니다.

✏️ 범행 동기 [2022]

김갑동은 오순진을 사랑하고 있었으며, 수입도 상당하여 보험금을 편취하기 위하여 오순진을 살해할 이유가 없습니다. 그리고 김갑동이 오순진의 생명보험을 많이 가입한 것은

① 김갑동의 성품이 남의 부탁을 거절하지 못하는 착한 성품 때문이었으며 ② 김갑동은 생명보험을 많이 가입하였으나 이를 바탕으로 대출을 받아 부동산에 투자도 하였고 다른 한편으로는 저축성 예금으로서도 활용할 수 있었으므로 생명보험에 들었다는 사실만으로 오순진을 살해할 동기라고 볼 수 없습니다.

2. 공범의 범행에 대한 인식

공범으로 기소된 피고인이 다른 공범의 범행을 인식하지 못하였으므로 다른 공범에 가담하였다는 진술의 신빙성을 탄핵할 수 있다.

✎ 이을남의 김갑동의 범행에 대한 인식의 점에 대하여 [2014]

이을남은 이전에 김갑동이 관철동 토지에 근저당을 설정하여 회사를 위해서 사용한 점에서 신뢰가 생겨 개봉동 토지매매에 대하여도 회사를 위해 사용할 것이라고 생각하여 정고소를 소개시켜 주었습니다. 따라서 이을남은 김갑동의 배임행위를 전혀 인식하지 못했으므로 서로 공모했다는 점은 인정하기 어렵습니다.

✎ 이을남의 김갑동범행의 인식에 대하여 [2016]

이을남은 정고소를 김갑동에게 소개시켜주기는 하였지만, ① 김갑동이 위조한 매매계약서를 진실한 것으로 믿었으며 ② 김갑동은 사촌형이므로 친족의 정의상 도와주고 싶어 자신의 주소로 소송서류를 송달되게 하고 승소판결서를 김갑동에게 전달하였으며 ③ 정고소는 친한 친구이므로 서로에게 좋은 일이라고 생각하여 김갑동에게 소개시켜 주었으며 ④ 이에 대한 사례비로 500만원을 받은 것이 전부이므로 이을남은 김갑동의 일련의 범행에 대한 인식이 없어 공모 또한 할 수가 없으므로 김갑동의 진술은 신빙성이 없습니다.

✎ 이을남의 김갑동의 간음에 대한 인식에 대하여 [2019]

이을남은 김갑동이 나병녀를 간음했다는 사실을 다음날 아침에 김갑동과 나병녀가 다투는 과정에서 이를 어렴풋이 알게 되었다고 진술하고 있으므로 이을남은 김갑동의 간음행위에 대한 공모가 없었다고 보아야 합니다.

✏️ 김을남의 김갑동의 범행에 대한 인식의 점에 대하여 [2021]

사기범행 이후에도 김갑동은 도피하였으나, 김을남은 도주하지 않았습니다. 그리고 2020.4.22. 김피해와 김손해가 김을남을 찾아갔을 때에 김을남은 김갑동과 연락이 되지 않자 매우 당황하면서 미안해 했다는 점에서 김을남도 2020.4.22.에서야 김갑동의 사기 범행을 인식하였다고 보이므로 김을남과 김갑동이 공모하였다는 김갑동의 진술은 신빙성이 없습니다.

3. 객관적 사실이나 진술에 반하는 진술

객관적 물증에 반하는 진술의 신빙성을 탄핵하는 것과 같이 객관적 사실이나 객관적인 입장에서의 진술에 반하는 진술의 신빙성을 탄핵할 수 있다.

✏️ 서중기에게 술값을 준 점 [2018]

김갑동은 서중기에게 5만원을 주면서 술을 사오라고 한 사실을 부인하고 있으나, 객관적인 입장에 있는 서중기의 진술에 따르면 김갑동이 돈을 주었다고 하고 있으므로 김갑동의 진술은 신빙성이 없습니다.

✏️ 이을남이 커터 칼을 나행복에게 휘둘렀다는 점에 대한 증명력 검토 [2018]

나행복은 경찰에서 이을남이 주머니에서 날카로운 칼 같은 것을 꺼내어 자신에게 휘둘렀다고 진술하고 있지만, 본 법정에 증인으로 출석하여서는 '경찰에서는 당황하여 그렇게 진술한 것'이라고 하면서 칼 같은 것은 보지 못했다고 진술하고 있으므로 나행복의 경찰에서의 진술은 신빙성이 없습니다.

✏️ 이을남이 장동근의 몸을 잡은 점 [2018]

강동환은 경찰에서 '이을남이 장동근의 몸을 잡은 사실이 있다'라고 진술하고 있고, 이을남과 주진모도 이러한 사실은 인정하고 있습니다. 그러나 이러한 사실은 이을남이 장동근을 폭행하기 위한 것이 아니라 김갑동의 폭행을 말리려고 한 것입니다. 특히 주진모의 경찰 진술에서 이을남이 김갑동을 밀치고, 장동근의 몸을 붙들며 만류했다는 점, 장동근이 이을남에게 '왜 나만 잡느냐'라고 했다는 점에서 이는 명확하다 하겠습니다.

✎ 김갑동이 폭행을 하였다는 점 [2018]

장동근은 경찰과 본 법정에 이르기까지 김갑동이 직접 폭행을 하였다고는 진술하고 있지 않습니다. 그리고 장동근의 친구인 강동환도 김갑동은 폭행을 하지 않았다고 진술하고 있습니다.

✎ 모텔에 가기 이전의 공모에 대하여 [2019]

김갑동의 진술에 의하면 김갑동과 이을남은 모텔에 가기 이전에 김갑동과 이을남이 나병녀를 간음하겠다는 점에 대한 명시적이거나 묵시적인 공모관계가 없습니다. 따라서 모텔에 가기 이전에는 공모관계가 없었음은 증명될 수 있습니다.

✎ 피해자 나병녀의 진술 중 이을남의 옷에 묻은 립스틱 자국에 대하여 [2019]

피해자 나병녀는 이을남이 간음했다는 의심을 갖게 된 결정적인 증거는 이을남의 옷에 묻은 립스틱 자국이었습니다. 그러나 이을남의 옷에 묻은 나병녀의 립스틱 자국은 증인으로 나온 강지연의 증언에 의하면 1차 술자리를 마친 후 나병녀가 술에 취해 이을남 쪽으로 넘어지면서 이을남의 옷에 립스틱 자국을 남긴 것이므로 나병녀의 추론은 잘못된 것임을 알 수 있으므로 나병녀의 진술은 신빙성이 없습니다.

✎ 김갑동의 진술 중 이을남이 대기하고 있다가 나병녀를 간음했다는 부분의 검토 [2019]

김갑동은 수사과정에서 자신이 간음하고 난 후에 이을남이 대기하고 있다가 나병녀를 간음했다는 진술은 김갑동과 이을남이 서로 공모를 하였을 경우에 가능한 것인데 위에서 살펴본 바와 같이 김갑동과 이을남은 공모를 하지 않았으므로 김갑동의 진술은 신빙성이 없습니다.

✎ 카톡의 내용에 관하여 [2021]

김갑동은 2020.1.1. 김을남에게 "현장 자금 압박 심각. 단기적 상황 타개책 필요"라는 메시지를 보냈습니다. 이에 대해 김갑동은 김피해와 김손해를 속이기 위하여 김을남과 짜고 일부러 허위의 메시지를 보냈다고 진술하고 있습니다. 그러나 김을남은 그 메시지를 통하여 김갑동을 도와주기 위하여 김피해와 김손해의 자금여력을 이야기하게 된 것이며, 실제로 김피해와 김손해에게 해당 메시지를 보여주지도 않았다는 점에서 김갑동의 진술은 신빙성이 없습니다.

✎ 투자확약서 위조 시점에 대하여 [2021]

김갑동은 김을남의 부탁에 따라 2020.1.18.에 투자확약서를 위조하였다고 주장하고 있습니다. 그러나 김을남은 이미 2010.1.3.에 투자확약서를 보았다고 진술하고 있고, 투자확약서의 일자도 2020.1.3. 이전인 2019.12.20.이며, 박병서도 1월 초에 김갑동이 위조하였다고 진술하고 있으므로 김갑동의 진술은 신빙성이 없습니다.

4. 추론에 불과한 진술

객관적인 사실을 근거로 한 것이 아니라 주관적인 추론에 불과한 진술은 신빙성을 탄핵할 수 있다.

✎ 강지연의 진술에 대하여 [2019]

강지연은 수사과정에서 1차 술자리에서 게임을 하는 도중에 김갑동과 이을남이 서로 귓속말을 하였다는 점에서 이미 두 사람이 간음을 모의했을지 모른다고 진술한 내용은 단지 나병녀가 간음당했다는 사실을 알고 사후에 추론하는 것에 불과하여 신빙성이 없습니다.

✎ 나병녀의 증언이나 수사기관에서의 진술 중 이을남이 미안하다는 말을 한 점에 대하여 [2019]

피해자 나병녀는 이을남의 옷에 묻은 립스틱 자국을 통해 이을남도 간음했을 것이라고 생각하고 범행 다음 날 이을남이 미안하다는 말을 했다는 점을 통해 그 생각에 대한 확신을 가지고 있습니다. 이에 대하여 이을남은 경찰수사과정에서는 미안하다는 말을 하였다고 진술하였으나, 검찰 수사과정에서는 미안하다고 말한 적이 없다고 진술하여 이를 시정하고 있습니다. 그리고 나병녀도 수사과정에서는 이을남이 미안하다고 진술하고, 법정에서는 이을남이 사과하였다고 증언하였으나, 변호인의 반대신문과정에서 이을남은 특별히 무슨 말을 한 것은 아니고 그냥 고개만 숙이고 있었다고 진술하고 있습니다. 따라서 나병녀가 이을남이 미안하다고 했으므로 이을남이 자신을 간음한 것으로 추론하는 진술은 신빙성이 없습니다.

✎ 나병녀의 증언 중 두명이 간음했다는 부분 [2019]

나병녀는 수사초기에는 이을남의 옷에 묻은 립스틱을 근거로 이을남도 자신을 간음했을 것이라고 생각하였고, 본 법정에 증인으로 출석하여 두 명이 간음한 것으로 기억한다고 진술하고 있습니다. 그러나 변호인의 반대신문을 통하여 그날 일을 계속 생각하다보니 기억이 난다고 진술한 점에 비추어 이는 당시 상황을 정확히 기억하는 것이 아니고 사후에 자기 확신에 따른 진술에 불과하므로 신빙성이 없습니다.

5. 범인식별절차의 미준수

범인식별절차를 준수하지 못한 피해자의 범인지목은 신빙성을 탄핵할 수 있다.

✎ 범인식별절차의 미준수 [2012]

판례에 의하면 '범인식별 절차에서 피해자 진술의 신빙성을 높게 평가할 수 있게 하려면, 용의자를 포함하여 그와 인상착의가 비슷한 여러 사람을 동시에 목격자와 대면시켜 범인을 지목하도록 하여야 한다'라고 하고 있습니다. 그런데 본 사건에서 사법경찰관은 용의자를 한 명만 세워놓고 범인을 식별하도록 하는 것은 신빙성이 없다고 할 것입니다.

해커스변호사
law.Hackers.com

제5편

중요 형사특별법 조문 정리

제5편 | 중요 형사특별법 조문 정리

제1절 | 교통사고처리특례법 제3조와 제4조

I. 제3조 제1항의 특례

1. 관련 조문

> **제3조(처벌의 특례)** ① 차의 운전자가 교통사고로 인하여 형법 제268조의 죄를 범한 경우에는 5년 이하의 금고 또는 2천만원 이하의 벌금에 처한다.

2. 주요 내용

형법 제268조는 업무상 과실 또는 중대한 과실로 인하여 사람을 사상에 이르게하는 범죄를 말한다. 이러한 제268조의 죄가 교통사고로 발생한 경우에는 교특법 제3조 제1항이 형법 제268조의 특별규정으로서 우선 적용된다. 교특법 제정당시에는 형량에 차이가 있었으나 현재에는 형량이 동일하여 실질적인 차이는 없으므로, 교특법상의 특례를 인정하기 위한 전제로서의 의미만 있다.

Ⅱ. 제3조 제2항의 본문과 단서

1. 관련 조문

제3조 (처벌의 특례) – 제2항

② 차의 교통으로 제1항의 죄 중 업무상과실치상죄 또는 중과실치상죄7)와 도로교통법 제151조의 죄8)를 범한 운전자에 대하여는 피해자의 명시적인 의사에 반하여 공소를 제기할 수 없다. 다만, 차의 운전자가 제1항의 죄 중 업무상과실치상죄 또는 중과실치상죄를 범하고도 피해자를 구호하는 등 도로교통법 제54조제1항에 따른 조치를 하지 아니하고 도주하거나 피해자를 사고 장소로부터 옮겨 유기하고 도주한 경우,9) 같은 죄를 범하고 도로교통법 제44조제2항을 위반하여 음주측정 요구에 따르지 아니한 경우(운전자가 채혈 측정을 요청하거나 동의한 경우는 제외한다)10)와 다음 각 호의 어느 하나에 해당하는 행위로 인하여 같은 죄를 범한 경우에는 그러하지 아니하다. [개정 2016.1.27 제13829호(도로교통법), 2016.12.2] [시행일 2017.12.3]

1. 도로교통법 제5조에 따른 신호기가 표시하는 신호 또는 교통정리를 하는 경찰공무원 등의 신호를 위반하거나 통행금지 또는 일시정지를 내용으로 하는 안전표지가 표시하는 지시를 위반하여 운전한 경우

2. 도로교통법 제13조제3항을 위반하여 중앙선을 침범하거나 같은 법 제62조를 위반하여 횡단, 유턴 또는 후진한 경우

3. 도로교통법 제17조제1항 또는 제2항에 따른 제한속도를 시속 20킬로미터 초과하여 운전한 경우

4. 도로교통법 제21조제1항, 제22조, 제23조에 따른 앞지르기의 방법·금지시기·금지장소 또는 끼어들기의 금지를 위반하거나 같은 법 제60조제2항에 따른 고속도로에서의 앞지르기 방법을 위반하여 운전한 경우

5. 도로교통법 제24조에 따른 철길건널목 통과방법을 위반하여 운전한 경우

6. 도로교통법 제27조제1항에 따른 횡단보도에서의 보행자 보호의무를 위반하여 운전한 경우

7. 도로교통법 제43조, 건설기계관리법 제26조 또는 도로교통법 제96조를 위반하여 운전면허 또는 건설기계조종사면허를 받지 아니하거나 국제운전면허증을 소지하지 아니하고 운전한 경우. 이 경우 운전면허 또는 건설기계조종사면허의 효력이 정지 중이거나 운전의 금지 중인 때에는 운전면허 또는 건설기계조종사면허를 받지 아니하거나 국제운전면허증을 소지하지 아니한 것으로 본다.

8. 도로교통법 제44조제1항을 위반하여 술에 취한 상태에서 운전을 하거나 같은 법 제45조를 위반하여 약물의 영향으로 정상적으로 운전하지 못할 우려가 있는 상태에서 운전한 경우

---

7) 형법 제268조의 죄에서 사망의 결과를 발생시킨 경우를 제외한다.
8) 업무상 또는 중과실로 인한 재물손괴죄를 말한다. 제151조(벌칙) 차의 운전자가 업무상 필요한 주의를 게을리하거나 중대한 과실로 다른 사람의 건조물이나 그 밖의 재물을 손괴한 경우에는 2년 이하의 금고나 500만원 이하의 벌금에 처한다.
9) 즉, 특가법 제5조의3의 도주차량이 적용되는 경우이다.
10) 즉 ,도로교통법 제148조의2 제1항 제2호의 음주측정거부죄가 적용되는 경우이다.

9. 도로교통법 제13조제1항을 위반하여 보도(步道)가 설치된 도로의 보도를 침범하거나 같은 법 제13조제2항에 따른 보도 횡단방법을 위반하여 운전한 경우

10. 도로교통법 제39조제3항에 따른 승객의 추락 방지의무를 위반하여 운전한 경우

11. 도로교통법 제12조제3항에 따른 어린이 보호구역에서 같은 조 제1항에 따른 조치를 준수하고 어린이의 안전에 유의하면서 운전하여야 할 의무를 위반하여 어린이의 신체를 상해(傷害)에 이르게 한 경우

12. 「도로교통법」 제39조제4항을 위반하여 자동차의 화물이 떨어지지 아니하도록 필요한 조치를 하지 아니하고 운전한 경우[11]

2. 주요 내용

(1) 반의사불벌죄의 원칙

1) 대상범죄 : 교특법 제3조 제2항 본문에서는 업무상과실치상와 중과실치상죄(형법 제268조의 일부) 및 업무상 또는 중과실재물손괴죄(도로교통법 제151조)를 반의사불벌죄로 규정하고 있다. 특히 사망의 결과를 포함시키고 있지 않음을 주의하여야 한다.

2) 처벌불원의 의사표시의 시기와 효과 : 처벌불원의 의사표시는 원칙적으로 피해자가 제1심판결선고전까지 하여야 한다(형사소송법 제232조 제3항). 따라서 ① 처벌불원의 의사표시가 공소제기 전에 있는 경우에 이를 간과하고 공소제기 하였다면 형사소송법 제327조 제2호에 따른 공소기각 판결을 하여야 하고 ② 처벌불원의 의사표시가 공소제기 이후 제1심판결 전에 있는 경우에는 법원은 형사소송법 제327조 제6호에 따라 공소기각의 판결을 하여야 한다.

(2) 반의사불벌죄에 대한 예외

1) 예외의 대상범죄와 예외 사유 : 교특법 제3조 제2항 단서에서는 업무상과실치상과 중과실치상죄를 반의사불벌죄로 규정하고 있는 것에 대한 예외사유를 규정하고 있으며, 예외사유는 크게 ① 특가법상의 도주차량죄 ② 음주측정불응죄 ③ 11개의 예외사유가 있다. 주의할 것은 도로교통법 제151조의 업무상과실 또는 중과실에 의한 재물손괴죄의 경우에는 항상 교특법상의 특례인 반의사불벌죄가 적용된다는 점이다.

2) 반의사불벌죄에 대한 예외 사유의 법적 성격 : 반의사불벌죄에 대한 예외 사유의 법적 성격에 대하여는 ① 구성요건요소설과 ② 공소제기조건설이 대립하고 있으나, 판례는 공소제기조건설의 입장이다.

---

11) 본 호는 2016.12.2.에 신설되어 2017.12.3.부터 시행된다.

〈예시답안 [2017]〉

1. 쟁 점

김갑동은 도주의 범의를 부인하고 있으므로 검찰이 제출한 증거에 의하여 김갑동의 교통사고 후 도주행위가 증명될 수 있는지가 쟁점입니다.

2. 사고 후 필요한 조치의 내용

교통사고 후 조치가 필요한 경우에는 운전자는 ① 사고가 발생한 즉시 정차하거나 부수적으로 교통의 위험이 초래되는 등의 사정이 없는 한 즉시 가까운 곳에 정차하여(즉시정차의무) ② 피해자를 구출하거나 응급조치를 하거나 구급차의 출동을 요구하거나 피해자를 병원까지 후송하는 등 피해자를 구호하고(구호의무) ③ 피해자나 경찰관 등 교통사고와 관련있는 사람에게 사고운전자의 신원을 밝혀야 한다(신원확인의무).

3. 사안의 적용

김갑동은 ① 사고직후 즉시 정차하였으며 ② 동승자인 이을남이 112신고를 하자, 이을남에게 피해자를 병원으로 데리고 가라고 하면서 피해자를 부축하여 택시를 태워 보내 구호의무를 이행하였으며 ③ 피고인이 비록 사고 후 5분정도가 지나 집에 가기는 하였으나, 그 사이에 도착한 처 나부인에게 경찰관에게 김갑동의 인적사항을 진술하도록 하여 신원확인의무도 이행하였으므로 도주에 해당하지 않습니다.

4. 축소사실로서의 교특법 위반

가. 논의점

김갑동이 특가법위반의 점이 무죄라고 하더라도 축소사실인 교특법 제3조 제1항 위반죄가 성립합니다. 그런데 김갑동은 종합보험에 가입하고 있어 원칙적으로 교특법 제4조 제1항에 의한 반의사불벌죄의 처벌불원의 의사가 있는 것으로 의제되지만, 교특법 제3조 제2항 단서 제2호 중앙선침범의 예외규정 해당여부가 문제됩니다.

나. 판례의 법리

판례는 신호등이 설치되어 있지 아니한 횡단보도를 통로로 하여 반대차선으로 넘어 들어가다 충돌사고가 발생한 경우에는 중앙선침범에 해당한다고 판시하고 있습니다. 따라서 본 교통사고의 경우에도 중앙선침범에 해당하고 이는 사고의 직접적인 원인이 되었으므로 김갑동의 행위는 교특법 제3조 제2항 단서 제2호 소정의 중앙선침범사고에 해당합니다.

다. 결 언

따라서 축소사실인 교특법 제3조 제1항위반의 죄에 대하여는 교특법 제3조 제2항 단서 제2호 소정의 중앙선침범사고에 해당하므로 정상변론을 하여야 할 것입니다.

〈예시답안〉

1. 쟁 점

   이달수는 공소사실을 모두 인정하고 있으나, 피해자 조범생이 교통사고처리특례법 제3조 제2항 단서 제6호의 '보행자'에 해당하는지가 쟁점입니다.

2. 보행자의 해당 여부

   도로교통법 제27조 제1항은 '모든 차의 운전자는 보행자(제13조의2 제6항에 따라 자전거에서 내려서 자전거를 끌고 통행하는 자전거 운전자를 포함한다)가 횡단보도를 통행하고 있을 때에는 보행자의 횡단을 방해하거나 위험을 주지 아니하도록 그 횡단보도 앞(정지선이 설치되어 있는 곳에서는 그 정지선을 말한다)에서 일시정지하여야 한다'라고 규정하고 있습니다. 그런데 본 사건에 있어 조범생은 자전거를 타고 가다 사고를 당한 것이므로 위 규정의 반대해석상 보행자에 해당하지 않습니다. 따라서 이달수의 범행은 교특법 제3조 제2항 단서 제6호의 반의사불벌죄의 예외에 해당하지 않습니다.

3. 결 언

   따라서 본 공소사실은 교특법 제3조 제2항 본문에 따라 반의사불벌죄인바, 조범생은 공소제기 이전인 2011.12.16. 김갑동과 합의하여 처벌불원의 의사를 표시하였으므로 형사소송법 제327조 제2호에 따라 공소기각판결을 선고하여 주시기 바랍니다.

✎ 교특법위반죄에서 제3조 제2항 본문에 의해 피해자의 처벌불원의 의사표시가 있어 공소기각판결을 구하는 예시답안

〈예시답안 [2012]〉

1. 쟁 점

   이달수는 공소사실을 모두 인정하고 있으나, 피해자 조범생이 교통사고처리특례법 제3조 제2항 단서 제6호의 '보행자'에 해당하는지가 쟁점입니다.

2. 보행자의 해당 여부

   도로교통법 제27조 제1항은 '모든 차의 운전자는 보행자(제13조의2 제6항에 따라 자전거에서 내려서 자전거를 끌고 통행하는 자전거 운전자를 포함한다)가 횡단보도를 통행하고 있을 때에는 보행자의 횡단을 방해하거나 위험을 주지 아니하도록 그 횡단보도 앞(정지선이 설치되어 있는 곳에서는 그 정지선을 말한다)에서 일시정지하여야 한다'라고 규정하고 있습니다. 그런데 본 사건에 있어 조범생은 자전거를 타고 가다 사고를 당한 것이므로 위 규정의 반대해석상 보행자에 해당하지 않습니다. 따라서 이달수의 범행은 교특법 제3조 제2항 단서 제6호의 반의사불벌죄의 예외에 해당하지 않습니다.

3. 결 언

따라서 본 공소사실은 교특법 제3조 제2항 본문에 따라 반의사불벌죄인바, 조범생은 본 사건 공소제기 이후인 2011.12.16. 이달수와 합의하면서 처벌불원의 의사를 표시하였으므로 형사소송법 제327조 제6호에 따라 공소기각판결을 선고하여 주시기 바랍니다.

✎ 교특법 제3조 제2항 단서에 해당하여 공소제기 된다는 예시답안

〈예시답안 [2022]〉

1. 쟁 점

본 공소사실에 대하여 이을녀는 자백하고 있고 종합보험에 가입하고 있으므로 공소기각판결을 구할 사유가 있으나 교특법 제3조 제2항 제9호의 보도침범의 예외에 해당하는지가 쟁점입니다.

2. 도로교통법 제13조의 규정

도로교통법 제13조 제1항과 제2항에 따르면 차마의 운전자는 도로 외의 곳으로 출입할 때에는 보도를 횡단하여 통행할 수 있지만, 보도를 횡단하기 직전에 일시정지하여 좌측과 우측 부분 등을 살핀 후 보행자의 통행을 방해하지 아니하도록 횡단하여야 한다고 하고 있습니다.

그런데 피해자 고은아의 진술조서에 의하면 보도를 걸어가던 중 갑자기 아반떼 승용차가 보도를 침범하여 갑자기 자신을 충격하였다고 하고 있으므로 이을녀는 일시정지 의무를 준수하였다고 볼 수 없어 교특법 제3조 제2항 제9호에 해당합니다.

3. 소 결

본 공소사실은 교특법 제3조 제2항 제9호에 해당하는 예외사유가 있으므로 비록 이을녀가 종합보험에 가입하였다고 하더라도 검사는 공소제기를 할 것이며, 이에 대하여 정상변론하여야 할 것으로 사료됩니다.

Ⅲ. 제4조에 의한 특례

1. 관련 조문

제4조(보험 등에 가입된 경우의 특례) ① 교통사고를 일으킨 차가 보험업법 제4조, 제126조, 제127조 및 제128조, 여객자동차 운수사업법 제60조, 제61조 또는 화물자동차 운수사업법 제51조에 따른 보험 또는 공제에 가입된 경우에는 제3조제2항 본문에 규정된 죄[12]를 범한 차의 운전자에 대하여 공소를 제기할 수 없다. 다만, 다음 각 호의 어느 하나에 해당하는 경우에는 그러하지 아니하다.

---

12) 업무상 또는 중과실치상죄 그리고 업무상 또는 중과실손괴죄를 말한다.

1. 제3조제2항 단서에 해당하는 경우
2. 피해자가 신체의 상해로 인하여 생명에 대한 위험이 발생하거나 불구가 되거나 불치 또는 난치의 질병이 생긴 경우
3. 보험계약 또는 공제계약이 무효로 되거나 해지되거나 계약상의 면책 규정 등으로 인하여 보험회사, 공제조합 또는 공제사업자의 보험금 또는 공제금 지급의무가 없어진 경우

② 제1항에서 "보험 또는 공제"란 교통사고의 경우 보험업법에 따른 보험회사나 여객자동차 운수사업법 또는 화물자동차 운수사업법에 따른 공제조합 또는 공제사업자가 인가된 보험약관 또는 승인된 공제약관에 따라 피보험자와 피해자 간 또는 공제조합원과 피해자 간의 손해배상에 관한 합의 여부와 상관없이 피보험자나 공제조합원을 갈음하여 피해자의 치료비에 관하여는 통상비용의 전액을, 그 밖의 손해에 관하여는 보험약관이나 공제약관으로 정한 지급기준금액을 대통령령으로 정하는 바에 따라 우선 지급하되, 종국적으로는 확정판결이나 그 밖에 이에 준하는 집행권원상 피보험자 또는 공제조합원의 교통사고로 인한 손해배상금 전액을 보상하는 보험 또는 공제를 말한다.
③ 제1항의 보험 또는 공제에 가입된 사실은 보험회사, 공제조합 또는 공제사업자가 제2항의 취지를 적은 서면에 의하여 증명되어야 한다.

2. 주요 내용

(1) 처벌불원의사의 의제와 예외

1) 원칙 : 교특법 제4조 제1항은 운전자가 교특법 제3조 제1항 위반죄(업무상 또는 중과실치상죄)와 도로교통법 제151조 위반죄(업무상 또는 중과실 재물손괴죄)를 범한 경우에 보험 또는 공제에 가입한 경우에는 처벌불원의 의사가 있는 것으로 의제하여 공소를 제기할 수 없도록 하고 있다. 따라서 가해차량이 이러한 사유가 있음에도 공소제기가 이루어진 경우에는 법원은 제327조 제2호에 따라 공소기각의 판결을 하여야 한다.

2) 예외 : ① 교특법 제3조 제1항 위반죄 중에서 치사의 결과가 발생한 경우에는 적용이 없으며 ② 교특법 제3조 제1항의 단서에 해당되는 경우에도 적용이 없으며 ③ 치사가 아니더라도 피해자가 신체의 상해로 인하여 생명에 대한 위험이 발생하거나 불구가 되거나 불치 또는 난치의 질병이 생긴 경우에도 적용이 없으며13) ④ 보험계약 또는 공제계약이 무효로 되거나 해지되거나 계약상의 면책 규정 등으로 인하여 보험회사, 공제조합 또는 공제사업자의 보험금 또는 공제금 지급의무가 없어진 경우에는 적용되지 아니한다.

---

13) 이 요건은 형법 제258조의 중상해의 요건과 동일하다.

(2) 종합보험(공제)의 가입

1) 보험 또는 공제 : 종국적으로는 확정판결이나 그 밖에 이에 준하는 집행권원상 피보
   험자 또는 공제조합원의 교통사고로 인한 손해배상금 전액을 보상하는 보험 또는
   공제를 말한다.

2) 가입사실의 증명 : 이러한 보험 또는 공제의 증명은 종합보험가입사실증명서, 공제
   가입사실증명서 등의 서면에 의하여 증명되어야 한다. 따라서 보험료영수증(납입
   증명서)은 보험계약을 통하여 특정약관의 보험에 가입된 사실을 증명하는 보험가
   입사실증명서와 그 성질을 달리하므로 이에 해당하지 않는다(판례).

> ✎ 특가법위반(도주차량)죄는 무죄가 되지만, 축소사실인 교특법위반죄가 성립하는 경우
> 에 종합보험에 가입되어 있어 공소기각판결을 구하는 예시답안

> 〈예시답안〉
> 김갑인은 교특법 제3조 제1항 위반의 점은 인정하고 있습니다. 그런데 김갑인은 종합보험
> 에 가입되어 있어 교특법 제4조 제1항에 의해 검사는 공소를 제기할 수 없으므로 이에 대하
> 여는 형사소송법 제327조 제2호에 따라 공소기각판결을 선고하여 주시기 바랍니다.

제2절 | 특정범죄가중처벌에 관한 법률 제5조의3

1. 관련 조문

> **제5조의3(도주차량 운전자의 가중처벌)** ① 도로교통법 제2조에 규정된 자동차·원동기장치
> 자전거의 교통으로 인하여 형법 제268조의 죄를 범한 해당 차량의 운전자(이하 "사고운
> 전자"라 한다)가 피해자를 구호(구호)하는 등 도로교통법 제54조 제1항에 따른 조치를
> 하지 아니하고 도주한 경우에는 다음 각 호의 구분에 따라 가중처벌한다.
> 1. 피해자를 사망에 이르게 하고 도주하거나, 도주 후에 피해자가 사망한 경우에는 무기
>   또는 5년 이상의 징역에 처한다.
> 2. 피해자를 상해에 이르게 한 경우에는 1년 이상의 유기징역 또는 500만원 이상 3천만
>   원 이하의 벌금에 처한다.
> ② 사고운전자가 피해자를 사고 장소로부터 옮겨 유기하고 도주한 경우에는 다음 각 호
> 의 구분에 따라 가중처벌한다.
> 1. 피해자를 사망에 이르게 하고 도주하거나, 도주 후에 피해자가 사망한 경우에는 사형,
>   무기 또는 5년 이상의 징역에 처한다.
> 2. 피해자를 상해에 이르게 한 경우에는 3년 이상의 유기징역에 처한다.

2. 주요 내용

(1) 입법취지와 보호법익

특가법 제5조의3 제1항에서 정하는 도주차량 운전자에 대한 가중처벌 규정은 자신의 과실로 교통사고를 야기한 운전자가 그 사고로 사상을 당한 피해자를 구호하는 등의 조치를 취하지 아니하고 도주하는 행위에 강한 윤리적 비난가능성이 있음을 감안하여 이를 가중처벌 함으로써 교통의 안전이라는 공공의 이익의 보호뿐만 아니라 교통사고로 사상을 당한 피해자의 생명 · 신체의 안전이라는 개인적 법익을 보호하고자 함에도 그 입법 취지와 보호법익이 있다.

(2) 주 체

1) 운전자 : 본죄의 주체는 도로교통법 제2조에 규정된 자동차 · 원동기장치자전거의 교통으로 인하여 형법 제268조의 죄를 범한 해당 차량의 운전자이다.

2) 동승자 : 원칙적으로 운전자이외의 동승자는 본죄의 주체가 될 수 없다. 그러나 예외적으로 운전자가 아닌 동승자에게 해당 사고에 대한 과실범의 공동정범의 책임을 물을 수 있는 특별한 경우에 교통사고 후 운전자와 공모하여 운전자의 도주행위에 가담하였다면 본죄의 공동정범이 성립할 수 있다(판례).

(3) 행위상황

1) 교통 : 도주차량의 주체는 교통으로 사고의 운전자이다. 여기에서 교통이란 반드시 운전행위만을 말하는 것이 아니라 운전행위는 물론 운전과 동일하게 평가할 수 있거나 운전행위와 밀접불가분의 관계에 있는 일체의 행위를 포함한다. 따라서 도로변에 자동차를 주차한 후 운전석 문을 열다가 후방에서 진행하여 오던 자전거의 핸들 부분을 충격한 경우에도 본죄의 교통사고에 해당한다.

2) 장소적 범위 : 본죄의 장소적 범위는 도로에서의 교통사고로 제한되지 않는다(도로교통법 제2조 제26호 참조).14)

3) 형법 제268조의 죄 : 교통사고로 인하여 형법 제268조의 죄인 업무상과실 또는 중과실치사상죄를 범하여야 한다. 본죄가 성립하려면 피해자에게 사상의 결과가 발생하여야 하므로, 생명 · 신체에 대한 단순한 위험에 그치거나 형법 제257조 제1항에 규정된 상해로 평가될 수 없을 정도의 극히 하찮은 상처로서 굳이 치료할 필요가 없는 것이어서 그로 인하여 건강상태를 침해하였다고 보기 어려운 경우에는 본죄는 성립하지 않는다.

4) 구호조치의 필요성 : 본죄가 성립하기 위하여는 사고의 경위와 내용, 피해자의 상해의 부위와 정도, 사고 운전자의 과실 정도, 사고 운전자와 피해자의 나이와 성별,

---

14) 도로교통법 제2조 26. "운전"이란 도로(제44조 · 제45조 · 제54조제1항 · 제148조 및 제148조의2의 경우에는 도로 외의 곳을 포함한다)에서 차마를 그 본래의 사용방법에 따라 사용하는 것(조종을 포함한다)을 말한다.

사고 후의 정황 등을 종합적으로 고려하여 사고 운전자가 실제로 피해자를 구호하는 등 도로교통법 제54조 제1항에 의한 조치를 취할 필요가 있었다고 인정되지 아니하는 경우에는 사고 운전자가 피해자를 구호하는 등 도로교통법 제54조 제1항에 규정된 의무를 이행하기 이전에 사고현장을 이탈하였더라도 특정범죄가중처벌등에관한법률 제5조의3 제1항 위반죄로 처벌할 수 없다.

(4) 행 위

필요한 조치 없이 도주하는 것이다.

1) **필요한 조치의 내용** : 조치가 필요한 경우에는 ① 사고가 발생한 즉시 정차하거나 부수적으로 교통의 위험이 초래되는 등의 사정이 없는 한 즉시 가까운 곳에 정차하여(즉시정차의무) ② 피해자를 구출하거나 응급조치를 하거나 구급차의 출동을 요구하거나 피해자를 병원까지 후송하는 등 피해자를 구호하고(구호의무) ③ 피해자나 경찰관 등 교통사고와 관련있는 사람에게 사고운전자의 신원을 밝혀야 한다(신원확인의무).

2) **필요한 조치의 정도** : 도로교통법 제54조 제1항의 취지는 도로에서 일어나는 교통상의 위험과 장해를 방지 · 제거하여 안전하고 원활한 교통을 확보하기 위한 것이므로, 이 경우 운전자가 취하여야 할 조치는 사고의 내용과 피해의 정도 등 구체적 상황에 따라 적절히 강구되어야 하고 그 정도는 건전한 양식에 비추어 통상 요구되는 정도의 것이어야 한다.

3) **도주** : 도주란 사고운전자가 사고로 인하여 피해자가 사상을 당한 사실을 인식하였음에도 피해자를 구호하는 등 도로교통법 제54조 제1항에 규정된 의무를 이행하기 이전에 사고현장을 이탈하여 사고를 낸 자가 누구인지 확정될 수 없는 상태를 초래하는 경우를 말한다.

(5) 죄 수

본 죄는 전속적 법익을 기준으로 죄수를 판단한다. 따라서 피해자별로 범죄가 성립한다.

(6) 타죄와의 관계

1) **치사상 후 도주** : 도주차량죄와 교특법위반죄(제3조 제1항) 및 미조치죄는 흡수관계에 있어 도주차량죄만 성립한다.

2) **치사상과 재물손괴 후 도주** : 이론적으로 도주차량죄와 과실손괴죄 및 손괴 후 미조치죄가 성립할 수 있다. ① 도주차량죄와 과실손괴죄의 죄수판단에 대하여는 논의가 있지만, 상상적 경합으로 보는 것이 타당해 보인다.(일부 교재에서는 실체적 경합으로 본 판례가 있다는 설시가 있지만 의문의 여지가 있다) 그런데 주의할 것은 과실손괴죄 부분에 대하여는 항상 교특법상의 특례가 적용되므로 상대적으로 논

할 실익은 크지 않을 것이다. ② 도주차량죄와 손괴후 미조치죄에 대하여는 학설과 판례가 모두 상상적 경합설을 따르고 있다(다만, 일부 판례에서는 실체적 경합으로 볼 수 있는 듯한 판시를 한 경우도 있다).

3) 도주차량죄와 음주운전, 무면허운전, 미신고죄, 안전의무위반죄와의 관계 : 판례에 의하면 이는 모두 실체적 경합관계에 있다.

✎ 도주차량죄의 증명이 없어 제325조 후단의 무죄를 구하는 예시답안

〈예시답안 [2013]〉

1. 쟁 점

김갑인은 본 공소사실에 대하여 업무상과실치상의 점은 인정하고 있습니다만, 사고이후 구호조치도 취하였고, 도주하지도 않았다고 진술하고 있으므로 이 점에 대한 증명이 있는지가 쟁점이 됩니다.

2. 사고후 미조치와 도주의 점에 대한 검토

가. 사고후 미조치에 대한 검토

사고 직후 김갑인은 즉시 정차하여 고경자와 함께 차량을 다른 장소로 이동시켰고, 피해차량을 살펴보고 피해차량의 번호판이 약간 꺾이고 뒷범퍼에 흠집이 난 것을 확인하였습니다. 그리고 피해차량의 피해상태가 경미한 것을 확인함과 동시에 피해자도 당시에는 통증 등에 대하여는 언급하지 않아 피해자가 안전한 것으로 확인하였으므로 일반인이 취할 수 있었던 구호조치를 이행한 것으로 보아야 합니다.

나. 도주 행위와 도주 의사에 대한 검토

본 사건에서 고경자는 경미한 손해임에도 술냄새가 난다는 점을 기화로 과다한 합의금을 요구하자, 40여분간의 장시간을 다투었으며, 이후 고경자가 경찰에 전화를 하려고 하자 음주운전이 발각될 것이 두려워 그 자리를 이탈하게 되었으나 도중에 경찰에서 연락이 오자 음주운전으로 처벌되는 것을 감수하면서 다시 경찰서에 자진출석하여 음주측정을 하게 된 것입니다. 따라서 이러한 김갑인의 행위는 전체적으로 보더라도 도주행위와 도주의사가 없었음이 명백합니다.

3. 결 언

따라서 사안의 특가법위반(도주차량)죄에 대하여는 구호조치위반과 도주행위 및 도주의사가에 대한 증명이 없었으므로 제325조 후단 무죄를 선고하여 주시기 바랍니다.

4. 축소사실로서의 교특법위반행위에 대하여

김갑인은 교특법 제3조 제1항 위반의 점은 인정하고 있습니다. 그런데 김갑인은 종합보험에 가입되어 있어 교특법 제4조 제1항에 의해 검사는 공소를 제기할 수 없는 사건이므로 이에 대하여는 형사소송법 제327조 제2호에 따라 공소기각판결을 선고하여 주시기 바랍니다.

제3절 | 부정수표단속법 제2조

Ⅰ. 부정수표의 발행·작성 (제2조 제1항)

1. 관련 조문

> **제2조 (부정수표 발행인의 형사책임)** ① 다음 각 호의 어느 하나에 해당하는 부정수표를 발행하거나 작성한 자는 5년 이하의 징역 또는 수표금액의 10배 이하의 벌금에 처한다.
> 1. 가공인물의 명의로 발행한 수표
> 2. 금융기관(우체국을 포함한다. 이하 같다)과의 수표계약 없이 발행하거나 금융기관으로부터 거래정지처분을 받은 후에 발행한 수표
> 3. 금융기관에 등록된 것과 다른 서명 또는 기명날인으로 발행한 수표

2. 주요 내용

(1) 의 의

본죄는 ① 가공인물의 명의로 수표를 발행·작성하거나 ② 금융기관(우체국 포함, 이하 같다)과의 수표계약없이 수표를 발행·작성하거나 ③ 금융기관으로 부터 거래정지처분을 받은 후에 수표를 발행·작성하거나 ④ 금융기관에 등록된 것과 다른 서명 또는 기명날인으로 수표를 발행·작성하는 경우에 성립하는 범죄이다.

(2) 수표의 발행·작성의 의미

1) 수표의 발행 : 수표용지에 수표의 기본요건을 작성하여 상대방에게 교부하는 것을 말한다. 따라서 단순히 수표의 기본요건을 작성하는 것만으로는 발행이라고 할 수 없다.

2) 수표의 작성 : 발행인과 공모하거나 그의 포괄적 위임 아래 수표를 만드는 것을 말하며, 발행과 동일시할 수 있을 정도의 외관을 요한다.

Ⅱ. 부도수표의 발행·작성 (제2조 제2항)

1. 관련 조문

> **제2조 (부정수표 발행인의 형사책임)** ② 수표를 발행하거나 작성한 자가 수표를 발행한 후에 예금부족, 거래정지처분이나 수표계약의 해제 또는 해지로 인하여 제시기일에 지급되지 아니하게 한 경우에도 제1항과 같다.

2. 주요 내용

(1) 의 의

본죄는 수표를 발행하거나 작성한 자가 수표를 발행한 후에 예금부족, 거래정지처분이나 수표계약의 해제 또는 해지로 인하여 제시기일에 지급되지 아니하게 한 경우에 성립하는 범죄이다.

(2) 성립시기

본죄의 성립시기에 대하여는 ① 수표발행시설과 ② 지급거절시설의 대립이 있으나, 판례는 '부정수표단속법 제2조 제2항 위반의 범죄는 예금부족으로 인하여 제시일에 지급되지 아니할 것이라는 결과 발생을 예견하고 발행인이 수표를 발행한 때에 바로 성립한다(2003도3394)'라고 하여 수표발행시설의 입장이다.

(3) 지급제시기일

수표의 지급제시기간에 대하여는 수표법 제29조 제1항에서 '국내에서 발행하고 지급할 수표는 10일 내에 지급을 받기 위한 제시를 하여야 한다.'라고 규정하고, 동조 제4항에서는 '제1항부터 제3항까지의 기간은 수표에 적힌 발행일부터 기산한다.'라고 규정되어 있다. 그러나 수표법 제61조에 따르면 '이 법에서 규정하는 기간에는 그 첫날을 산입하지 아니한다.'라고 규정하고 있으므로 초일을 산입하지 않는다.

(4) 죄 수

부도수표 발행 · 작성죄의 죄수는 수표 매수에 따라 판단한다. 따라서 발행수표의 수만큼 부정수표단속법위반죄가 성립하고 그 수죄는 실체적 경합관계에 있다.

Ⅲ. 과실에 의한 부정수표·부도수표의 발행·작성 (제2조 제3항)

> 제2조 (부정수표 발행인의 형사책임) ③ 과실로 제1항과 제2항의 죄를 범한 자는 3년 이하의 금고 또는 수표금액의 5배 이하의 벌금에 처한다.

Ⅳ. 수표회수 및 반의사불벌 (제2조 제4항)

1. 관련 조문

> 제2조 (부정수표 발행인의 형사책임) ④ 제2항과 제3항의 죄는 수표를 발행하거나 작성한 자가 그 수표를 회수한 경우 또는 회수하지 못하였더라도 수표 소지인의 명시적 의사에 반하는 경우 공소를 제기할 수 없다.[전문개정 2010.3.24]

2. 주요 내용

(1) 의 의

고의로 부도수표를 발행·작성하거나 과실로 부정수표를 발행·작성한 경우에 수표를 발행하거나 작성한 자가 그 수표를 회수한 경우 또는 회수하지 못하였더라도 수표 소지인의 명시적 의사에 반하는 경우 공소를 제기할 수 없다.

(2) 회수 또는 처벌불원의사표시의 효과

부도수표를 회수하거나 소지인이 처벌불원의 의사표시를 한 경우에 그 시점이 ① 공소제기전이라면 제327조 제2호에 따라 공소기각판결의 선고를 하여야 하고 ② 공소제기 후 제1심판결선고 전이라면 형사소송법 제327조 제6호에 따라 공소기각판결의 선고를 하여야 하고 ③ 제1심판결선고후라면 공소기각의 판결의 선고할 수 없다.

> 🖉 부정수표단속법 제2조 제4항에 따라 공소제기 후에 처벌불원의 의사표시가 있어 공소기각판결을 구하는 예시답안

〈예시답안 [2017]〉

1. 쟁 점

   김갑동은 본 공소사실에 대하여 자백하고 있습니다만. 적법한 공소가 유지될 수 있는지가 쟁점입니다.

2. 관련 법리

   부수법 제2조 제4항에 따르면 부도수표를 회수하지 못하였더라도 수표 소지인의 명시적 의사에 반하는 경우 공소를 제기할 수 없도록하여 반의사불벌죄로 규정하고 있습니다. 살피건대 본 사건에서는 수표 소지인인 박병진이 공소제기 후인 제2회 공판기일에서 처벌불원의 의사를 표시하고 있으므로 적법한 공소가 유지될 수 없습니다.

3. 결 언

   따라서 본 공소사실에 대하여는 형사소송법 제327조 제6호에 의하여 공소기각판결의 선고를 구하는 변론이 가능하다고 판단됩니다.

✏️ 부도수표 금액을 공탁하고 수표소지자가 수령해도 공소제기 된다는 예시답안

〈예시답안 [2017]〉

1. 쟁 점

이을남은 정고소에게 500만원을 공탁하였고 정고소가 500만원을 수령한 사실이 이을남에 대하여 어떠한 법적 효과가 있는지가 쟁점됩니다.

2. 판례의 법리

판례는 액면금액 상당의 돈을 수표소지인 앞으로 변제공탁하여 수표소지인이 이를 수령하였다는 것만으로는 부수법 제2조 제4항에서 공소제기를 할 수 없는 사유에 해당한다고 할 수 없다고 하고 있습니다.

3. 결 언

따라서 본 공소사실에 대하여는 공소기각판결을 구할 수 없으므로 공탁 등을 사유로 하는 정상변론에 임해야 할 것입니다.

MEMO

MEMO